古典文獻研究輯刊

三四編

潘美月・杜潔祥 主編

第16冊

續經義考・周易之部（第十一冊）

周懷文 著

國家圖書館出版品預行編目資料

續經義考．周易之部（第十一冊）／周懷文 著 -- 初版 -- 新北市：花木蘭文化事業有限公司，2022〔民 111〕

目 8+224 面；19×26 公分

（古典文獻研究輯刊 三四編；第 16 冊）

ISBN 978-986-518-871-9（精裝）

1.CST：易經 2.CST：研究考訂

011.08　　110022682

ISBN-978-986-518-871-9

古典文獻研究輯刊

三四編　第十六冊　　ISBN：978-986-518-871-9

續經義考．周易之部（第十一冊）

作　　者　周懷文

主　　編　潘美月、杜潔祥

總 編 輯　杜潔祥

副總編輯　楊嘉樂

編輯主任　許郁翎

編　　輯　張雅淋、潘玟靜、劉子瑄　美術編輯　陳逸婷

出　　版　花木蘭文化事業有限公司

發 行 人　高小娟

聯絡地址　235 新北市中和區中安街七二號十三樓

電話：02-2923-1455 ／傳真：02-2923-1452

網　　址　http://www.huamulan.tw 信箱 service@huamulans.com

印　　刷　普羅文化出版廣告事業

初　　版　2022 年 3 月

定　　價　三四編 51 冊（精裝）台幣 130,000 元　

續經義考·周易之部
（第十一冊）

周懷文 著

目次

第十一冊

葉壽朋 周易彙解 六十卷 佚

◎《續修歷城縣志》卷四十《列傳》二本傳：於學無所不窺，而尤邃於易，著《周易彙解》六十卷。

◎葉壽朋（1846～1902），字商山。山東歷城人。光緒二年（1876）舉人。歷署蘭山縣訓導、清平縣教諭、東平州學正、單縣教諭，立養正、登瀛兩文社，主講鳴琴書院，負笈之士甚眾。後遘疾卒。

葉廷瑞 易經輯要 佚

◎光緒《永嘉縣志》卷十一《選舉志》一：著有《易經輯要》《尚書總義跋》。

◎葉廷瑞，浙江永嘉人。雍正己酉副貢。工詩賦。與弟廷璧友愛，至老不分爨，鄉黨稱之。

葉衍桂 周易象義測 五卷 存

家鈔本

◎陳澧序〔註22〕：葉子天船以《周易象義測》見示。夫易之道大矣！其猶天乎？易家之測易，猶天文家之測天也。天船名其書曰「測」，誠是也。余覽一過，而知其用心甚細，用力甚專。故於下經、十翼，逐字逐句皆詳解之，真所謂測也，非數十年之功不能成此。余之治經自易始，時方弱冠，讀漢唐宋及近儒說易說，三年茫然無所得。乃置之而治他經。至今不知學易，良以為愧。天船從余遊三十餘年，余竟不知其治易且成書十萬言。其深藏若虛，尤不易得，因喜而書其簡端云。

◎宣統《番禺縣續志》卷二十《人物志》三：晚年閉戶養屙，篤好讀易。取上下經、十翼逐句逐字皆詳解之，於漢宋諸儒舊說不相沿襲，而能融會貫通。陳澧稱其用力專而用心細。又好談玄，瞻禮羅浮，道號教衍。所著有《周易象義測》、《西遊直指》、《云西雜識》等書。

◎葉衍桂，字蒖船、天船。廣東番禺人。葉衍蘭弟。陳澧弟子。庠生。子佩珩、佩璋俱縣學生員。著有《周易象義測》五卷、《西遊直指》三卷、《云西雜識》二卷等書。

〔註22〕又見於宣統《番禺縣續志》卷二十八《藝文志》一。

葉燕 讀易千慮 佚

◎秦瀛《小峴山人續文集》卷二《葉白湖墓誌銘》：君負異稟，少工帖括文字，既從鄞縣蔣樗菴學鏞游，涉獵經史，務為根柢之學。餘姚邵二雲晉涵聞君名，時相過從，稱為萬充宗、全謝山一輩人。充宗、謝山皆甬江前輩中以博學著聞者也……生平讀書，不守章句，必求心得。嘗謂漢儒之訓詁、宋儒之義理二而一，會通之皆可成一家言。又謂史遷班固初無異同，每以字書近似，沿襲成譌。其議論確鑿有根據。所著《白湖文藁》、《白湖詩藁》，余嘗為序之。他如《讀易千慮》《讀嚴氏詩輯》《毛詩解》《書授讀》《周禮集解》《讀史偶得》等書十數種皆未刻。

◎光緒《慈谿縣志》卷四十九《藝文》四：葉燕《讀易千慮》、《毛詩解讀》、《詩嚴氏詩輯》、《周禮集注》、《史潔》、《漢書授讀書》、《白湖詩集》八卷《文集》八卷、《林湖草》。

◎葉燕（1755～1816），字載之，號耐可、次菴（安），又自號白湖。浙江慈溪白洋湖人。嘉慶戊午舉人，揀選知縣。初，從族父鶴渚讀書於林湖高氏玩花居，旋館岑氏，後至姚必過焉。與高步瀛相友善。生元臺、元培、元城、元垣、元墨。少負異稟，操筆為文，千言立就。著有《讀易千慮》、《讀嚴氏詩輯》、《毛詩解》、《周禮集注》、《史潔》、《漢書授讀》、《白湖詩文稿》、《白湖時文稿》諸書。

葉瑤生 易經參義 佚

◎《江西通志》卷九十九《藝文略》一《國朝》：《易經參義》，葉瑤生撰（《樂平縣志》）。

◎葉瑤生，字維玉。江西樂平人。又著有《增補離騷注疏》。

葉應元 易解 佚

◎民國《歙縣志》卷十《人物志·士林》：所著《易解》發田何、焦贛所未發。

◎葉應元，字伯仁，號龍巖。安徽歙縣新州人。杭郡庠生。講學一宗朱子，屢辟不起。

葉西 讀易雜記 一卷 存

北大、山東、遼寧、湖北、中科院藏乾隆耕餘堂刻本

◎周按：明章潢亦有《讀易雜記》四卷。

◎葉酉，字書山，號花南。安徽桐城人。約乾隆十九年（1754）前後在世。少不喜為科舉文。家貧，嘗為童子師。志行堅確，不妄與人交。讀書奮發，雖雪夜不輟。乾隆元年（1736）由國子生薦舉博學鴻詞，四年成進士，改翰林院庶吉士。歷提督湖南學政，洊升至左庶子。邃於經學，嘗主講鍾山書院十餘年。又著有《詩經拾遺》十三卷、《春秋究遺》十六卷。

葉酉 易經補義 十二卷 存

北大、山東、遼寧、湖北、中科院藏乾隆耕餘堂刻本

◎目錄：卷一乾、坤。卷二屯、蒙、需、訟、師、比、小畜、履。卷三泰、否、同人、大有、謙、豫、隨、蠱、臨、觀、噬嗑、賁。卷四剝、復、無妄、大畜、頤、大過、坎、離。卷五咸、恒、遁、大壯、晉、明夷、家人、睽、蹇、解。卷六損、益、夬、姤、萃、升、困、井、革、鼎。卷七震、艮、漸、歸妹、豐、旅。卷八巽、兌、渙、節、中孚、小過、既濟、未濟。卷九繫辭上傳。卷十繫辭下傳。卷十一說卦傳。卷十二序卦傳、雜卦傳。

◎凡例：

一、河圖洛書及伏羲、文王先後天諸圖，先儒俱有成說，其理甚精，皆別有纂述，茲不備載。

一、易之所以名《周易》者，別於《連山》《歸藏》，以為此周之易，非夏商氏之易也。今《連山》《歸藏》不行，不必別其為周矣，故標題直稱《易經》，似得古人尊經之意。

一、《易經》古本頗不便於講讀，且彖辭及爻辭、《彖傳》及《爻傳》往往有相備之處，若截然割開，既無以見三聖人之互相發明，而其辭義且多不可通者矣。故安溪李文貞《觀彖》亦從王氏本言之甚詳，不必以朱子之復古為疑也。惟所為「彖曰」、「象曰」不甚安，今加一「傳」字，則其為孔子之辭顯然矣。說詳乾卦彖傳下。

一、卦變之說，先儒頗有異同。按王氏註于剛柔上下往來只以虛象言之，不必言其自某卦而往自某卦而來也。朱子只拘於比爻互換，然至損、益二卦當以卦變言者，轉以虛象言。可知其說之不可從矣。今只於賁、渙、損、益四卦依聖傳作卦變解，其餘悉依王註，似免葛藤。

一、《本義》彖傳下有「以卦象卦德卦體釋卦名卦辭」等語，蓋朱子既不

言理又不言象，則更無可著語之處，故不得不以此等語作註。朱子亦嘗自言只欲牽搭過去，實則於聖傳無所發明也。且聖傳每有難於分釋之處，適足增後人之嘵嘵耳，故不如去之為允。

桐城葉酉學。

◎序：今夫人雖至愚，未有敢以孔子之言為不足信也。乃孔子之贊蓍曰「問焉而以言，其受命也如響，无遠近幽深，遂知來物」，所為天下之至精也。如今之揲蓍者，驗者不過什之一，不驗者常什之九。然則孔子之言其不足信乎？蓋易自王弼以來，大都皆以理言易而不以象言易矣。若使易果當但以理言，則聖人當日何不直作一書，如《中庸》《大學》之類據理以曉後人？顧必設卦立象若是其不憚煩者，何為乎？故朱子亦嘗譏之。顧余讀《周易本義》，仍絕口不言象，未能脫前人科臼。其為言曰：「易象有不可曉者，漢儒遂相與創為納甲、飛伏之說，參互以求而倖其偶合。其說雖詳，要皆穿鑿附會而非有自然之勢。雖其一二之適合而無待於巧說者為若可信。然上無所關於義理之精微，下無所資於人事之訓誡，則又何必苦心極力以求於此，而必欲得之哉。」嗟嗟，是可謂懲噎而廢食矣！易本為揲筮而作者也，不言象，何以為揲筮之書乎？顧言象矣，而欲以之決吉凶以明得失之報，往往驗者少而不驗者多，豈果象之不必求乎？殆非也。蓋象有但即卦爻而取者，有隨其所占之事不但即卦爻而取者。如但即卦爻所取之象，則為卦爻之辭之所從出，雖稽實待虛而於天下事之千變萬化究不能無所遺。惟隨其所占之事，不但即卦爻所取之象，斯移步換形皆如其所問以為答。於是遠近幽深，雖有不驗焉者，寡矣。蓋嘗論之，卦爻之辭作於聖，卦爻之象本於天，故占辭不若占象之驗，天人之別也。而占有定之象，又不若占無定之象之驗。隨其所占之事，不但即卦爻所取之象、無定之象也。無定則虛，虛故靈，靈故驗。觀《春秋傳》所載鄢陵之戰，晉人筮得復卦之象，其辭曰：「出入無疾，朋來無咎。反復其道，七日來復。利有攸往。」此與戰勝之事豈有毫髮相涉？而晉史占之曰：「南國蹙，射其元王，中厥目。」彼蓋即事以求其象目，即象以斷其吉凶，固有確乎其不爽者。所謂其受命也如響，聖人豈欺我哉？余讀朱子《本義》，病其文法太簡，蓋既不言理又不言象，自更無可著語之處，故為作《補義》十二卷，蓋於象尤加審焉。而又恐學者泥於即卦爻所取之象，遂致疑於孔子之言或有不足信者。故為言古人揲筮取象之法如此。雖無當於易道之大，而管窺蠡測，顧有所不得已者，誠以易固本為揲筮而作者也。桐城葉酉序。

◎道光《續修桐城縣志》卷第十五《人物志》：自幼好學，老而彌篤。著有《春秋究遺》《詩經拾遺》《易經補義》行世。《春秋究遺》採入《四庫全書》。

◎道光《續修桐城縣志》卷第二十一《藝文志》：《易經補義》十二卷（葉酉撰）。

◎劉聲木《桐城文學撰述考》卷一「葉酉撰述」：《春秋究遺》十六卷《總說》一卷《比例》一卷、《易經補義》十二卷《雜記》一卷。

葉澤森 讀易謏聞 六卷 存

臺灣藏舊鈔本

◎卷一首題：崑山葉然齋先生手授，男澤森藩久氏纂述。

◎目錄：卷一上經乾坤屯蒙需訟師比小畜履。卷二上經泰否同人大有謙豫隨蠱臨觀噬嗑賁剝復無妄大畜頤大過坎離。卷三下經咸恒遁大壯晉明夷家人睽蹇解損益夬姤萃升困。卷四下經井革鼎震艮漸歸妹豐旅巽兌渙節中孚小過既濟未濟。卷五繫辭上傳。卷六繫辭下傳說卦傳序卦傳雜卦傳。

◎葉澤森，字藩久。江蘇崑山人。

葉鍾靈 易經來注辨疑 十五卷 佚

◎民國《順德縣志》卷十四《藝文略》：《易經來注辨疑》十五卷（國朝葉鍾靈撰。《郭志》本傳）。

◎葉鍾靈，廣東順德人。著有《易經來注辨疑》十五卷。

伊樂堯 校定周易傳義音訓 佚

◎劉聲木《桐城文學撰述考》卷三「伊樂堯撰述」：《五經補綱》一卷、《孝經指解說注》一卷、《孝經指解補正》一卷、《孝經指解辨異》一卷、《校定周易傳義音訓》□卷、《校定書傳音釋》□卷。

◎《清史稿》卷四百八十：學術宗尚與邵懿辰同。值寇亂，猶商證經義危城中。城破，同殉節死。

◎伊樂堯，字遇羹，浙江錢塘（今杭州）人。咸豐元年舉人。

佚名 鈔本易經源流 存

徐州藏手鈔本

佚名 大傳章旨 二卷 佚

◎四庫提要：於各章亦總為疏解，俱無甚奧義。

佚名 大易拾遺 十六卷 存

國圖藏清鈔本（有朱筆圈點墨筆眉批）

◎康乾間人。

佚名 鼎鍥卜筮鬼谷源流斷易天機大全 三卷 首一卷 存

山東藏光緒十年（1884）學海堂刻本

佚名 讀易輯要 二冊 存

北京師大藏鈔本

佚名 讀易隨筆 不分卷 存

上海藏鈔本

佚名梅 讀易雜說 一卷 存

山東藏清鈔本

◎書名據《山東藏易學書目》擬題。

佚名 觀宇篇天極前篇 六卷 後篇六卷 續六卷 別篇六卷 存

清初鈔本

◎《中國古籍善本書目》著錄。

佚名 華巖石說易 四卷 存

山東藏稿本

佚名 河洛八卦論 一冊 存

廈門藏石印本

佚名 繪圖監本易經 存

宣統二年（1910）廣益書局石印本

山西大學藏 1915 年上海章福記石印本

上海錦章書局 1920 年石印本

佚名 經緯合參 四卷 存

山東藏清鈔本

佚名 俊跡易圖 一卷 存

山東藏清刻本

佚名 孔易 不分卷 存

長沙吳氏鈔本

◎一名《孔易稿》。

佚名 六壬課體配六十四卦 一卷 存

山東藏清鈔本

佚名 六十卦用事之月 一卷 存

上海藏清末鈔本

佚名 論易筆講義 二卷 存

上海藏清刻本

佚名 啟蒙討論 一卷 存

清刻本

佚名 三易圖書集成 不分卷 存

山東藏舊鈔本

佚名 筮法輯要 不分卷 存

光緒十二年（1886）鈔本

佚名 壽山堂易說 不分卷 存

上圖藏嘉慶四年刻本

上圖藏道光三十年廣陵盧淨同人刻本

佚名 四聖書合鈔 四卷 存

北大藏道光後鈔本

佚名 玩易心得 不分卷 存

◎《中國古籍善本書目》(徵求意見稿)著錄稿本。

佚名 希夷數 不分卷 存

臺灣藏舊鈔本十二冊

佚名 繫辭 二卷 周易下經 存

北大藏稿本

佚名 繫辭傳注 一卷 存

臺灣藏稿本

佚名 易卦 四卷 存

山東藏清鈔本

佚名 易卦神課 一卷 存

清稿本

佚名 易簡圖說 一卷 存

北大藏嘉慶鈔本

佚名 易解 十四卷 首二卷 存

故宮藏墨格鈔本

佚名 易經成語 四卷 存

清鈔滿漢合璧本

◎《全國滿文圖書資料聯合目錄》著錄。

佚名 易經初學讀本 不分卷 存

嘉慶元年(1796)計樹園刻十一經初學讀本

普林斯頓大學葛思德東方圖書館光緒十四年(1888)臨潼傅遜志書屋刻本(求友齋校對)

佚名 易經講章 存

清鈔滿漢合璧本

◎《全國滿文圖書資料聯合目錄》著錄。

佚名 易經神課 不分卷 存

同治二年（1864）寧靜堂鈔本

佚名 易經詳注 二卷 存

天津藏清鈔本

佚名 易經義四種 未見

◎《振綺堂書目》著錄鈔本。

佚名 易經易解 三卷 存

天津藏嘉慶二十年（1815）吳錦鈔本

佚名 易經真詮 四卷 存

光緒六年（1880）蘇州綠蔭堂刻本

佚名 易經注祥 一卷 存

山東藏鈔本（佚名校注）

佚名 易經宗象定本 存

江西藏鈔本

佚名 易理隨筆 不分卷 存

山東藏清末鈔本

佚名 易例參考 一卷 存

臺灣藏稿本

◎目次：鄭氏爻辰說演注，三垣備考、納甲圖說參注、卦氣節序說、四正七十二候參解、辟卦圖、來卦例、旁通、之卦、反對卦即綜卦、錯卦、貞悔、爻位貴賤、互卦、世應游歸參注、世應游歸說。

佚名 易玩 無卷數 存

南京大學藏一瓻筆存鈔本

佚名 易象觀 存

河北大學藏清鈔本（存乾卦至離卦）

佚名 易象晰義 三卷 存

國圖藏舊鈔本

北大藏清鈔本（一卷）

佚名 易學別編 不分卷 存

重慶藏清鄭氏注韓居鈔本

◎《中國古籍善本書目》著錄。

佚名 易學內篇 不分卷 存

浙江藏清鈔本

佚名 易學識餘 一卷 存

北大藏清鈔本

佚名 易疑 不分卷 存

清初鈔本

◎《中國古籍善本書目》著錄。

佚名 易義叢鈔 不分卷 存

臺灣藏鈔本

◎周按：是書開列宋儒姓氏、元儒、二程門人、朱子門人而不列明清諸儒姓氏，然正文中如明周一敬、蔡悉、韓邦奇、利瑪竇、樊良樞等，仍多加引用。

佚名 易注備考 一卷 存

清鈔本

佚名 易傳圖考 一卷 存

山東藏清末鈔本

佚名 御定卜筮精蘊 三卷 存

康熙內府精抄本

臺灣集文書局 1999 年李崇仰重編本（題清宮秘本御定卜筮精蘊）

◎目錄：卷上起例、先天八卦方位圖、後天八卦方位圖、乾坤生六子圖、納甲直圖、納甲圓圖、納支圖、納甲納支全圖、納音五應先天圖、納音五行後天圖、納音五行分屬五音圖、納音干支起數合五行、納音歌、八卦所屬、十干所屬、十二支所屬、五行相生、五行相剋、四時五行旺可、五行用事、五行長生、天干五合、地支六合、地支三合、祿神、天乙貴人、驛馬、三刑、六衝、六害、六神所屬、陰陽老少、六位例、月建六神例、日建六神例、八卦取象例、八卦發用例、八卦休旺例、逐月吉凶神煞例、逐日吉凶神煞例、合刑煞例、起世應世爻定局、定六親、起六親、斷例、斷易總論、斷易榕元賦、諸爻持世訣、世應、六親取用、父母、兄弟、子孫、妻財、官要、碎金賦、六神斷例、擇用、元神、忌神、仇神、動變、進退、反吟伏吟、獨發、獨靜、兩現、亂動、間爻、六爻俱動、六爻俱靜、飛伏、歸魂遊魂、論四值、年建天符、月建直符、月破、日建傳符、旬空、六合三合、六沖、三刑、六害、生旺墓絕、神殺哀例、應期。卷中分類總斷、陰晴兆晦、歲事、禾苗田土、蠶桑、家宅、遷移、六親、婚姻、胎孕、蒙里、教授、學館、儒業、身命、應試、仕宦、求財買賣、六畜、出行、行人、疾病、醫藥、公訟、盜賊、捕盜、趨避、征代、陰宅、方外、射覆。卷下六十四卦總斷、乾宮八卦、乾宮八卦斷例、坎宮八卦、坎宮八卦斷例、艮宮八卦、艮宮八卦哀例、震宮八卦、震宮八卦斷例、巽宮八卦、巽宮八卦斷例、離宮八卦、離宮八卦斷例、坤宮八卦、坤宮八卦斷例、兌宮八卦、兌宮八卦斷例。

佚名 周易八卦圖說 一卷 存

山東藏清鈔本

佚名 周易鈔注 六卷 存

廈門藏鈔本

佚名 周易辭彙 不分卷 存

山東藏鈔本（封面題：商山氏集本，無名氏批校增補）

佚名 周易二讀隨筆 存

溫州藏稿本

佚名 周易詁林本義 不分卷 存

◎《中國古籍善本書目》(徵求意見稿)著錄稿本。

佚名 周易觀象疑問 二卷 未見

◎孔廣陶《三十有三萬卷堂書目畧》卷一著錄精鈔校定本，題《周易觀篆疑問》。

◎四庫提要：前但署「上谷手授」，莫知為誰，亦不詳其時代。其書於六十四卦各為總說。

佚名 周易化解傳義 存

北大藏稿本

佚名 周易匯參 六卷 存

浙江藏鈔本

佚名 周易集說 不分卷 存

國圖藏清朱墨鈔本

佚名 周易講義鈔本 存

湖南省中山圖書館藏嘉慶元年(1796)楊丕謙鈔本

佚名 周易講意 四冊 存

福建師範大學藏舊鈔本

佚名 周易精義 一卷 存

稿本

佚名 周易明解殘本 一卷 存

南京藏清鑒止水齋鈔本

佚名　周易旁箋　不分卷　未見

鈔本

◎《持靜齋書目》著錄。

◎葉昌熾《藏書紀事詩》卷六：丁氏《持靜齋書目》：《周易旁牋》，顧沅家藏，有「古吳武陵叔湘舟氏珍藏」印。

佚名　周易全集　八卷　存

山東藏清鈔本

佚名　周易守　不分卷　存

清鈔本

佚名　周易圖說　存

南開大學藏鈔本

佚名　周易叶韻全編　不分卷　存

咸豐十年（1860）張持修鈔本

佚名　周易演說　不分卷　存

南京藏清鈔本

佚名　周易要言　六卷　存

清鈔本

◎《中國古籍善本書目》著錄。

佚名　周易緣象闡微　不分卷　存

臺灣藏著者手稿本

佚名　周易指南　二卷　存

南京藏清鈔本

佚名　周易注　不分卷　存

臺灣藏鈔本

佚名 周易宗孔編 五卷 存

國圖藏清初鈔本

佚名 周易纂要 五卷 存

國圖藏康熙三十六年（1697）鈔本

佚名輯 大盛堂精校音韻旁訓正字易經 三卷 存

國圖藏光緒二十六年（1900）刻本

佚名輯 易經講義 不分卷 存

國圖藏清紅格鈔本

佚名輯 易經文捷訣 一卷 存

上海藏光緒石印本（與易漢學、易例大全合刊）

佚名校 周易 不分卷 存

清鈔經學志餘本

◎《中國古籍善本書目》（經部）、《中國叢書綜錄補編》（徵求意見稿）著錄。

佚名批註 周易 不分卷 存

浙江藏清鈔本

易本烺 易解囈通 一卷 存

咸豐同治刻紙園叢書本

◎易本烺（？～1864，或謂1872），字眉生。湖北京山人。易大醇次子。道光五年（1825）拔貢，道光十五年（1835）進士。後屢薦不第，遂專意纂述。著有《周易說》一卷、《毛詩說》一卷、《識字璅言》四卷、《字辨證篆》十七卷、《姓觿刊誤》一卷、《禮儀節次圖》九卷、《春秋人譜》十三卷、《春秋地譜》一卷、《讀左劄記》七卷、《雜誌雅證》一卷、《千文姓氏》一卷、《春秋楚地問答》一卷、《字體蒙述》一卷、《識字二言》四卷、《伸顧》一卷、《常譚搜》一卷、《習見搜》四卷、《三國志職官記自序》一卷、《雲杜故事》二卷、

《一粟齋文鈔》一卷、《詩文別外採集》一卷、《唐人詠郢詩抄》一卷、《紙園筆記》三十一卷、《易氏吟詠集》一卷。

易大醇 周易指掌 二卷 佚

◎易大醇，字厚齋。易履泰長子。貢生。授棗陽縣訓導，後辭歸。卒年六十四。又著有《萬松齋詩文集》《沌陽草》《均陽草》《嶺南草》《歸田草》。

易良書 易廣文遺說 一卷 存

山東、重慶市北碚圖書館藏光緒二十七年（1901）子紹生鉛印本

◎劉咸炘《推十書·舊書錄》：其說易之說零碎條件，中及道丹，新異而不盡確。其兄良圖字古田，及先大父門。

◎易良書，與兄良圖同為咸豐歲貢。四川重慶秀山縣人。資陽縣訓導，升用知縣。

易尚行 四書周易講義 佚

◎光緒《江西通志》卷九十九《藝文略》一《國朝》：《周易講義》，易尚行撰（《袁州府志》）。

◎民國《宜春縣志》卷十七：著有《四書／周易講義》藏於家。

◎易尚行，字公勉。江西宜春人。明建昌訓導嘉男之子。負資穎異，制行端方，不求聞達，惟潛心理學，沉酣於程朱《語錄》及《大全》《蒙》《存》《淺達》等書。

易慎省 易義偶存 一卷 存

咸豐四年（1854）刻本

◎是書不取朱子卦變之說而取程子六十四卦皆自乾坤二卦來之說，主於發明義理，闡發易學淵源。末附錯綜說、來氏易注說。

◎易慎省，湖南湘潭人。

易時憲 周易講義 佚

◎光緒《黃州府志》卷三十二《藝文志》：《周易講義》，蘄州易時憲撰（《州志》）。

◎易時憲，湖北蘄州人。著有《周易講義》。

易軾 易經心解 佚

◎同治《雩都縣志》卷十六《經籍志》：著有《易經心解》《禮記周禮辨義》《書經折衷》《詩經釋義》《春秋匯參》。

◎同治《贛州府志》卷六十三《藝文志》：易軾（雩都人。舉人）《易經心解》、《書經折衷》、《詩經釋義》《禮記周禮辨義》。

◎光緒《江西通志》卷九十九《藝文略》一《國朝》：《易經心解》，易軾撰（《雩都縣志》）。

◎易軾，字煥堯，號蘇湖。江西雩都（今于都）南關廂人。少好學，沉潛經史，獨具見解。乾隆辛卯舉人，丁未大挑二等，歷署新城、金谿、武寧、上猶、九江府學教職，補彭澤訓導。

易順鼎 易音補顧 一卷 存

中國科學院、清華大學、南京大學、北師大、國圖、遼寧藏光緒十九年（1893）琴志樓叢書（一名哭庵叢書）本

◎易順鼎《盾墨拾餘》卷十三《四魂外集》卷三何維棣《山齋春夜讀仲碩五兄世先生文稿走筆成吟不計工拙錄呈覽正》：經韻方言爾雅林，四聲轉協耐研尋。亭林不信吳才老，乃有禽窮未曉音。

◎易順鼎（1858～1920），字實（石）甫、實父、仲實（種石）、仲（中）碩，自署懺綺裔、謚簫樓、琴志樓、楚頌亭、寶瓠齋、節恒損困齋，自號眉伽、哭盦、一盦（庵／厂）、橘洲醒人、褌牛山民。光緒元年（1875）舉人，官廣西太平思順道、雲南臨安開廣道、廣東廉道、肇慶羅道、高雷陽道。民國後任袁政府印鑄局局長。著有《易母挽詞》一卷、《己酉日記》、《四會集》、《琴志樓編年詩錄》、《遊山詩集》八卷、《龍州雜俎》二卷附一卷、《壬子詩存》一卷、《甲寅詩存》二卷。《宋本御覽所引水經注》、《順治丙戌縉紳錄略》一卷、《皇朝年表》一卷、《魂南續集》一卷、《癸丑詩存》二卷、《吳社詩鐘》一卷、《高州集》一卷、《嶺南集》、《宣南集》、《甬東集》、《嗚呼易順鼎》、《高州存牘》二卷、《易順鼎詩鈔》、《哭庵賞菊詩》一卷附一卷、《戊申日記》一卷、《湘社集》四卷（與程頌萬合編）、《易佩紳行狀》、《湘壇集》二卷、《江壇集》二卷。

易順鼎 周易經義 一卷 存

臺灣無求備齋藏光緒十年（1884）寶瓠齋刻經義莛撞本

山東藏臺北成文出版社 1976 年無求備齋易經集成影印光緒十年（1884）經義莛撞本

易順豫 易表 一卷 存

上海藏光緒刻本

山東、南京藏民國初山東共和印刷局鉛印本

◎易順豫，字由甫。湖南龍陽（今漢壽）人。光緒三十年（1904）進士。易順鼎弟。著有《易表》一卷、《易釋》五卷、《周易講義》一卷、《禮記大學篇古微》、《孟子發徵》二卷、《孟子年略》一卷、《琴思樓詞》一卷、《仿建除體分句詩鈔》四卷、《周厲宣之際共和詩史發微》一卷、《無庵文鈔》。

易順豫 易釋 五卷 存

上海藏光緒刻本

山東、南京藏民國初山東共和印刷局鉛印本

◎周按：黃式三亦有《易釋》四卷存世。

易順豫 周易講義 一卷 存

民國鉛印琴思樓雜著本

◎周按：是書意在以禮說易，然僅釋乾坤二卦及繫辭上下篇。

易縣中學校編輯 易學進階 不分卷 存

山東藏易縣中學公賣所 1917 年鉛印易水叢著本

◎林傳甲評閱。

易雍 易經心詮 佚

◎同治《續輯漢陽縣志》卷二十一《文苑志》：《易經心詮》（易雍著）。

◎同治《續輯漢陽縣志》卷二十一《文苑志》：尤粹於易，於理數諸家轇轕聚訟者，譚言微中，理境融如，遠近就講者如市，疑難無不發之覆。註有《易經心詮》行世。

◎易雍，字邵子。湖北漢陽人。諸生。幼讀書山中，不干利祿，唯研精於五經暨《論》《孟》。取儒先說之精粹者鈔錄成帙，筆法嚴整。

羿爾昌 周易卦義 佚

◎同治《湖州府志》卷六十《藝文略》五：羿爾昌《周易象注》《周易卦義》。

◎羿爾昌，浙江德清新溪人。雍正時人。

羿爾昌 周易象注 一卷 存

上海藏清鈔本

臺灣藏鈔本

陰旭 續易應蒙 佚

◎莫友芝《黔詩紀略》卷二十四：精于易，著有《續易應蒙》。入本朝不仕。

◎民國《貴州通志·人物志》亦作《續易應蒙》,《貴州通志·藝文志》作《讀易應蒙》。

◎陰旭，貴州安化人。崇禎末選貢。官永明王國子監助教。

殷欽坤 易大傳管窺 一卷 存

西園叢稿稿本（徐時棟跋）

◎徐時棟題跋：鄞殷隘鄞西園手稿。同治七年六月十三日，其外孫徐卓人攜至志局，為重裝訂之。是夕徐柳泉記。

◎殷欽坤，號西園。浙江鄞縣人。又著有《孝經訂誤》一卷、《大學釋疑錄》一卷、《中庸闡微說》一卷。

殷徙南 周易解 佚

◎光緒《鳳陽縣續志》卷十四《藝文》:《周易解》《四書解》《道德經》（以上殷徙南著）。

◎光緒《鳳陽縣志》卷十一《人物》: 所著有《四書／周易／道德經》諸解藏於家。

◎光緒《鳳陽府志》卷十八上之中《文學》: 著有《四書／周易／道德經》諸解藏於家（《鳳陽縣志》）。

◎殷徙南，字再復。安徽臨淮歲貢。博極羣書，學徒甚眾。雅好琴鶴，常以自隨。工書。乾隆十五年選海州贛榆縣訓導，贛榆人留其退筆立塚於學宮之左以志思焉。卒年七十九。

殷元正 周易說卦偶窺 三卷 存

上海藏清鈔本

◎殷元正，字立卿。華亭（今上海）人。布衣。又著有《集緯》（一名《緯書》）十六卷。

殷元正輯 陸明睿增訂 緯纖侯圖校輯 存

北圖藏清鈔本

◎法式善《陶廬雜錄》卷四：《文心雕龍·正緯篇》曰：「無益經典，有助文章。」歐陽公欲取九經之疏，刪去讖緯之文。而昔人頌孔子之聖，則稱鉤河摘洛。朱彝尊曰：「今則樊英傳注所載、隋唐《經籍志》所錄、《太平御覽》所采，學士大夫能舉其名者寡矣。」華亭布衣殷元正《集緯》十二卷，博采遠徵，依文屬義，網羅散失，勒為一編。其鄉人陸明睿增訂之。總論一卷，河圖一卷，易緯一卷，尚書緯一卷，詩緯一卷，禮緯一卷，樂緯一卷，孝經緯一卷，讖一卷，尚書中候一卷，遁甲開山圖一卷，庶幾有合聖訓宜廣神教宜約之旨。惜其書未鏤板，稿本今藏姚春木家。

殷元正輯 陸明睿增訂 易緯 一卷 存

緯書本（清觀我生齋鈔）

上海藏鈔本（不分卷）

尹昌衡 易銶 一卷 存

山東藏 1918 年南京商務印書館鉛印止園叢書第一集本

山東藏臺北成文出版社 1976 年無求備齋易經集成影印 1918 年鉛印止園叢書本

臺灣文聽閣圖書有限公司 2009 年林慶彰主編民國時期經學叢書本

◎尹昌衡（1884～1952），字碩權，號太昭。四川彭縣人。光緒二十八年（1902）考取四川武備學堂第一期。光緒三十年（1904）入日本士官校，宣統元年（1909）畢業回國。先後任廣西陸軍小學堂監督、總辦，又任四川都督府軍事編譯局總辦、督練處會辦。後任四川軍政府都督。民國元年任北洋政府西征軍總司令平康藏叛亂，後改西康經略使。

尹繼美錄 周易集傳 八卷 補遺一卷 考證一卷 校正一卷 存

同治七年（1868）永新尹氏鼎吉堂刻本

◎元龍仁夫原撰。

◎尹繼美（1816～1886），字茂才，號湜軒。江西永新東鄉環滸人。咸豐九年（1859）舉人。同治三年（1864）授鉅野知縣，後調黃縣，官至直隸州同知。主講洣泉書院，治經窮極搜討，卓有見地，考據淹博，論斷精確，能於清初諸經師外自立一幟。又著有《詩管見》、《地理考略》、《士鄉書院志》一卷、《鼎吉堂文鈔》八卷、《鼎吉堂續鈔》八卷、《鼎吉堂詩鈔》五卷、《息訟俚言》。

尹劍峰 卜易偶鈔 四卷 存

湖南廈門藏咸豐六年（1856）敏求齋刻本

◎尹劍峰，號守愚。

尹攀龍 易經條辨 佚

◎光緒《曹縣志》卷十四《人物志》中：精於《周易》，著有《易經條辨》《潭東詩草》。咸推為曹南名儒。

◎孫葆田《山東通志》卷百二十七《藝文志》第十：是書見《縣志》。

◎尹攀龍，字振鱗。山東曹縣大黃里人。諸生。

尹益堂 易學求源 佚

◎民國《茌平縣志》本傳：著有《易學求源》藏其家。

◎尹益堂，字友三。山東茌平人。廩生。咸同間以團練保訓導，加五品銜。晚年授徒，及門多雋才，光緒濟陽名翰林柏錦林其尤著也。

尹源進 易經衍義 佚

◎自序〔註 23〕：先哲有言：「學能通三才之謂儒」，古之儒者，置身藝林，仰則觀象於天，俯則觀法於地。虞夏商周之書、墳典邱索之遺，靡不淹通而博貫焉。漢代承秦灰之後，六經散失。塚壁蠹餘，每多缺畧。至中葉，始集天下名儒於石渠、天祿，較論異同，一時傳經之徒各奉一先生之言以名

〔註23〕錄自民國《東莞縣志》卷八十三《藝文畧》一。

當世，而五經始有耑家。夫一經能明，取士者必先之。在上之人不可謂不恕，在下者猶憒憒以應。循名失實，不亦辱朝廷而羞當世耶？雖然，難言之矣。《詩》言志、《書》言政事、《禮》《樂》以經國、《春秋》以紀事，皆非有深遠難測之隱也。唯《易》彰往而察來，微顯而闡幽，極之足以體天地之撰、通神明之德，而小至於一事一物，莫不有以盡其通變，故曰生生之謂易。易也者，兼三才而兩之。先天後天既殊其旨，《連山》《歸藏》亦殊其序。合羲、文、周、孔數聖人，心思既竭，易理始明。即宣聖韋編三絕，僅曰可無大過，則易豈易言哉！余束髮受書，即恣情纂述，爰取《大全》諸家，參以《蒙》《引》，間出己見互相發明，總以羽翼傳註而止。夫《本義》訂自紫陽，書名《衍義》，亦竊取文莊《大學衍義》之旨。乙未僥倖南宮，京雒淄塵，荏苒五載。癸卯即請養歸來，菽水之餘，翻閱細校，每與袁子偉振辨論相長，輒至宵分，晏食不能釋手，蓋性之所嗜，樂此忘疲。欲以繕治身心，不迷消息盈虛之數垂訓孫子，亦免孤陋寡聞之譏。友人強余付梓，余謝不遑。竊謂精易者不言易，神而明之，存乎其人，奈何以糟粕之餘貽口實於天下也。若謂有功於易學，吾何敢乎哉！

◎民國《東莞縣志》卷八十三《藝文畧》一：《易經衍義》（國朝尹源進撰。張《府志》）。

◎尹源進（1628～1686），字振民，號瀾柱，廣東東莞人。順治八年（1651）舉人、十二年（1655）進士，十七年（1660）主陝西鄉試考。康熙二年（1663）辭歸，十七年（1678）起為太常寺卿，後卒於官。為屈大均、梁佩蘭、陳恭尹、陳阿平、張穆唱和。工寫蘭。又著有《愛日堂集》，增定《四書補注備旨題竅匯參》。

應德廣　周易典常考　八卷　存

齊齊哈爾藏乾隆十四年（1749）刻本

◎道光《建德縣志》卷十二《人物志》：好學能文，兼通術數。

◎應德廣，字在居。浙江建德人。雍正癸卯舉人。授廣西平樂知縣，調署永寧知州。解組歸，惟以經史自娛。卒年七十七。

應撝謙　周易應氏集解　十七卷　佚

◎一名《應氏易解》。

◎乾隆《杭州府志》卷五十七《藝文》一：《周易集解》十七卷（國朝徵

士仁和應撝謙嗣寅撰）。

◎四庫提要：是書朱彝尊《經義考》作十七卷，此本僅十三卷，然首尾完具不似有所佚脫，或彝尊偶誤耶？其注雜采諸說，故名《集解》。所取多依文訓詁之說，未為精密。首列諸圖，謂上經三十卦下經三十四卦多寡不均，乃創為《上經三十六卦往來之圖》《下經三十六卦往來之圖》，一往一來共成七十二卦，尤為枝節。

◎田倣《歷代儒學存真錄》卷十：素不喜陸王之學，所著書二十有八種。其大者：《周易集解》《詩傳翼》《書傳拾遺》《春秋傳考》《禮樂彙編》《古樂書》《論孟拾遺》《學庸本義》《孝經辨定》《性理大中》《幼學蒙養篇》《朱子集要》《教養全錄》《潛齋集》共若干卷，見先生文集。

◎馮景《解春集文鈔》卷十二《應處士傳》：所著有《孝經語孟集注拾遺》、《周易春秋集解》、《書傳拾遺》、《詩傳翼》、《三禮彙編》、《古樂書》、《性理大中》、《教養全書》、《考亭集要》、《潛齋文集》若干卷藏於家。處士尤精易，晚年遇元旦必卜。

◎彭紹升《二林居集》卷十九《儒行述》：所著書甚具，多宗朱子，亦間出新義。弟子凌印嘉、沈士則、姚宏任傳其學（《全謝山集》）。

◎應撝謙（1615～1683），字嗣寅，號潛齋。浙江仁和（今杭州）人。潛心理學，躬行實踐，與錢塘人虞鈖、蔣志春等組織狷社，授徒講學。康熙十七年（1678），詔徵博學鴻儒，稱疾以老病不能行堅辭。

應麟 易經碎言 二卷 首一卷 存

乾隆十六年（1751）宜黃應氏刻屏山草堂稿本

◎或著錄為三卷首一卷，誤。

◎目錄：卷首：作易之旨、學易之功、河圖、洛書、河圖洛書異同、伏羲八卦次序、伏羲八卦方位、伏羲六十四卦次序、伏羲六十四卦圓圖、伏羲六十四卦方圖、文王八卦次序、文王八卦方位。卷上乾、坤、屯、蒙、需、訟、師、比、小畜、履、泰、否、同人、大有、謙、豫、隨、蠱、臨、觀、噬嗑、賁、剝、復、無妄、大畜、頤、大過、坎、離。卷下咸、恒、遁、大壯、晉、明夷、家人、睽、蹇、解、損、益、夬、姤、萃、升、困、井、革、鼎、震、艮、漸、歸妹、豐、旅、巽、兑、渙、節、中孚、小過、既濟、未濟。

◎易經碎言自序：人皆曰易難言，予謂惟易人人可言。如天至大也，莫測其所止，然從隙孔中窺之亦見天矣。人之不能辨珠玉者，以其希有也，有生不一睹者。若夫菽粟，富家囷廩貯之，丐兒小囊貯之，問菽粟之味於丐兒與富者，無以異也，不必富者之是而丐者之非矣。予近喜讀易，有得輒取片紙書之，遂積成帙。噫！使非易也，予何敢言。

◎提要（題《易經粹言》）：是編不載經文，首卷總論卦圖，上下二卷依上下經卦次解之，十翼則略焉。河圖、洛書，數學也，邵子之傳也；吉凶、法戒，理學也，程子之傳也，兼而言之，是朱子之傳也。麟講圖書與所說卦爻不相關，其講卦爻與所說圖書又不相關，兼而取之又分而治之，亦足見先天之說與爻象為兩事矣。

◎光緒《撫州府志》卷六十《人物志·文苑》二：著《易經碎言》《詩經旁參》《春秋賸義》。

◎光緒《撫州府志》卷七十六《藝文志》：《易經碎言》《詩經旁參》《春秋剩義》（俱應麟撰）。

◎光緒《江西通志》卷九十九《藝文略》一《國朝》：《易經粹言》，應麟撰（《四庫全書存目提要》）。

◎應麟，字石祥，號頑谷，一號囿呈。江西宜黃人。康熙庚午舉人。著有《易經碎言》、《詩經旁參》、《春秋賸義》、《屏山堂文集》、《江右古文選》四十卷。

游秉文 周易摘要 佚

◎光緒《邵陽縣志》卷九《人物》：秉文將卒，手所輯《遺規》一卷，屬子姪恪守。又著有《周易摘要》《春秋綱目便讀》。

◎游秉文，湖南邵陽人。諸生。讀書敦行誼。

游琯 易圖衍義 佚

◎道光《徽州府志》卷十一之三《人物志·儒林》：著有《四書輯訓》《學庸圖》《易圖衍義》《擬希顏錄》《天圖》《地圖》《人圖》《修身約說》諸書。

◎道光《徽州府志》卷十五《藝文志·婺源》：游琯《易圖衍義》一卷。

◎游琯，字舜玉。安徽婺源（今屬江西）濟溪人。郡學生。明孝廉汪志稷甥，其學多得力於其舅氏。

游國良 易解粹義 佚

◎道光《徽州府志》卷十一之三《人物志·儒林》：著有《易解粹義》《梅花詩集》。

◎道光《徽州府志》卷十五《藝文志·婺源》：游國良《易解粹義》。

◎游國良，字暉若，學者私謚貞文先生。安徽婺源（今屬江西）濟溪人。庠生。嘗問業於休寧金忠節公。尤篤於孝友。

游有倫 易義真詮 佚

◎道光《徽州府志》卷十一之三《人物志·儒林》：所著有《易義真詮》《西臺奏議》《承恩堂家訓》《文集》藏於家。

◎道光《徽州府志》卷十五《藝文志·婺源》：游有倫《易義真詮》。

◎游有倫，字明上。安徽婺源（今屬江西）濟溪人。崇禎庚辰進士，授行人司。弘光時晉御史，見時政日非，遂掛冠歸。清初論箋，以養親不出。

游于熊 易經解 四卷 佚

◎道光《徽州府志》卷十五《藝文志·婺源》：游于熊《易經解》四卷。

◎游于熊，安徽婺源（今屬江西）人。著有《易經解》四卷。

游震得 周易傳義會通 佚

◎道光《徽州府志》卷十五《藝文志·婺源》：游震得《周易傳義會通》。

◎游震得，安徽婺源（今屬江西）人。著有《周易傳義會通》。

於斯和 周易假我編 佚

◎光緒《黃州府志》卷三十二《藝文志》：《周易假我編》，黃岡㊣斯和撰（《縣志》）。

◎於斯和，湖北黃岡人。著有《周易假我編》。

于昌運 易注 佚

◎光緒《文登縣志》卷九下二《人物》二：惟博覽羣書，潛心於根柢之學。自撰《詩經正韻》及採輯各家易註數十萬言，附以心得，能發前人所未發。

◎于昌運，字菊農。山東文登人。道光戊子副貢，甲午舉人，揀選知縣。卒年四十。又著有《菊農詩集》。

于長吉 易經集解 佚

◎民國《臨清縣志・人物志》：尤精濂洛之學。著有《聖學備觀》一百卷、《易經集解》、《儀禮圖考》、《禹貢圖》、《天文圖》、《地理圖》、《天地合圖》、《修行瑣言》、《大學講義》諸書。

◎于長吉，號修竹。山東臨清人。歲貢生，舉孝廉方正，咸豐甲寅闔門殉難。

于鬯 卦氣直日考 一卷 存

上海藏於香草遺著叢輯本（稿本）

◎于鬯（1854～1910），字醴尊，一字東厢，自號香草。江蘇南匯（今屬上海）人。光緒二十三年（1897）拔貢生。從王先謙、張文虎、鐘文蒸等習業，與俞樾等亦有交往。通小學，精校勘，治學嚴儻，不輕下斷語。著有《周易讀異》三卷、《卦氣直日考》一卷、《尚書讀異》六卷、《讀儀禮日記》一卷、《讀禮記日記》一卷、《四禮補注》、《儀禮讀異》二卷、《殤服》一卷《發揮》一卷附《兼祧續注》《兼祧議》、《夏小正塾本》一卷、《新定魯論語疏正》、《爾雅讀異》一卷、《爾雅釋親宗族考》一卷、《說文職墨》三卷、《說文平段》一卷、《古文考》六卷補考一卷、《新方言眉語》一卷、《史記散筆》、《戰國策注》三十三卷年表一卷序錄一卷、《古女考》六卷補考一卷、《水經注校》、《種樹瓂聞》、《素問校》、《香草校書》六十卷續校三十二卷、《香草文鈔》、《史記散筆》、《香草隨筆》、《香草談文》、《花燭閒談》、《楚詞新志》、《澧溪文集》、《閒書四種》等。

于鬯 香草校易 五卷 存

光緒二十九年（1903）刻本

于鬯 于氏易說 一卷 存

中國學報 1912 年第 2 期刊本

復旦藏王氏學禮齋鈔本

于鬯 周易讀異 三卷 存

上海藏於香草遺著叢輯本（稿本）

于承平 周易便覽 不分卷 存

山東藏清鈔本（佚名圈點）

于乘雲 大易希聖坊 三卷 存

故宮博物院藏清刻本

鈔本（二卷）

于大鯤 易貫 四卷 存

國圖、湖北藏乾隆三十八年（1773）聽雨山房刻本

山東藏清鈔本（不分卷）

◎一名《復堂易貫》。

◎邊連寶《邊隨圖集・復堂易貫敘》:《易》之為書，廣大精微，以六十四卦、三百八十四爻盡括天下古今萬事萬物之變，而莫能出其範圍。靜以俟其來而預治之，其來也無方，又多為之所而裕儲之。故曰《春秋》所以治萬物已然之迹，《易》所以待萬物未然之變。非若他經之即物詁理、比事屬辭之可以同條而共貫，其難通又十倍於他經。周秦以後，說易者無慮數十百家，要不出乎理數兩家。焦、京之學主數，王弼之學主理。然所謂數者讖緯之數耳，所謂理者老、莊之理耳。歷代相沿，爰迨有宋，邵子之學出而數始明，程子之學出而理始精。至朱子《本義》之作，則理數兼採，實參程、邵兩家以成書，故自茲以往無不奉為圭臬。本朝康熙間御纂《周易折中》一書，以安溪李文貞公為總裁，安溪之學本於朱子，故其書先以《本義》為主，其與《程傳》不合者，則稍為折中其異同之致，至歷代諸儒之說足以佐《程傳》、《本義》未及者，又參合而研嚴之，並為折中，以繫於後。時亦間出己意以發前儒之所未發。至矣，盡矣，蔑以加矣。《周易》而至《折中》，如秤之有權，如射之有的，如地理之有網維，天文之有斗極，雖與天地同其不敝，可也。但其書苦於浩博，初學難於卒業。吾友南溟爰有《復堂易貫》之作，其所以嘉惠後人者洵非淺鮮。但余初訝其以貫名書，而疑易之不可以牽率而強貫。及諦觀而詳玩之，其書原本《折中》，彙諸儒之說，辨黑白而定一尊。於各卦之彖詞，則總括數語以統其全。既則彖傳之義若何、六爻之義若何，分互而條晰之。間或以史緯經，精確的當，義蘊了然。其不可貫者，如乾之元亨利貞，《本義》分而為二，《文言》則以天道聖德發明之，區二為四，各有指歸，不可牽合。其可以貫者，如「乾元資始」而用九，則天德不可為首，始而無始也；「坤元承

天」而用六，則以大終終之，終而無終也。不惟一卦之理貫，而對卦之理亦貫焉。此書於可貫者貫之，不可貫者不加強貫，蓋貫以理而不貫以文，其以貫名書也，又奚疑？然則安溪為紫陽之功臣，而南溟又安溪之功臣也與？又奚有於京、焦、王弼之學之紛紛哉？三十年前，余與張君晴嵐洎南溟並以詩學切劘，其後晴嵐釋詩而為古文，好談經濟，其學蓋長於史。而南溟獨進於經。歲壬午，以書抵余，言《易貫》將成，脫稿後將示我索敘。蓋其時晴嵐已就木矣，越□□〔註 24〕而南溟亦捐館。戊子春，公子星涵手其書過我。又明年己丑之夏，而敘始成。蓋予以老病倦勤，即詩學亦荒落久矣，又奚有於經，又奚有於不可驟通之《易》？勉率以塞地下之責，未審吾友以為何如也。

（文鈔評：此先生講經之文，亦自淵懿充暢，然不免於平。）

◎尚秉和《易學羣書評議》卷三（摘錄）：據其鄉人李建天序，其著書大旨以為近世言易之家多墨守一家言，又或雜湊庸說，陳腐相因，往往說爻背象、說象背爻，俾讀者支離轇轕而不能曉暢其詞。茲書不列圖象，不牽伏互，不膠先人，不列成說，推陳出新，獨尋真面，綴屬成文，期於言簡意賅、貫通經義而止，故曰易貫云云。今觀其書，將河洛圖書並一切卦氣、爻辰、納甲、納音諸術概行屏除，宜若簡明，實則其書於經文既不章解句釋，於十翼亦未全注，只於六十四卦每卦作一總論，前後牽合成篇，殊嫌籠統。又其釋義亦多浮泛。

◎于大鯤，字南溟，號復堂。直隸河間（今屬河北）人。乾隆貢生。著有《復堂易貫》、《左貫》等。

于珩　易經括韻　二卷　佚

◎孫葆田《山東通志》卷百二十七《藝文志》第十：是書見《採訪冊》。

◎道光《重修平度州志》卷十四《藝文》作《易經佸韻》：《易經佸韻》二卷、《詩經佸韻》二卷、《律管階升》四卷、《就正集》十二卷、《精粗貫》十四卷。

◎于珩，山東平度人。

于晉甲　易經旁訓　佚

◎民國《樂安縣志》卷十《人物志》上、民國《續修廣饒縣志》卷十九

〔註 24〕周按：此處原缺。

《人物志》：著有《易經旁訓》。

◎于晉甲，字康第。山東樂安西關人。舉人于登龍子。同治建元，兩學欲以孝廉方正舉，辭不就。卒年八十六。

于景韶 周易觀象鈔 十二卷 存

國圖藏清鈔本

◎或著錄作王景韶，誤。

◎《畿輔通志》卷一百三十三《藝文》一：《周易觀象鈔》，國朝于景韶撰。

◎于景韶，直隸河間（今屬河北）人。

于琳 周易義參 六卷 佚

◎《平湖經籍志》卷九：《周易義參》六卷，未見。邑志易類引《四庫存目》。又云：《浙江通志》作《易經參同》，又《廣變》，又《象告》。路《志》引之作《參同》九卷、《廣變》四卷、《象告》二卷。王《志》本傳作《三易習學》九卷……是書殆未付梓，傳抄者或分或合，故卷帙不同。

◎四庫提要：茲編皆因仍舊說，依文訓釋，罕所發明。末列三十三圖，亦皆剿襲舊圖而小變其貌，其自作者如《在天成象圖》，以日、星、霞、露、虹左列為陽，以月、漢、風、霜、雪右列為陰，而以云、雨、雷、電、雹、霧居中為兼陰陽，殊為無理。《在地成形圖》以水、金、山右列為柔，土、火、石左列為剛，木、絲、穀、鹽並列於中為兼柔剛，尤不可解。而《成男成女圖》作⊙○之形，《一陰一陽謂之道圖》又作●形，益怪誕矣。

◎是書節錄《本義》及諸儒之說於前，而以已說參附於後。

◎于琳，字貞瑕，號甘山。浙江平湖人。天啟諸生。少任俠，喜擊劍談兵。順治庚子膺歲薦不赴。通六壬數及地理、醫術，晚習禪。書畫俱臻逸品，善行楷，妙繪事。

于濬英 易鈔五種 十五卷 存

哈佛燕京藏乾隆十九年（1754）楊卓〔註25〕校訂刻本

◎子目：《大真一得》十卷、《折衷附論》一卷、《震軒夏先生易詠》（六十

〔註25〕楊卓，號臥雲子。

四首）一卷、《易翼述信讀法》一卷、《周易》二卷。

◎哈佛藏本封面有浮簽云：世有表章此書者，《觀音說》急宜刪去。識者自能辨之。志初徐棟謹誌。

◎折衷附論節錄目：河圖洛書陰陽動靜圖說、河圖洛書加減乘除圖說（附洛書真源圖說）、河圖洛書未分未變方圓說、圓形合洛書為法象之原、先天後天卦之陽陰不同、後天卦以天地水火為體用、先天卦變後天、先天卦配河圖、後天卦配河書、先天卦配洛書、後天卦配洛書、先天卦生序卦、後天卦生雜卦、方圓得大衍之數、勾股得大衍之數、老陽數合方法、老陰數合勾股法、乾坤策數合周天晝夜度數。

◎節錄易翼述信讀法目：彖、大象、小象、時、位、德、應比、主爻、大小、陰陽奇耦君臣、初難中易、中爻之備、觀彖過半、二四遠近三五剛柔、愛惡遠近情偽、占詞。

◎于濬英，號玉京山人。

于省吾 雙劍誃易經新證 四卷 存

山東藏1937年北平虎坊橋大業印刷局鉛印本

山東藏臺北成文出版社1976年無求備齋易經集成影印1936年鉛印本

臺灣文聽閣圖書有限公司2009年林慶彰主編民國時期經學叢書本

◎于省吾（1896～1984），字思泊，別號夙興叟。遼寧海城人。室名雙劍誃、澤螺居。著有《雙劍該古器物圖錄》、《甲骨文字釋林》、《雙劍誃殷契駢枝》三集、《雙劍該吉金文選》。

于兆遇 易經詳解 佚

◎同治《豐城縣志》卷二十四《藝文志》：著《易經詳解》《四書詳解》《性理精註》《斷易要書》藏於家。

◎同治《南昌府志》卷六十二《藝文》一：于兆遇（《易經詳解》《四書詳解》《性理精言》《斷易要訣》。按兆遇字渭璜，所著《易經詳解》，《皇朝文獻通考》採之）。

◎光緒《江西通志》卷九十九《藝文略》一《國朝》：《易經詳解》，于兆遇撰（《豐城縣志》）。

◎于兆遇，字渭璜。江西豐城藍溪人。歲貢。讀書恪遵五子，教授鄉里，有古師儒風。

于作周 周易經解 二卷 佚

◎四川學政羅典《周易經解序》〔註 26〕:《易》之為書,廣大悉備。自漢以後言易者數十百家,惟宋儒獨得其宗。伏讀御纂《周易折衷》,一以朱子《本義》為主,《程傳》附之,兼綜條貫,所謂集經學之大成,昭然揭日月以行矣。凡經生家莫不悉心體究,得所指歸。余膺簡命視學西川,刻有《凝園讀易管見》十卷,出與多士相質證。學博于君作周以名孝廉司鐸綦水,於明倫堂西偏建尊經閣並講室三間,為諸生肄習地。邃於理學,所著有《周易經解》二卷,囑予點定。鈎元提要,闡發無遺,而其中剖析疑義卓然成一家言,是足以羽翼聖經而佽予所未逮者也。亟趨授梓,以惠後學。爰為之序以行之。

余朝楷 圖錀 二卷 佚

◎光緒《江西通志》卷九十九《藝文略》一《國朝》:《易象易簡集解》、《圖錀》上下二卷(雜著附),余朝楷撰(《德興縣志》)。

◎余朝楷,字東材。江西德興人。

余朝楷 易象易簡集解 佚

◎光緒《江西通志》卷九十九《藝文略》一《國朝》:《易象易簡集解》、《圖錀》上下二卷(雜著附),余朝楷撰(《德興縣志》)。

余光裕 大易廣義 佚

◎光緒《江西通志》卷九十九《藝文略》一《國朝》:《大易廣義》,余光裕撰(《新城縣志》)。

◎余光裕,江西新城人。

余國楨 點易支言 三卷 存

南京大學、洛陽藏道光二十年(1840)刻劬庵類稿本

◎《浙江通志》卷二百四十一《經籍》:《點易支言》(《遂安縣志》。余國楨著)。

◎光緒《嚴州府志》卷十九《人物》:著有《點易支言》《田研齋集》。

◎民國《遂安縣志》卷十《藝文》:其學尤邃於易,所著有《點易支言》

〔註 26〕錄自同治《營山縣志》卷二十八《藝文志》。

《田研齋》諸集藏於家。

◎余國禎，或作余國貞，字瑞人，號劬庵。浙江遂安西南儒洪里人。少敏好學，熟習羣書。年十一補弟子員，受易於汪喬年之門，盡得其秘去。教授生徒，邑中執經求教者戶外常滿。自是兀坐點易，自經史子集外，旁及詩古文詞，皆手自抄錄，丹黃甲乙，莫不各有師承。明崇禎十三年（1640）登魏藻德榜進士。授四川省富順縣知縣。居常慨息，謂少攖多難，家無長物，惟積圖書數卷以遺子孫，屢經兵燹，散佚無存，良可悼歎。因益縱情搜考，手錄五經古文辭，積百餘卷。旁及制義，品評得失，絲絲不爽。每酒後耳熱，輒對諸子掀髯笑曰：使吾得再應童子試，與時髦相角逐，正恐老婆子猶當獨勝。同里毛際可、章振萼皆總草時即決其為異器，以女妻章公，稱快婿焉。著有《劬庵類稿》行世。明末歸里，杜門著述三十五年，年逾八十，嗜古彌篤，其學尤邃於易。卒年八十四。子四人皆世其業，季中慎最有聲。著有《點易文言》、《田研齋集》、《對學辨韻》一卷、《見聞記憶錄》五卷。方象瑛《文林郎富順知縣余公墓誌銘》、方邁《余劬庵傳》言其生平甚詳，可參。

余國楨 周易雜釋 一卷 存

南京大學、洛陽藏道光二十年（1840）刻劬庵類稿本

◎附一卷。

余懷悌 周易質疑 佚

◎道光《徽州府志》卷十五《藝文志・婺源》：余懷悌《周易質疑》（《縣志》作《就正》）。

◎余懷悌，安徽婺源（今屬江西）人。著有《周易質疑》。

余建勳 易學心解 佚

◎民國《遂安縣志》卷七《人物》：博通經史，尤長於易。督學彭拔置冠軍食餼。著有《清可齋詩稿》、《易學心解》。

◎余建勳，字翼廷。浙江遂安十三都人。廩生。著有《易學心解》。

余立猷 周易象證輯義 十二卷 佚

◎同治《臨江府志》卷二十九《人物傳》十一：著有《周易象證輯義》十二卷、《課花草堂叢記》三十卷、《悉論史精言清賞園古文》二十卷、《瑣言》

數千言待梓，悉燬於兵。

◎余立猷，字鈞持，號粹白。江西臨江府清江人。邑增生。讀書有遠識，洞悉古今，通達治體，屢試不遇，隱居教子以終。

余麗元 卦變考義 佚

◎民國《重修婺源縣志》卷二十四《人物》五：著有《復性集》《卦變考義》《陶軒文集》《弧矢曆算圖說》《昆陽思補錄》《龍湖院志》《安洲院志》《輔潛菴崇祀錄》《家訓遺規》《兵占捷法》各若干卷。

◎民國《重修婺源縣志》卷六十四《藝文》一：余麗元著（《卦變考義》《陶軒文集》《輔潛菴崇祀錄》《昆陽思補錄》《龍湖／安洲院志》《家訓遺規》《弧矢曆算圖說》《兵占捷法》《復性集》）。

◎余麗元，字步東，號介石。安徽婺源（今屬江西）沱川人。咸豐辛亥（1851）遴選知縣至浙江，歷署浦江、平陽。同治六年（1867）知仙居縣，首崇文教，文風大振。同治八年（1869）捐貲創麗正義塾。又纂光緒《石門縣志》十二卷。

余其楚 易學輯要 四卷 佚

◎光緒《霍山縣志》卷十一《人物志》下：《十三經》手抄口誦，融會貫通。尤精於易，晚年著有《易學輯要》《剩園詩文集》若干卷。

◎同治《六安州志》卷三十三《文苑》：《十三經》手抄口誦，融會貫通。尤精於易，晚年著有《易學輯要》四卷、《剩園文集》四卷、《詩集》二卷。

◎余其楚，字于翹，號剩園。安徽霍山人。歲貢生。讀書目數行下。七入棘闈，五薦不售。遂絕意進取，以讀書課徒為樂。道光二十二年選授懷寧教諭，未幾以年邁歸。卒年八十二。著稿均為賊炬。

余叔純 周易讀 五卷 存

南京藏天啟四年（1624）余氏與文齋刻本

◎一名《與文齋周易讀》。為著者自撰自刻本，書首收「圖說」、「易名」、「易用」諸名。

◎有方逢年序、自序。

◎《明史》卷九十六《藝文》一：余叔純《周易讀》五卷。

◎民國《遂安縣志》卷七《人物》：尤精於易。晚年下帷碧稍山麓，取羲、文象數日夕研窮。著有《周易讀》五卷，闡先儒未發之蘊，談易家每集其說。

◎余叔純，字與文。浙江遂安四都人。邑諸生。幼穎異，受業於方可正，六經子史靡不穿貫。

余騰蛟 易傳廣言 佚

◎光緒《江西通志》卷九十九《藝文略》一《國朝》：《易傳廣言》，余騰蛟撰（《武寧縣志》）。

◎余騰蛟，字鶴汀。江西武寧人。著有《易傳廣言》。

余天爵 易義 佚

◎道光《徽州府志》卷十五《藝文志・黟》：余天爵《易義》。

◎余天爵，安徽婺源（今屬江西）人。著有《易義》。

余文梓 周易新解 佚

◎同治《武寧縣志》卷之二十七《藝文》：《周易新解》，余文梓著。

◎同治《南昌府志》卷六十二《藝文》：余文梓（《周易新解》）。

◎光緒《江西通志》卷九十九：《周易新解》，余文梓撰（《武寧縣志》）。

◎余文梓，字季良。江西武寧人。

余蕭客 周易鉤沉 二卷 存

山東藏清初刻古經解鉤沉本

山東藏臺北成文出版社 1976 年無求備齋易經集成影印道光二十年（1840）重校刻古經解鉤沉本

◎余蕭客（1732～1778），字仲林，別字古農。江蘇吳縣人。生五歲，父客遊不歸，母顏教以四子書五經，夜則課《文選》及唐宋人詩古文。十五通群經，即知理氣空言無補經術。家貧，借讀書棚徐姓，閉戶肆經史，益務博覽。聞有異書，必假鈔錄。同邑朱奐，藏書甲吳中，延其教讀，館於滋蘭堂，因得悉窺四部之富。嗣又閱《道藏》於玄妙觀，閱《釋藏》於南禪寺。居恒手一編弗輟。方觀承督直隸，延修《畿輔水利志》。間遊京師，與朱筠河、紀文達、胡文恪相友善，咸稱其深寧、亭林之間。緣目疾復作，舉戴東原自代，遂南歸，以經術教授鄉里，閉目口授，生徒極盛。卒年四十有七。並精選學。著有

《注雅別鈔》八卷、《文選紀聞》三十卷、《雜題》三十卷、《音義》八卷、《選音樓詩拾》。

余興國 新刻搜集諸家卜筮源流斷易大全 四卷 存

山東藏清善成堂刻本（談易齋訂正）

山東藏光緒八年（1882）京都老二酉堂刻本〔註27〕

清掃葉山房刻本

清末至民國石印本

山東藏1916年上海普通書局石印本

中醫古籍出版社2012年陳明、閔兆才、楊月玲校釋本

◎一名《斷易大全》。

◎序：粵自庖羲畫卦、文王繫辭、周孔闡微，易之理明且著哉。然而先聖既往，後聖未生，賢哲庸愚共鶩，勢不能不溷淆于其間。嗟嗟明著者復龐贅矣。迨戰國時崛起鬼谷，漢晉管、郭，唐宋袁、李、朱、邵，群賢歷歷垂訓，《斷易》之名其肇端於此乎？邇來學譚者類剽耳目而遺肝膽，雖至窮年，未究其藴。余太息夫《斷易》之旨其終不明也耶！杭川葆和子以易學擅名，奚吝金幣？請摹茲帙，燦然復明。壽諸剞劂，以廣其傳。庶幾俾寓內從事者有所鏡，豈小補之云虖？！談易齋知來子識。

◎余興國，字禎寓。浙江杭州人。

余雝徵 周易管見 佚

◎民國《遂安縣志》卷七《人物》：所著《周易管見》藏於家。

◎余雝徵，字和侯。浙江遂安四隅人。余國棠次子。廩貢生。候選州同。

余振鴻 周易精解 佚

◎道光《徽州府志》卷十二之二《人物志·宦業》：著有《周易精解》《勿盈軒詩藁》《明心俚話》諸書。

◎道光《徽州府志》卷十五《藝文志·婺源》：余振鴻《周易精解》。

◎余振鴻，字揚翼。安徽婺源（今屬江西）沱川人。順治庚子歲貢，鑲紅旗教習，考授州判，改授浙江衛經歷，從征金華及閩，以軍功敘護理湖州分

〔註27〕卷末題：光緒八年壬午季春重刊，京都崇文門外打磨廠老二酉堂梓行。

府，廉善著聲，陞沙河知縣，卒官。

余宗英 易學參要 佚

◎吳德旋《初月樓聞見錄》卷九：秀書弟子知名者同邑余伯雄。伯雄幼穎異，日誦千餘言。學於秀書而博勝之。雙池遺書時有脫誤，賴伯雄刊補為多。所著有《易學參要》、《書經／春秋提要》、《讀書隨錄》、《孚吉堂文集／詩集》。

◎道光《徽州府志》卷十一之三《人物志．儒林》：究心《十三經注疏》及宋五子書，有所心得，筆之於書，往往發人所未發。著有《易學參義》《書經／春秋參議》《禮經撮要》《讀書隨錄》《孚吉堂文集／詩集》若干卷。

◎道光《徽州府志》卷十五《藝文志．婺源》：余宗英《易學參義》一卷。

◎光緒《重修安徽通志》卷二百二十五《人物志．文苑》四：讀書有得，筆而書之，往往發前賢所未發。著有《易學參要》《書經／春秋提要》《禮經撮要》《讀書隨錄》《孚吉堂詩文集》若干卷。

◎余宗英，字伯雄，號毅齋。安徽婺源（今屬江西）沱川人。乾隆丙午科舉人。

俞大謨 讀易舉例 三十二卷 卷首三卷 存

國圖、北大、上海藏嘉慶十年（1805）俞大謨可儀堂刻本

◎一名《俞氏讀易舉例》。上經十五卷，下經十七卷。

◎讀易舉例自序〔註 28〕：諸經之義發於人心，羲畫之文本乎天地。天地一易也，易一天地也。天地，無為而無不為，其間千變萬化，皆行乎所不得不行，止乎所不得不止。易亦如是而已。文王卦辭、周公爻辭，代天地立言。孔子作十翼，又言文、周所未盡之言，胥以教天下萬世崇陽抑陰、省身寡過之道。而孔子亦有所不盡言，即如乾坤二卦有《文言》，餘卦皆無；《繫辭傳》中申釋諸卦爻義，亦止中孚、同人等卦十九爻，餘不多及。可知易教無窮而道歸一貫，所貴因此識彼、舉一反三。其本經申釋之各卦各爻，學者自當仿《文言》之例，以意推之。他如「制器尚象」之事亦止舉網罟、耒耨、交易等十二節，其餘萬事萬物，何一不有取於六十四卦？皆於十二節起例而發凡。至人說經，道而不器，有如是矣。且夫六十四卦，經也；卦辭爻辭，經而傳也；孔

〔註 28〕又見於汪廷儒《廣陵思古編》。

子十翼，傳而疏也。辭之所有，孔子尚多闕文；翼之所無，後人何能增益？大謨少時讀易，間涉緯候諸家，頗為所障。既乃力求擺脫，專以卦畫為憑，立象在前，引經以證，覺陰陽順逆，此往彼來，易義昭彰，無言可喻。其理著於耳目官骸之近，其事行於倫常日用之間，解此經者愈淺愈真，愈深愈偽，愈平愈正，愈奇愈邪，世道人心所關甚大。爰舉翼中要義，自古得為通例者數十條，輯而錄之，以覘天地自然之理，以率知能易簡之真，名之曰《讀易舉例》。前敘總例三十條，次立象證二十五條，象在即例在也。後依次輯為上經十五卷、下經十七卷，俾卦爻諸辭皆得依例推度，見深見淺存乎其人矣。惟是大謨恭讀聖祖仁皇帝《周易折衷》並高宗純皇帝《周易述義》二書，廣大精微，義無不備，皆取朱子之言為正，因其純粹以精也。今大謨私意所窺，間有未能與朱子吻合之處，大謨何人，敢存臆說？既又恭讀高宗純皇帝所嘗欽定《四庫全書》內胡煦《周易函書提要》御音有曰：「此書持論，酌於漢學宋學之間，與朱子頗有異同。然考朱子語錄，有曰：『某作《易本義》，欲將文王卦辭大概略說，至其所以然之故，於孔《彖辭》中發之，如此乃不失文王本義，但未暇整頓爾。』是朱子《本義》蓋欲有所改削而未能，則後人之辨訂亦未始非朱子之志也。陸游《渭南集》有朱氏《易傳跋》，曰：『易道廣大，非一人所能盡。堅守一家之說，未為得也。』元晦尊程氏極矣，然其為說亦已大異，讀者當自知之。」斯可謂天下之通論矣，大哉！聖人之言，明詔後世言易之家，不禁其間呈新義也。但以至陋極愚、毫無知識如大謨者，亦復蠡測管窺，強作解事，實為夢寐所不能安。伏望當代大人先生察其舛訛，加以正定，俾得仰副天子博采兼收之至意，是則大謨之厚幸也夫！

◎嘉慶《重修揚州府志》卷五十二《人物志》七：著有《讀易舉例》三十五卷。

◎嘉慶《重修揚州府志》卷六十二《藝文志》一：《讀易舉例》八卷（俞大猷撰）。

◎嘉慶《江都縣續志》卷八《經籍》：《讀易舉例》，俞大謨。

◎趙懷玉《亦有生齋集》文卷十三《恩貢生候選直隸州州判俞君家傳》：君精帖括，與省試者十七次，竟不得售，乃息意場屋，專心學易。凡前人含蘊未宣者竝為拈出，如因重六十四卦、反對三十六宮以及變通之義、始終之理，靡不畫象證經、援經證象，使讀者曠若發蒙。著有《讀易舉例》三十五卷……長予十七年。初見時予裁十三，君已三十，欣然為忘年交……君享壽考，說經以傳於後。

◎俞大謨，字安國，一字耦生。江蘇江都（今江蘇揚州）人。少穎悟，年二十三，寧化雷鋐拔為學官弟子，旋食廩餼。嘉慶二年（1797）恩貢。乾隆己酉舉人。

俞元潤 周易精義續編 四卷 首一卷 存

浙江藏嘉慶十八年（1813）墨海書屋刻本

◎民國《蕭山縣志稿》卷三十《藝文·書目》：《周易精義續編》（清俞元潤撰。此書乃踵武林黃綺霞《周易精義》而作）。

◎俞元潤，浙江蕭山人。

俞君堯 周易講義 三卷 存

溫州藏永嘉鄉著會鈔本

◎一名《河間過庭錄》。

◎俞君堯，字巘唐。浙江瑞安人。俞春如父。又著有《河間存古翼聖編初集》《河間詩存》。

俞塞 易寤 佚

◎道光《徽州府志》卷十一之三《人物志·儒林》：著有《易寤》《詩起》《四書心詁》《理學資深錄》諸書。《康熙府志》。○《婺源縣志》云塞所著書皆軼不傳。

◎俞塞，字吾體。安徽婺源（今屬江西）永川人。性孤介不妄交，好讀書，終歲旅食，未嘗輕受人一錢。

俞升潛 易經辨義 十卷 佚

◎民國《重修婺源縣志》卷三十五《人物》八：著有《易經辨義》十卷刊行，《健齋日知錄校存》。

◎民國《重修婺源縣志》卷六十四《藝文》一：俞升潛著（《易經辨義》十卷、《日知錄校存》）。

◎光緒《重修安徽通志》卷三百三十五《藝文志》：《易經辨義》十卷，俞升潛著。

◎俞升潛，字用初，號健齋。新源人。戊子舉人。聰慧嗜學，貫通經史。

謁選，以知縣用，請改教職，司鐸揚州。阮元少師事之，謂為師道自楊荊州、胡潤州後一人而已。

俞檀 易文言傳 一卷 存

上海藏清鈔本

續四庫影印上海藏清鈔本

◎俞檀，字勺山，號西嵐。廣西桂林人。道光元年（1821）舉人。官雲和訓導。以經史課庠士。

俞檀 易學管窺 十五卷 存

上海藏清鈔本

續四庫影印上海藏清鈔本

俞檀 易經增解 佚

◎民國《重修婺源縣志》卷六十四《藝文》一：俞檀著（《詩經補義》《易經增解》）。

◎俞檀，字次猷，號芷亭。安徽婺源（今屬江西）城西人。正貢。又著有《詩經補義》。

俞元芳 易經詳註 佚

◎宣統《臨安縣志》卷七《人物志》：研窮經史，間詠古詩以怡性情，易簀時卷不稍釋。著有《易經詳註》《唐詩箋註》。

◎乾隆《杭州府志》卷五十七《藝文志》：《易經詳註》（國朝貢生臨安俞元芳謹齋撰）。

◎俞元芳，號謹齋。浙江臨安亭川人。廩貢生。

俞樾 八卦方位說 一卷 存

山東藏光緒二十五年（1899）刻春在堂全書·曲園雜纂本

◎民國《德清縣新志》卷八《人物志》二分編：樾於諸經皆有纂述，而易學為深。所著《易貫》專發明聖人觀象繫辭之義。《玩易》五篇則自出新意，不主先儒之說。復作《艮宧易說》《卦氣直日考》《邵易補原》《易窮通變化論》《周易互體徵》《八卦方位說》散見《叢書》《雜纂》中，皆足證明一家之學。

◎俞樾（1821～1907），字蔭甫，號曲園。浙江湖州府德清縣城關鄉南埭村人。著有《春在堂全書》，括《小浮梅閒話》、《右臺仙館筆記》、《茶香室雜鈔》、《群經平議》五十卷、《諸子平議》五十卷、《茶香室經說》十六卷、《古書疑義舉例》七卷、《第一樓叢書》三十卷、《曲園俞樓雜纂》等。

俞樾 艮宧易說 一卷 存

山東藏光緒二十五年（1899）刻春在堂全書·曲園雜纂本

續四庫影印復旦藏光緒二十五年（1899）刻春在堂全書俞樓雜纂本

◎卷首云：曲園只東北隅築室曰艮宧，其地稍幽僻，無事則攜《周易》於其中讀之，有所得則筆之。是曰《艮宧易說》，然仍未離乎訓詁之學也。

◎條目：初九潛龍勿用，萬物資始乃統天，乾道變化，見龍在田德普施也，飛龍在天大人造也，文言曰，脩辭立其誠所以居業也，見龍在田時舍也，西南得朋東北喪朋，六二直方大不習无不利，宜建侯而不寧，需于沙，訟有孚窒惕中吉，訟有孚窒惕中吉剛來而得中也，師左次无咎，小畜亨密雲不雨自我西郊，何其咎吉，君子征凶，勿恤其孚于食有福，初九无交害匪咎艱則无咎，威如吉，无不利撝謙，天地以順動，介于石，朋盍簪，冥豫成有渝无咎，賁于丘園束帛戔戔，拂經于丘，來之坎坎，樽酒簋貳用缶，以杞包瓜，萃亨，曰動悔有悔，出可以守宗，廟社稷以為祭主也，艮其止止其所也，鴻漸于陸其羽可用為儀，月盈則食，旅于處得其資斧，虞吉有他不燕，損德之脩也，為布，臨觀之義或與或求。

俞樾 卦氣續考 一卷 存

山東藏光緒二十五年（1899）刻春在堂全書·曲園雜纂本

俞樾 卦氣直日考 一卷 存

山東藏光緒二十五年（1899）刻春在堂全書·曲園雜纂本

續四庫影印復旦藏光緒二十五年（1899）刻春在堂全書俞樓雜纂本

◎目錄：第一考四正卦。第二考十二辟卦。第三考六十卦次序。第四考公辟侯大夫卿名之所自始。第五考每卦六日七分之說。第六考京氏之說。第七考北齊天寶厤之說。

◎前識：卦氣直日之說出於緯書，託之孔子，儒者弗信也。雖然，揚子雲西漢大儒，而以《太元》準《周易》，有八十一首歲事咸貞之說，則知卦氣直日，西漢經師固有此說矣。視後世以先天圖分配節候者，固當勝之，因考諸家之義著於篇。

俞樾 邵易補原 一卷 存

山東藏光緒二十五年（1899）刻春在堂全書·曲園雜纂本

◎民國《吳縣志》卷第七十六上《列傳·流寓》一：卷帙繁富，而《群經平議》《諸子平議》《古書疑義舉例》三書，尤能確守家法，有功經籍。其治經以高郵王氏父子為宗，謂治經之道在正句讀、審字義、通古文假借為尤要。其所著《群經平議》則繼王氏《經義述聞》而作，《諸子平議》則顧附《讀書雜志》之後，《古書疑義舉例》則小變《經傳釋詞》之例而推衍之。迨《俞樓雜志》《曲園雜纂》《茶香室經說》諸書出，其析疑振滯，皆與前書相仿，或有精義較勝於昔。其居吳猶及見宋大令祥鳳，得聞武進莊氏之學，故一發明聖人觀象繫辭之義。《玩易》五篇則自出新意，不主先儒舊說。復作《艮宧易說》《卦氣直日考》《邵易補原》《易窮通變化論》《周易互體徵》《八卦方位說》，散見《叢書》《雜篹》中，皆足證明一家之學。

俞樾 玩易篇 一卷 存

國圖藏稿本

國圖、山東藏同治十年（1871）刻德清俞蔭甫所著書本

山東藏光緒二十五年（1899）刻春在堂全書·曲園雜纂本

同治十一年（1872）刻第一樓叢書本

山東藏臺北成文出版社 1976 年無求備齋易經集成影印同治十一年（1872）刻第一樓叢書本

◎董恂《還讀我書室老人手訂年譜》卷下：俞蔭甫《易貫》《周易平議》《艮宧易說》《湖樓筆談·易》《玩易篇》《易窮通變化論》《周易互體徵》（共三帙）。

俞樾 易貫 五卷 存

山東藏同治十年（1871）江清驥刻第一樓叢書本

山東藏光緒二十五年（1899）刻春在堂全書第一樓叢書本

國圖藏殘稿本（四卷）

山東藏臺北成文出版社 1976 年無求備齋易經集成影印同治十年（1871）

刻第一樓叢書本（卷末有缺頁）

續四庫影印復旦藏光緒二十五年（1899）刻春在堂全書第一樓叢書本

◎目錄：卷一大川、寇、戎、雨、輿、月幾望、缶、禽。卷二虎、金、馬、牛、言、朋。卷三憂、臀、趾。卷四食、福、君、國、首、獄、實。卷五門戶，三、七、十，富，貴，亦。

◎易貫序：孔子稱聖人設卦觀象繫辭焉而明吉凶。夫卦象不過陰陽奇偶而已，聖人於何觀之而各繫以辭哉？曰：機之所觸，象即呈焉。今日觀之如是，明日觀之或未必如是矣，聖人之辭亦姑就所見者而繫之耳。然而輿說輹、臀無膚之類又一見再見，何也？曰：此聖人示人以端倪之可見者也，引而申之，觸類而長之，則輿說輹、臀無膚又豈止此兩卦哉。其不必皆同者，機之所觸無一定也。其不妨偶同者，使人得由此而測之也。若並無此一二卦之偶同，則聖人之情不見於辭矣。樾憂患餘生，粗知學易，隨其所得筆之於書，一以貫之，請俟異日。俞樾記。

俞樾 易窮通變化論 一卷 存

山東藏光緒二十五年（1899）刻春在堂全書・曲園雜纂本

俞樾 周易互體徵 一卷 存

山東藏光緒二十五年（1899）刻春在堂全書・俞樓雜纂本

山東藏光緒十四年（1888）江陰南菁書院刻皇清經解續編本

續四庫影印復旦藏光緒二十五年（1899）刻春在堂全書俞樓雜纂本

◎卷首識云：易有互體，乃古法也。《春秋》莊二十二年，《左傳》載陳侯之筮，遇觀之否曰：「風為天於土上，山也。」注曰：「自二至四有艮象，艮為山。」是在孔子未贊《周易》之前已有互體之說，其可廢而不用乎？余觀爻象多有取之互體者，因即其明白可據者著於篇。

俞樾 周易平議 二卷 存

山東藏同治五年（1866）杭州刻羣經平議本

國圖藏同治十年（1871）刻德清俞蔭甫所著書本

同治十年（1871）德清俞氏刻光緒二十五年（1899）增修清末重印春在堂全書・群經平議本

山東藏光緒十四年（1888）江陰南菁書院刻皇清經解續編・群經平議本

山東藏臺北成文出版社 1976 年無求備齋易經集成影印同治十年（1871）刻本

山東藏臺灣新文豐出版公司 1983 年大易類聚初集影印皇清經解續編本

俞樾 周易雜纂 四卷 存

光緒五年（1879）刻俞樓雜纂本

山東藏臺北成文出版社 1976 年無求備齋易經集成影印光緒五年（1879）刻本

◎周按：即《俞樓雜纂》卷一至四。

喻安性 易參 五卷 存

山東藏 1933 年萃煥堂刻本（缺一卷：卷五）

◎乾隆《紹興府志》卷七十七《經籍志》一：《易參》五卷（《嵊縣志》），喻安性著。

◎《浙江通志》卷二百四十一《經籍》：《易參》五卷（《嵊縣志》。喻安性著）。

◎喻安性（1574～1654），字中卿，號養初。浙江紹興嵊縣人。萬曆二十六年（1598）進士。歷官南昌府推官、禮部主事、吏部給事中、廣東巡海使、山海關巡撫、薊遼總督、兵部尚書兼右副都御史。又著有《養初稿》。

喻國人 河洛定議贊 一卷 佚

◎《欽定續通志》卷一百五十六：《周易辨正》一卷（明喻國人撰）、《河洛定議贊》一卷（明喻國人撰）、《全易十有八變成卦定議》一卷（明喻國人撰）、《周易對卦數變合參》一卷（明喻國人撰）、《河洛真傳》一卷（明喻國人撰）、《周易生生真傳》一卷（明喻國人撰）。

◎喻國人（1611～1702，一說 1622～1702），字大受，小字鹿壽，號春山。湖南郴州（今郴縣）喻家寨人。崇禎十五年（1642）舉人。明亡隱居香山，設同仁書院，從學者甚眾，學者尊為儒宗、湖南宿儒。與熊賜履語多契合，引為知己。博覽群籍，專心學問，學識廣博，經學尤精。著有《河洛定議贊》一卷、《周易辯正》一卷、《全易十有八變卦定議》一卷、《周易對卦數變合參》一卷、《河洛真傳》一卷、《周易生生真傳》一卷、《筮占》、《吾道一貫真傳》、《喻春山文集》、《責己錄》、《千歲日至定論》、《春秋日食定鑒》、《日食補遺》、

《郴州總志》、《伏羲樂律》、《禮記月令定注》、《六書真傳》、《投壺儀制》、《成周六軍定制》、《帝王曆數真傳》、《神禹治水本源》、《直指孔顏樂處》、《周易河洛定義》等書。

喻國人 河洛真傳 一卷 佚

◎《欽定續通志》卷一百五十六著錄。

喻國人 全易十有八變成卦定議 一卷 佚

◎《欽定續通志》卷一百五十六著錄。

喻國人 周易辨正 一卷 佚

◎《欽定續通志》卷一百五十六著錄。

喻國人 周易對卦數變合參 一卷 佚

◎《欽定續通志》卷一百五十六著錄。

喻國人 周易生生真傳 一卷 佚

◎《欽定續通志》卷一百五十六著錄。

喻荃 周易本義補 佚

◎光緒《江西通志》卷九十九《藝文略》一《國朝》:《周易本義補》，喻荃撰（《南昌縣志》）。

◎喻荃，江西南昌人。著有《周易本義補》。

喻遜 周易訓義 七卷 首一卷 存

國圖、北大、山東、四川、中科院藏嘉慶十八年（1813）喻遂孝等月桂軒刻本

山東藏臺灣新文豐出版公司 1983 年大易類聚初集影印嘉慶十八年（1813）刻本

◎凡例：

一、易解諸書，御纂《折中》以朱子《本義》為主，而以《程傳》及諸儒之說補《本義》之所未備，廣搜博採，無義不析。御纂《述義》又從而約言之，至粹至精，洵足為萬世之圭臬。是書謹遵其旨，外間雜說概不敢從。

一、朱子謂經書難讀，而此經尤難讀，以多被諸儒說煞，難得經文本意。是書於諸家之說有為欽定所取者，摘錄於集說之內。至有諸家皆無此解及欽定所正他書謬解者，敬錄御案以明之，庶讀者有所宗守。

一、初學解經，須明本經義例，而卦爻義例尤不可不先知。故於欽定綱領中摘其義例之切要者，著於卷首，以為初學之嚆矢焉。

一、卦必有主，主卦之主必爻德盡善而又得位得時，成卦之主乃卦之所由以成者，得其卦主則卦義益明，故每卦之後特為標出。

一、文王彖辭統論一卦之義，周公爻辭分析六爻之義。然六爻雖分，其中相對相反自有天然貫串。先儒於卦後間有總論以明其義，其先儒無總論，以愚見細玩爻義而成者，則以按字別之，未知有當與否。惟高明教所不逮，幸甚。

一、彖辭爻辭象傳所言之象俱在本卦取義，他書皆未之及，故於白文之下，謹遵欽定，略為指明，乃知聖人所言原非憑空泛設。

一、書名《訓義》，原為初學而設。授徒之餘，見後生小子茫然不解經意，故特顯訓其義，令彼易知。若宿學鴻儒，了悉《折中》《述義》之旨者，固無需此。諸生與姪等漫以付之剞劂，梓成索序。余謂此第以之訓蒙，原非著書立說，何以序為？生等固請，爰書此以付之。蓮峰喻遜時敏氏自識。

◎周易訓義序：周子有言：易不止為五經之原，實天地鬼神之奧。蓋以卦爻象變統貫三才、包涵萬有，其至精至變至神，乃聖人窮理盡性至命之書，非淺學所能窺也。易豈易言乎哉！我聖祖仁皇帝暨高宗純皇帝，聰明天亶，睿知性成，與羲、文、周、孔之神默相符契。誠嘗伏讀御纂《周易折衷》、御纂《周易述義》，其體廣大、其義精微，實足正諸儒之紕繆，開萬古之羣蒙。第慮後生小子未能遽悉其義，每思竊取御纂之旨，詳明詮釋，以為初學先資。因公車往來南北，未暇從事。歲壬戌，姻兄喻公義圃名宣孝者，與余同捷南宮，以《周易訓義》一書示余，曰：「此吾胞叔蓮峯一生精力之所寄也。吾叔博通經義，於易理觀玩尤精，故作此以訓宣等焉。」余取讀之，見其所言皆恪遵《折中》《述義》，顯釋而詳訓之，不覺忻然嘆先生已先得我心矣。京師餘暇，與義圃悉心研究者累月，後復質之曉嵐紀宗伯，亟為嘉許，謂言易者每患其鑿而雜，似此確守欽定，義無不正，解無不真，詞亦簡切融通，可刊布以嘉惠後學。特義圃不祿，剞劂未果，惜哉！嘉慶癸酉，余宦遊吳西，有先生受業從姪喻君遂孝、紀孝、士孝、達考、成孝、純孝、仲孝等，不忍璞玉終藏劍光久晦，以其書壽諸梨棗。索序於余。余惟是書已見許於哲匠，復何容贅，乃為明其宗主、原其顛末，以見余之服膺是書有日，且喜喻氏諸君不忘其師訓誨之苦心也，謹濡筆而為之序。旹嘉慶十八年癸酉仲冬之吉，賜進士出身現任江西撫州府知樂安縣事媚愚姪劉開誠頓首拜譔。

◎又序：《易》之為書，廣大悉備。自羲皇畫卦於始，文周繫象爻於中，孔子作十翼於後，經四聖之手而始成。乾端坤倪，精蘊畢洩，此秦火之所以不能加也。蓋易者自漢之田何、焦贛、費直，魏之王弼、王肅，唐之陸德明、孔穎達，及宋之周邵程張，遞闡其義。然或主理或主數，惟朱子《本義》兼象數天理以為言，而朱子亦嘗自謂簡略。歷元而明至國朝，諸儒議論，紛然不一，幾令讀者無所宗守。聖祖仁皇帝因有御纂《周易折中》、高宗純皇帝復有御纂《周易述義》，總括諸家之全而取其粹，與朱子《本義》相為表裏而義更詳備。於絜淨精微之旨乃如撥雲霧而覩青天，蓋已集易學之大成矣。第其書體大思精、文繁義富，初學驟難通曉。吾師蓬峯夫子於課讀之餘，細會《折中》《述義》之意，撰為《訓義》，詞簡而明，雖微言奧旨罔不霧釋冰開，能使讀者展卷即解。稿成，先生胞姪宣孝於壬戌會試攜至京師，呈之總裁紀宗伯，甚加欣賞，謂可嘉惠後學。會宣孝卒，未及刊行。邇年來，生等從先生遊，親承指授，於易義稍有領會。乃知此書實為初學指南，爰合志付梓，與同學共相肄習。且使讀是經者因此書之明簡，得以會《折中》《述義》之閎深，而羲、文、周、孔之精神可不晦於蠡測管窺之意見也夫！旹嘉慶十八年癸酉菊月中浣之吉，受業門人同序。

◎喻遜，字時敏，號蓮峰。乾嘉間湖南寧鄉人。又著有《四禮輯略》四卷、《學庸串解》。

虞楷　周易小疏　十四卷　佚

◎四庫提要：國朝虞楷撰。楷字孝思，號蓼園，里籍未詳。書無序跋，亦不知作於何時。中述《周易折中》稱聖祖仁皇帝廟號，則近人也。其次序用古本，大旨亦主圖書，而以為先天寓理於數，後天因數以闡理，文王之易即伏羲之易。其說彌縫調停變而愈巧。至於掊擊《左傳》諸占，尤似是而非。夫左氏周人，所述者即周之占法，周之占法所用即太卜之三易。謂其占驗之詞多所附會則可，謂古易占法不如是則不可。居百世之下而生疑竇於百世之上，將周人之法周人不知之，今人反知之乎？

◎《皇朝通志》卷九十七、《皇朝文獻通考》卷二百十二：《周易小疏》十四卷（虞楷撰）。

◎虞楷，字孝思，號蓼園。

玉璞山 玉氏易解 二卷 存

山東藏中北印刷局 1934 年鉛印本

◎玉璞山，生平未詳。

郁文 張方湛 王逸虬 稽古日鈔易經 一卷 存

哈佛、雲南大學、山東藏乾隆二十九年（1764）秋曉山房刻稽古日鈔本

山東藏臺北成文出版社 1976 年無求備齋易經集成影印乾隆二十七年（1762）秋曉山房刻本

四庫未收書輯刊影印乾隆二十七年（1762）秋曉山房刻本

◎卷首題：長洲彭芝庭先生鑑定，震澤郁文澄齋、震澤張方湛玉川、震澤王逸虬繞九同輯，元和蔣煇廷宣、華庭董椿賡雲、震澤陳汝樹庭嘉校訂。

◎條目：古今易。三易。日月為易。蜥易。交易變易。上下經。重卦。彖辭彖傳爻辭大小象傳繫辭。文言。序卦雜卦。占辭。十翼。占用九六（附揲蓍）。一貞八悔。互卦。變卦。卦變。爻變。乾坤復姤大小父母。天根月窟。三十六宮。大衍之數。取象。乾坎夬（附謙蹇）。坤彖傳乃終有慶。需（利涉大川）。小畜（附小過）。泰（附歸妹）。蠱巽（蠱甲巽庚）。臨復（七月八日）。觀。賁。復。頤。習坎。大壯。蹇解。革（附節）。兌節。繫辭三陳九卦（履謙復恆損益困井巽）。繫辭中言位者有二義。說卦。羲文卦圖。圖書。先天卦配河圖。後天卦配河圖。先天卦配洛書。後天卦配洛書。朱子三卜二圖。太極合先後天圖。淮南九師。荀九家。九家注內張氏朱氏。焦氏贛易林（附分卦直日）。京氏房易傳。八宮卦。十辟卦。十二辟卦。漢有兩京房。焦、京異同。子夏易傳偽本。先儒遺論九事。易書首屯蒙。六大卦。

◎周按：此書作者亦有著錄為彭啟豐者。或因卷首題長洲彭芝庭先生鑑定歟？彭啟豐《稽古日鈔序》亦已明言輯者。

◎郁文，號澄齋。江蘇震澤（今蘇州）人。

◎張方湛，號玉川。江蘇震澤（今蘇州）人。又著有《忠文靖節編》。

◎王逸虬，字繞九。江蘇震澤（今蘇州）人。

郁文初 郁溪易紀 十六卷 存

四庫本

山西省文物局藏清鈔本

四庫存目叢書影印山西省文物局藏清鈔本

◎鈔本書名不一：序作《郁溪易紀》，正文題《周易郁溪記》，書籤作《鈔本郁溪易紀》。

◎《經義考》著錄二十一卷，《四庫提要》著錄十四卷。

◎郁溪易紀序：易者天之為也，聖人之於易，聖人之於天道也。人不能離天，故不能離易；人不能盡天，故不能盡易。大賢以下皆為易所困勞，尋之无端入之无門，自有易而已然矣。然則易何以學？曰神明告語之事得之洗心齋戒之餘，天之牖人不容昧也。則知天之善教、人之善學，蓋在於此，而見聞意識之習障於聖人、隔於天地者也。易因河圖有卦象，伏羲欲人知教之所行即象之所示（太古无文字，以圖象傳心，故其人渾噩），非其意為之也。數有變通，河圖變為洛書；象有變通，先天變為後天。因有文王圖序及周公文義而繫之辭（以其時籍既其文字通可也），亦非其意為之也。羲畫之體備，天之所以開人也。文周之變通，人之所以成天也。天之開人，天主之，故天地極而通水火之中。人之成天，人主之，故水火中而歸天地之極。雷風山澤極之而通，通之而極之，行道也。卦分方而應時之行，爻分時而應候之變。故人物之生，本之先天，其象對待而始於兩儀之開；成於後天，其象推行而歸於三元之極。所謂推者，所為變通而成之也。故文周言象數、夫子言其德性才情，非謂象數可推也，謂象數中具有此德性才情以為推行變通之用，而人以成天之能事，不待借資於外來。則觀夫子之解文周即解伏羲，而河洛之精義其在其中，非伏羲自伏羲之易、文周自文周之易、孔子自孔子之易也。問：人以成天，何也？曰：有天地則有陰陽，之後有水火則有驕溺之害，有雷風山澤則有合違順逆之事，其始機甚微而兌則極反而不可以相合，是皆賢智之識解，才情所不及也。觀變於陰陽而立卦，發揮於剛柔而生爻，則知象數之繇來，即道德之析為禮義。而性命之通和順於道以成德，便是制其侵害於幾微之始；辨晰其理以成其義，便是防其悖逆於極反之終，不可殽亂於至賾至動之深不可測。即極深研幾於神明默成之機，不可知所以性之盡便是命之至，人以成天之盡致也，非區區理解之謂也。氣脈暢於中和而通之天地，曆律之準也。精神貫之元運，帝王之符也。於焉而賢賢以希聖，於焉而聖聖以希天。聖人之於天道已，天人之渾合而不分也。自學者以象數為畏，遂意思超悟而脫去之以恃其空理。不知氣數形象，安知德性才情？不可制其用於水火之中通，亦安能還其無於天地之極至？人非聖人君子，則時非唐虞三代。而天化之有憾不可勝言，亦安知聖人之情見乎辭占之所以惓惓哉？問：辭可以為占，何也？曰：數者精也，數之為象，精變之形也。精變即是神通（上古之為卦象，即如今道家之符篆也）。故易通神明之德類萬物之情，萬物分天地之精變而出，則皆分天地之神明而通。而人運其中通也，故舉念成爻，隨爻成象，精神之為也。《繫辭》以盡言，蓋本其精神以告之也。文初生於固陋，無繇見日月飲江河。聞從來學易多家而有宋以前其書不能得，請第自天啟乙丑迄今丁酉三十三年，積精澄慮而索性耐思。近者竄跡天涯，益似有忘食忘憂、不知老之將至之意，又似有不怨不尤、下學上達之心，所以優游浸入而弗能自已也。或曰：子獨不可淺近安於日用簡明、便於訓詁乎？曰：易本探賾索隱、鈎深致遠之事，吾不敢憚此勞也。則學易本精深神遠通變迎機之詣，吾不敢不幾其至也。然子以聖學自居乎？曰：非也。聖人之至，夫婦之愚可以及之，而其不及者自在也。吾讀曾子、子思之書，言言本易而出，則知夫子所謂中人以上可以語上，而語回終日，皆易事也。子貢曰：「夫子之言性與天道，不可得聞。」蓋其憬然有悟之時也。千載以下，未至其門而敏以求之，喟然兩間，私懷千古，乾坤只此了義，鬼神待之曉人，於我何加焉？意亦有天之少牖乎？筆紀之，日一改焉，月一改焉，入仕以來，閱十載而一大改焉，庶乎淺深得失之辨可考以自驗。而或又以為竊聖人之蘊，附述作之林，非也。述作者名之謂也，此生此事名而已乎？人生學而已矣。人生之學，弟子之本業而已，終身弟子，終身不敢師傳。吾於昔者吾友以誓言之矣。時丁酉季春，蘄水郁文初序於粵東仁化錦岩之左澗臺端。

◎郁溪易紀自述〔註29〕：文初生固陋，從來學易諸家，其書不能遍讀。自天啟乙丑迄今丁酉三十三年，齋心澄慮、優遊浸入而弗能自已。以筆紀之，日一改焉，歲一改焉。入仕以來閱十載，庶乎淺深得失之辨可考以自驗。若其竊聖人之蘊、附述作之林，則吾豈敢。

◎四庫提要：此書為河間賈棠所刊，凡總論一卷，上下經九卷，《繫辭上傳》三卷，而《繫辭下傳》至《雜卦傳》則皆標「卷下」以統之，不復分析卷目，蓋編次者之失也。書中首推河洛，縱橫曼衍不出常談，至於各卦彖爻立

〔註29〕又見於朱彝尊《經義考》卷六十六。《湖北文徵》卷六引《清通考》錄此序。

論尤多僻異，大率以五行生克、精氣骨肉為言。如解「需於血，出自穴」則云：「乾者，精氣之極而血脈之生，通之中行，需是已；坤為血脈之極而精氣之生，通之中行，晉是已。出自穴者，謂人自有生以來，耳穴已有，而今則天地通，水自穴中出也，目苞之啟亦猶是也」，解「入於左腹，獲明夷之心，於出門庭」則云：「明之入也，自右腹而下，自左腹而上，意巽也，火復則風生，心開則意隨」，蓋愈鑿而障礙愈多矣。

◎光緒《黃州府志》卷三十二《藝文志》：《周易郁溪記》十四卷，蘄州郁文初撰（《通志》）：文初號郁溪，官至肇慶知府。所刊凡總論一卷、上下經九卷、《繫辭上傳》三卷，而《繫辭下傳》至《雜卦傳》則皆標卷以統之，不復分析卷目，蓋編次者之失也（《四庫全書存目提要》）。

◎《皇朝通志》卷九十七：《易郁溪記》十四卷（郁文初撰）。

◎《皇朝文獻通考》卷二百十一：《郁溪記》十四卷，郁文初撰。

◎屈大均《柬徐君》（徐秦人）：五十方知學易高，神仙不復說盧敖。天開日月為文字，人在雲霄是羽毛。太華寒泉雙玉井，炎方碩果一蒲桃。蘄陽象旨知君得，白首無辭搦管勞（蘄陽郁彬如先生嘗夢真人潘茂名為談《周易》，因著《郁溪易紀》，以授徐君及郭清霞）。

◎郁文初，號郁溪。湖北蘄州人。崇禎貢生。順治六年任高州知府。又著有《大學郁溪記》十四卷、《中庸郁溪記》一卷、《皇極經世鈔》一卷。

豫師　周易研幾　一卷　存

國圖、上海、山東藏同治八年（1869）李嗣鄴刻本

山東藏鈔本

臺灣文聽閣圖書有限公司 2010 年起林慶彰主編晚清四部叢刊影印同治八年（1869）刻本

◎是書為圖十三幅，為說十六篇，專言占筮。

◎豫師，字錫之。內務府漢軍。咸豐二年（1852）進士。官至川東道，博洽能詩。同治五年（1866）簡放肅州道，又調蘭州道。九年升任西寧辦事大臣。光緒四年（1878）調任烏魯木齊都統。後失明，罷官，為八旗名宿。又著有《豫師青海奏稿》十二卷、《險異圖說》。

尉遲九成　易經輯要　佚

◎民國《臨清縣志・人物志》：著有《四書新編》《易經輯要》《忠烈紀略》

等書。

◎尉遲九成，號衛東。山東臨清人。增貢生。

尉匡鼎 周易解義 佚

◎民國《萊陽縣志·著述》:《周易解義》，尉匡鼎著。

◎尉匡鼎，字置安。山東萊陽人。同治九年（1870）恩貢。博學多通。又著有《尚書解義》《春秋事義彙解》《五經音律譜》。

蔚藎 學易管窺 四卷 存

山東藏光緒十五年（1889）耕埜堂刻本

◎或題得無認齋刻，二卷。

袁阜 述卜筮星相學 八卷 存

廣益書局 1919 年石印本

南京藏鎮江潤德堂書局 1928 年鉛印本

潤德堂書局 1947 年再版鉛印本

石油工業出版社 1987 年版鉛印本

北京燕山出版社 2010 年潤德堂叢書六種鄭同點校本

華齡出版社 2018 年潤德堂叢書全編本

◎目錄：潘序。吳序。湯序。張序。姚序。董序。錢序。冷序。林序。凌序。繆序。自序。題辭。凡例。徵引書目。卷一：一卜星相學之釋名，二卜筮星相學之源流流。卷二：一卜星相學之源流。卷三：卜筮星相學與物理相通，二卜筮星相學與科學相通。卷四：卜筮星相學具有天人相感之理預測吉凶，二東西各國之卜星相學皆效法我國。卷五：一歷代國史之評論，二歷代先哲之評論。卷六：一卜筮星相學與國家之關係、二卜筮星象學與杜會之關係。卷七：一通卜筮星相學有得廟享者，二通卜筮星相學有為名臣者，三通卜筮星相學有毀家濟人者，四通卜筮星相學有列傳逸民者，五選卜筮星相學有品端學粹者，六歷代太史令欽天監必須兼通卜筮星相學者，七卜筮星相學我國惜無專校，八東西各國卜筮星相學之書目。卷八：一養生三要，二命理探原，三六壬探原，四選吉探原。錢跋。附錄《術藏》（1～100 卷）。

◎書前《本書提要》：是編計十餘萬言，釐為八卷。以周易、太乙、遁甲、六壬、棋卜、字卜、選吉，屬卜筮；以推命、相人、相宅、相墓，屬星相。純粹以科學方法說明之。且引經據典，尋流溯源，提要鉤玄，語無泛設。至我國及東西各國，卜筮星相學之書目，其世所罕見者，本書均一一備錄。非唯足供留心斯學者之參考，即研究天文、地質、生理、心理、論理、法律、政治、經濟、生物、化學、礦物、歷史、算術、醫學、哲學等學者，亦所當知也。

◎潘序：星卜之價值究若何？一難答之問題也。一種學問或一種藝術之能行於世，必自有其價值，社會對此價值重視否，則全視此價值如何估定為依歸。然價值之估定，乃暫時的而非永久的、變換的而非繼續的，換言之，即此一時之價值，非與彼一時價值相同也。萬物無一時不生，即無一時不動，亦即無一時不變，變動之結果，為衝突、為克服、為調和、為損害、為消滅、為生存，所謂生克制化，刑衝破害，即世界構成之基本現象也。此現象日日變動不居，世界之一切物質及精神亦日日變動不居。本乎此，則一切價值之待於重新估定也，其理蓋明而且顯矣。

近頃吾國人對於星卜之價值，有具懷疑之態度者，理論紛紜，莫衷一是。綜其大者約有三端：曰干支代表五行之無根據也、曰命定論有違進化原則也、曰有限之方式代表無限之人事之不當也。若再總其意，可一言以蔽之曰：不合科學，無價值而已。竊以為社會變遷，星卜之價值有待於重新估定則可，若謂其不合科學為無價值則不可。今夫算，不可謂為非科學矣，請引以為例曰，－A 何自來？莫不曰來自＋A。＋A 為何物？曰，數量之代表也。今吾引申其義曰：甲即＋A 也，乙即－A 也。甲與乙即氣與質之代表也。天下之物，莫非氣與質，此化學書之開宗明義第一章，吾人蓋知之論矣。乙何自來？曰來自甲，猶之－A 來自＋A 也，甲与乙之關係，即＋A 与－A 之關係也。抑更有進者，（√～1）∞～1，此～1 何自來？能以實數代表否？曰，此虛數也，Imaginary Unit。又－A，×－A＝A2，而非－A，dx / dy＝010 何以∞俱有消滅之傾向。試思化學為近代重要之科學，無氣與質，則不成其為化學；算學為近代最精密之科學，無「虛數」或「消滅之傾向」等，尚不足以盡其能事也。科學如此，星卜亦莫非如此，以言根據，根據何在耶。

命定論，本為西洋哲學之一派，純係一種極端之論調，吾國星命與之迴異其趣。蓋星命雖一種論調而已，實含有行為哲學或人生哲學之意義在焉。西洋之命定論重感應，中國之命理重行為。換言之，西洋之命定論是看重「為什麼」，中國之命理是一種中正和平忍耐之處世哲學，用輔法律宗教之不足者也。中國之命理亦中國國民性之結晶，其義之高、其力之廣，為任何社會制裁努力所不逮。與西洋命定論較，焉可同日而語哉。進化論之創者為達爾文，其精義不出乎生存競爭與天然淘汰。命書中之天戰地戰即競爭之意也，生克制化即淘汰之意也，與進化之理亦何悖耶？觀乎此，吾人不特能明吾國命理高於西洋命定論，且足以論明命理在哲學界之地位也。

至於言有限之數，代表無限之人事為不當，則可以以「數有盡而理無窮」一語答之。夫數凡九，其變化乃至不可語計，若以幾何證之，則三角形不過勾股弦而已，可代表之事物，又豈得而限量之耶？

余素喜研星卜之學，今年春，偶得閒暇，擬草《子平術之科學研究》一書，備言吾之所陳。書分三卷，曰分析之研究、曰綜合之研究、曰變化之研究。三月杪，復以瑣事赴港，道出鎮江，得與袁君樹珊晤，並讀其著作，深佩其治學之方，近復讀其《述卜筮星相學》八卷，不禁有感於中，信筆書此，質之於袁君，非敢重新估定星卜之價值也。是為序。己巳秋七月，江蘇潘子端撰。

◎潘序：余友袁子樹珊，今秋撰《述卜筮星相學》一書，已經付手民排印。或謂其不合近世潮流，僅堪糊窗覆瓿，袁子憤而廢版中輟。余聞而惜之，乃索觀其稿，並取正於聶雲臺先生。先生閱之終編，慨然謂余曰：「此非袁子之書。乃十三經、二十四史之緒餘，九通、百子、諸家文集之羽翼也。其宗旨正大，命意深遠，言天道者而歸之人事，尤注意於忠孝廉潔諸大端，是其有益於世道人心。非唯治卜筮星相學者首當知此，即非治卜筮星相學者，亦宜流覽及之。君何不為之印行？俾世人知小道可觀東西所同，而亦成袁子之美。與鄙人之印行《感應類鈔》、《壽世新編》，不亦殊途同歸歟？」余以先生之言郵告袁子，袁子復我書，既欣且感，有曰：「不圖區區小著，海上有知音也。」余遂亟付梓人，鳩工排印。茲幸全書告成，謹綴其刊發經過之故於簡端。明達之士，當不致以余為阿好也。民國十七年陽曆十二月初五日，休寧潘孝鈞伯衡甫謹序於滬江聶氏家言旬刊社。

◎吳序：河洛圖書，乃格物致知之祖；江洲弦管，多窮形盡相之辭。有先天自有後天，元探龍馬；唯君子亦唯公子，化啟睢麟。悔吝吉凶，事理則察來彰往；盛衰治亂，人生則原始要終。發揮者則六爻，謳詠者則六義。適情則遊息藏修，淑性則興觀群怨。剛柔動靜，作《易》者其有憂患乎？善惡貞淫，為《詩》者非無懲勸也？甚矣夫！卜筮星相之書，胡可廢哉！潤州有袁先生樹珊者，悟徹三才，包羅萬象。讀群書而搜二酉，談數理而貫六壬。仰溯大撓，詔黃帝四千年之正統；俯思至聖，廣素王七十子之真傳。辨是辨非，振纓希古；知興知廢，奮袂論今。燭照無遺，明燃犀火；鑒觀有赫，朗映蟾輪。經史具存，原原本本；鬼神如在，見見聞聞。豈古人之說為無稽，而後進之言皆有據耶？況新政府，多舊通備，道德長民，文章壽世。既申明乎國粹，復寅亮乎天工，鳴鳳岐山，躍魚靈沼。卜休咎而營部室，相陰陽而觀流泉。天作高山，地分清渭。周京永定，豳館不荒。並蓄兼收，九流不棄，周咨博訪，六府孔修。稅桑田而夙駕星言，行草野而征車宿學。有見夫祖龍帥暴，《詩》《易》猶存；司馬好奇，律文俱載。吾想袁先生於此，博引繁徵，借書於手；旁稽遠紹，成誦在胸。訂墜拾遺，妙藝振千秋之緒；抱殘守缺，大同呼三代之英。中山固靈爽式憑，下土亦生成攸賴。赤伏曾經卜兆，四七運而合符；紫陽特著筮儀，十八變而成卦。犧爻綜錯，象緯循環。龜鑒推行，鴻鈞運動。外身正而內心正，上德成而下器成。甚矣夫！卜筮星相之書，詢有神於天下後世之有國家者。五行洪範，推之即五憲大綱；三略陰符，廣之即三民主義。卜商言小道，雖遠泥而可觀；管輅辨老生，雖常談而有識。鬼幽鬼躁，望氣先知；邦亂邦危，觀天先覺。八門變化以利行軍，九野周圍以資定位。治則進，亂敗退，明哲之卜疑；觀所由，察所安，至人之相士。離黃篤實，昃戒日中；賁白文明，化成天下。萬物皆備，備自五材；兩儀既參，參於八卦。民生之窮達、國運之隆汙、年歲之歉豐、寒暑之來往、生才之消長，必視陽陰。潮汐之虛盈，必隨朔望。麟經災異，屬辭所以警愚；鴻寶默玄，知足所以免辱。謂天命不足畏，著拗相之奸；謂神道有可憑，設周官之教。四時經緯，職重羲和；七政璣衡，書傳太史。抉十三經之精蘊，搜念四史之名言，《風后》《握奇》，天文有志。分釐八卷，願諸君視勿弁髦；合綜一編，愧老悖序猶冠首。戊辰仲秋，古歙東園弟吳承烜拜撰。

◎湯序：曩者道出京口，與袁君樹珊晤談。袁君謂富貴利達不足恃，唯卓然有以自見乃為可貴。此其淡於榮利，樂道自得，略可想見，非尋常星相家所能道及也。近著《述卜筮星相學》一書，原原本本，殫見洽聞，囑為之序。濟唯卜筮之起源甚久，卜者灼剝龜甲與契刻牛羊骨等，宲其縱橫之兆以斷吉凶。筮字許氏《說文》未見，僅有莽字，從竹從巽。巽古文巫字。而口部有噬字、水部有澨字，其為漏奪可知，否則筮字筆劃較為簡單，不應轉孳乳於後也。筮者揲物蓍草，以立變化之數，要其原皆出於易。我國學者研究經籍，率不能得其精要，實為退化之一確證。如《尚書》記言，《春秋三傳》記事，《詩》采風謠，而後人論史，僅知記述形式上事實之一法。三禮深切日用，除瑣屑不合現時社會情狀外，大有討論餘地，而注重者寥若晨星。《論》《孟》謹於庸言、《孝經》行乎庸德，率不知身體力行。《爾雅》中言詁訓之界域至嚴至廣，亦復少所闡發。至《易》則為群經中之尤古者，據數理以推斷方來，執簡馭繁，寓至變於至常之中，可謂諸學術之總學術。易之本字，即蜥蜴之蜴，篆作[illegible]。上象其首，下象四足，俗所謂四足蛇者是也，其尤大者為龍。《說文》龍字下說：「能幽能明，能細能巨，能短能長，」西人謂地層中三疊繫層有極大之恐龍、蝠蝠龍、魚形龍、蛇頸龍等，蓋古有今無之動物，中西學說一也。古人用動物名書者已不經見，足以表示其導原於初民狀態之理想。所以舉似其外形者謂之象，探索其內蘊者為之彖，皆取義於動物矣，而卜筮所用之蓍龜則一為植物一為動物。《左氏傳》僖四年乃有「筮短龜長，不如從長」之說，一一可以印證之也。濟嘗謂求學之方，貴乎虛心懷疑，則取材富而進步速。近人動輒執主觀以抹倒一切，所謂賢者不免，良用歎憫。甚或任情破壞，唯恐古器物、古載籍之或有遺留，此與蠻族之蹂躪文明國境何異？要知真正迷信，無須用此種手段破除，而學術因之日益膚淺，大足為國脈與民族之殷憂。尤可笑者，聞西人有催眠術、有化學，則曰此精深之科學也，崇拜之不遺餘力；讀我國《龜策傳》、《丹汞書》，則痛斥之，笑為迷信，實則同出一原，視研究之適宜與否而已。先總理定考試為五權之一，使凡在國民名一藝者，必令精研。而考試之如唐制各種技術之皆可選考。知方技者流，亦必與他種學術互競猛進，日益昌明，自不至入於迷信一途。否則一如柔術、圍棋然，創自我國，轉不若日本人造詣之深，可恥孰甚！至星象入於天文學之範圍，本在教學之列。相術與用才取友有密切關係，稍有常識之人，本不至絕對摒棄，東西各國亦有骨相術、手相術之名詞。其理視卜筮等為顯著，較易說明。要之，與社會上事業有益，可以促學術之進化，不宜無所別擇，一併斥絕。若夫為個人之禍福利害計，專求趨避之方，而移禍害於他人者，此則為道德上、法律上所不許，自宜力予以制裁者爾。中華民國十七年十二月三十日，吳興湯濟滄序。

◎姚序：陰陽五行之學肇於河洛，而其本在天，夫孰能毀之？然而今之所謂學者，皆將以為妄而毀之矣。嗚乎！此所以爭亂之未已也。《中庸》曰：「思知人，不可以不知天。」天既不知矣，則其威何往而不可侮哉！此爭亂之所以未已也。鎮江袁君樹珊，精卜筮星相。既聞名於天下，乃述其學為一書，而索序於予。予於斯為無所得，將何以應之？雖然，卜筮星相，皆陰陽五行之顯於用者也。陰陽五行，予之所習焉者也。陰陽五行自孔子而前，伏羲、神農、黃帝、堯、舜、禹、湯、文、武、周公，與夫蒼頡、大撓、歧伯、風后、力牧、伶倫、玄女、地典、鬼臾區、契、稷、皋陶、尹、說、箕比、太公望、散宜生，無或敢侮之。自孔子而後，周秦諸子、漢經師以及魏晉之玄談、隋唐之詞章、宋明之理學，亦無或敢侮之。予自束髮受書，既略睹其大要，蓋深信而不疑，夫既信陰陽五行之必然，乃知天不可見，而見之於卜筮星相。雖陰陽五行之所流露者不囿於此，而此固亦所以用陰陽五行通天道之捷徑也。予所見如此，則袁君之索，烏可以無應？夫不知陰陽五行而毀之，是自絕於天也。又從而侮之，則天威何畏？爭亂無已焉。學者儻能稍留意於卜筮星相，吾知其不敢毀矣。袁君此書，其亦救世之所必取者夫。嗚乎！今所謂學者，孰不知聲光化電之為通自然之郵？其能觸類而旁通焉，庶不河漢吾言歟！袁君學有本源，予故序之以為天下告。若夫江湖糊口之徒，將拾陰陽五行之牙慧以惑人，則謂之迷信。迷信在所必誅，固非予之所譽也。歲在丙寅，上海姚明輝敘。

◎董序：天下之事未有有利而無弊及有弊而無利者，故《漢書·藝文志》所載九流曰儒家、曰道家、曰陰陽家、曰法家、曰名家、曰墨家、曰縱橫家、曰雜家、曰農家。班氏各述其利弊，縷晰條分，至平至允。鎮江袁君樹珊，方技士也。於陰陽家之利弊，知之獨詳。用是不憚煩勞，節錄十三經、二十四史、九通、百子諸家文集中關於卜筮星相學之事實及理論，又旁搜博采，遠及於東西各國卜筮星相等書，提要鉤玄，躊躇滿志，撰《述卜筮星相學》八卷，蓋為應時世之潮流。俾國人知斯學之弊，其末流實近於迷信；知斯學之利，其本源有不妨於討論者。觀其徵引之書，《禮記》謂「卜筮須分義志」、汪氏《述學》謂「左氏之言卜筮，未嘗廢人事」、紀氏《閱微草堂筆記》謂「人之一身窮達，必須安命。至國計民生之大事，則不可言命」、《宋稗類鈔》謂「某相士勸人悔過，仍得甲科」云云，非唯無孟堅所謂牽於禁忌、泥於小數之弊，其指陳鑿鑿，莫不利於人事之推行。至若季主、君平勸忠助孝，導惑教愚，其有裨於人心風俗者尤為宏大。又推論斯學與物理相通，與科學相通，並言預測吉凶，皆本諸天人相感之理。議論淵雅，考證詳明。苟非好學深思讀書有得，豈能道其只字？編末謂東西各國之卜筮星相學皆發源於河洛八卦，說亦有本。善夫邱菽園敘《骨相學》有云「詎意吾之所棄，或為鄰之所珍。」余獨謂吾道不孤，此猶幸事；第恐彼之所棄，或為吾之所珍，則不智甚矣。茲因樹珊索序於余，余謹就其原書之大意略綴數語，還以質之樹珊。余願讀是編者，討論斯學，當因其利而祛其弊，庶不致蹈末流迷信之失，而亦不負著者之苦心也。世有知者，儻不致河漢斯言。戊辰仲秋，武進董康敘於黃歇浦之大東書局。

◎張序：近世物質文明，率多擯斥迷信，不知迷信二字亦大有辨。好怪僻之行者，迷也，非信也。悟庸常之理者，信也，非迷也。何也？怪僻則虛而且妄，無憑以信之，迷而已矣。庸常則確有可見，確有可指，自能深信而弗疑，迷云乎哉！吾鄉袁君樹珊，精研理數，《述卜星相學》編纂成書，問序於余。余於此學未經涉獵，不敢言及精邃，謹就人所共見、事可指明者，推勘庸常之理，以還質諸樹珊。夫卜筮星相之學，不外乎陰陽五行。有陰陽即有五行，有五行即有生克。而理與數之或盈或虛、或消或長胥現焉。於何現之？於卜筮星相現之。人生兩間，天為陽地為陰，日為陽月為陰，晝陽而夜陰，晴陽而雨陰，男陽而女陰，此實據也。據陰陽之理以闡發卜筮星相，此可信也。倘斥為迷，試問人能不為天覆、不為地載、不為日月所照乎？試問人能不分晝夜、不歷雨晴，且不辨男女乎？金木水火土，五行生克，無可易移，此實據也。據五行生克之理以闡發卜筮星相，此可信也。倘斥為迷，是必水火不相濟，廢除烹飪而後可；是必金木土一無所用，廢除礦冶宮室、一切器具菽粟布帛而後可。嗚乎！兩間之形形色色皆天然之物質，無一能離乎陰陽，無一能離乎五行。此謂天地之大文，此謂天地之開明。卜也，筮也，星相也，其理基於天地間至大至宏之物質文明，而變化錯綜，蘄於深奧。實則人所共見，事可指明，而為至庸至常之語耳。惜河洛圖書以後，精此學者如管輅、嚴君平、李虛中、袁天罡、麻衣僧輩，雖代有聞人，而世俗以小道弗為，真傳漸失，積久就湮。即偶有其才，亦孤立無援，群相掩耳驚駭。遂使庸常之理與怪僻之行，同目為迷信，而弗提倡而昌大之，是可慨已！今樹珊以是編行世，意在延已墜之緒、泄久秘之玄。其功何可沒歟？至若化學、數學、電學、地質學、生理學，凡科學與卜筮星相學息息相通者，均融貫為一。經史子集先哲評論暨東西各國書籍，凡有關於卜筮星相學者，均引證詳賅。此一十九篇中，窮原競委，備陳可信之據，力避迷信之譏。洋洋巨觀，洵稱傑作。讀者自能領悟，茲不贅言。戊辰仲冬，同里張恩壽拜序。

◎錢序：卜筮星相之學，世俗咸謂不及科學之名貴，甚至有痛斥之者。余不敏，不敢謂世俗之論為非是。然考諸《尚書》「謀及卜筮」、《孝經》「卜其宅兆」、《詩經》「我辰安在」、《新論》「命相賢愚」，可見卜筮星相之學說，由來尚矣。再考諸《命理商榷》，歷言干支二十二字，如化學之符號、陰陽五行生克，莫不與數學、電學、地質學、生理學息息相通，是卜筮星相學已具有各種科學也。近讀聶雲臺先生所著《耕心齋隨筆》詳載與談組庵先生暢論星命證驗數事。既言命定之有據，復言星命與代數同一理，星學直同於科學。以此證之，益信《命理商榷》之言尚非侈論。而況《骨相學》一書開宗明義，既謂卜易星相之術流傳甚久，東西所同；又謂派脈流傳均發源於河圖洛書。夫河圖洛書乃我國先聖之創作，非東西各國所發明，今彼之發源於河洛者，其學術即昌明；我之發源於河洛者，即謂為不及科學之名貴，而痛斥之，天下不平之事，孰有過於此者？鎮江袁樹珊先生精研此道垂三十年，學理經驗兼而有之。曩著《命理探原》、《六壬探原》、《選吉探原》等書，出版以來，莫不風行海內。近復不憚煩勞，焚膏繼晷，發平生之蘊蓄，費匝月之光陰，撰《述卜筮星相學》一書以餉學者。問序於余，余反復流覽，見其徵引賅博，慨乎其言與管見不謀而合。吾敢謂此書不獨使求斯學者知所聞津，即不求斯學者略一批閱，亦可盡釋疑懷。而知我國之國學，亟應講究保存者，未嘗不在於此。爰不辭譾陋，謹綴數言，以告世之讀是書者。戊辰八月之望，四明開明居士錢季寅謹序。

◎冷序：卜筮星相之理，予雖未嘗學問，然讀易至孔子曰：「河出圖，洛出書，聖人則之。」固深信伏羲則圖書以畫卦，是貫一天地人之大道也。孔子又曰：「易有太極，是生兩儀。兩儀生四象，四象生八卦，八卦定吉凶，吉凶生大業。」推聖人卜筮之本意，欲人知吉凶生於善惡耳。故春秋時，南蒯將叛，季氏雖筮得「元裳元吉」，而子服惠伯曰：「忠信之事則可，不然必敗。」後蒯果敗。卜如是，星相何莫非然？蓋其術雖異，其理則皆推本夫易道。而聖人之作易也，將以順性命之理，是以立天之道曰陰與陽，立地之道曰柔與剛，立人之道曰仁與義。仁義者，天爵也，天爵為貴，人爵次之，故孔子有「不知命，無以為君子」之語，然則卜筮與星相之有益於世道人心，由可推知。惜學之非其人，語焉而不擇，遂蒙世詬，貽誚儒林。前得兒子福田家報，述「得同學袁德謙之尊甫樹珊先生，近著有《述卜筮星相學》一書，海上名人所贊許，特索其稿，付諸鉛印，以廣流傳」云。袁君樹珊精研星命之理，有名於吾鄉，歷有年所，予固久耳其名，惜未嘗聞其言。日前法君審仲郵贈斯編，並索一言為序。流覽一過，見其溯源圖書，徵引弘博，而全書宗旨，首在教忠教孝、教慈教信，不僅為彰往察來、時日衰旺之論，乃知袁君由術數而幾於道矣。其識見之高遠，洵有為世俗所不可及者。爰述所見以質袁君。袁君見之，以為知言否也？辰戊冬月，同里冷遹序於北平客次。

◎林序：舊曆去年的臘月，鎮江君樹珊來南京找我，說是他著了一部《述卜筮星相學》，請我給作一篇序。前幾年我對於卜筮星相，覺著有點好玩，所以閒空的時候，常去研究研究，而且因為了一時的興致，寫了一部《人鑒》，很風行一時。當下我的朋友，有許多不以為然，他們說：「你是相信唯物史觀之一人，為甚麼提倡這些，豈不是自相矛盾嗎？」後來看見《語絲周刊》，錢玄同居然罵我渾蛋，我也只付之一笑。依我的意思，卜筮星相一類的學說，如果單就五行的基礎上來研究，倒不一定與唯物史觀衝突的！因為五行的作用，就是由物質而來，隨著一定的時間，相當的數量，而發生變化。並非呆板的！要淨像中國歷來所說，五行的生克——金克木、木克土、土克水、水克火、火克金，金生水、水生木、木生火、火生土、土生金，好像是固定的一般，那就大錯而特錯了！至於以五行的生克來推定人類的吉凶休咎，這個理由，雖然在可解不可解之間，但是拿地理與人種的關係做一個比例，那麼也說得過去。講到中國幾千年以來，無論哪一個階級，統統迷信這個，那又另有幾種原因！一種是由於封建政治的勢力，利用卜筮星相為保障——所謂「真命天子，富貴前定」之類；一種是由於宗法社會之下，各階級對於宗法的觀念迷戀得很——所謂「貴子福地，相由心改」之類；一種是由於中華民族性所含的消極成分居多，人們的自信力十分薄弱，環境一有變遷，觀察跟著搖動，於是不得不求之卜筮星相；一種是由於人類共同的僥倖心，人們有了僥倖的心理，自然要相信卜筮星相了。這不但在中國，歐美日本亦復如此！從這些看來，世界上金力、軍力，一天沒有打破以前，人類一天沒有絕對的平等自由。隨便談談卜筮星相，比那些專門製造殺人機器的科學家，或者還有功於社會一點嗎？寰君樹珊，讀書很多，與普通的江湖術士，異其旨趣。他這一部著作的用意，不必與我相同。可是在這革命的過程中，也就可以想見現代中國的政治上、社會上的狀況了！中華民國十八年一月十五日，林庚白。

◎凌序：鎮江袁子樹珊，術而俠者也。其端居深念，視人之禍福窮通，若有諸身，謀必策萬全，於以充其俠之量，而神其術之用。敏剛嘗謂以袁子之俠而謀國，能矯今日詐虞虛偽之風，而登斯民於康樂和親之域。其隱於術者乎？邇者敏剛遷新居蘇州，袁子自里中來，為謀所以神其術者，若庖若寢，若牖若戶，從則吉，違則否，視敏剛之禍福窮通，為袁子一身所有，何其俠歟！敏剛不習陰陽家言，不能盡如其術之所云，然益有意於其人。故人之重袁子者其術，敏剛則以其俠。瀕去，手所撰《述卜筮星相學》一書留示敏剛，謂有怵其觸忌者，乞一言弁諸簡端，以廣贊者之意，敏剛受之不敢辭。昔唐韓愈氏辟佛以尊儒，而於浮屠文暢之出遊，贈之以文，美其墨名而儒行。今袁子固術其技而俠其心者，然則敏剛之敘是書也，亦猶韓子之於文暢也。凌敏剛謹識。

◎繆序：慨自東西學術流入中國，凡論學者，鮮不趨之若鶩。一似中國無一學術，而唯東西有之。於是醫必外醫、餐必外餐、居必外居、服必外服，壹是言行，胥必東西，乃至卜筮星相而亦然。在東西崇之為科學，而以名貴稱之，在中國斥之為虛玄，而以迷信貶之。夫卜筮星相源於大易，《易·繫辭》云：「以卜筮者尚其占」，又云：「成天下之亹亹者，莫大乎蓍龜」，是卜筮也。而《大衍》一節又言蓍筮之法綦詳。至星，《易》雖未言，而觀彖云：「觀乎天文，以察時變」，又《繫辭》云：「仰以觀於天文」，星，天文也，是星未嘗不言也。若舟楫取諸奐、弧矢取諸睽、臼杵取諸小過、宮室取諸大壯，則相之見於物用者，是其淺焉者也。而究其深，廣大配天地、變通配四時、陰陽之義配日月、易簡之善配至德，何莫非相也。嗚呼！大《易》一書，伏羲氏觀河洛而演之，《傳》云「河出圖，洛出書，聖人則之」是也。然則卜筮星相固本於易，即本於河洛，既非虛亦非玄也。何得以迷信貶之耶！顧《中庸》云：「雖善無徵，無毀不信。」矧今類多辯言，以淆是非耶。然而史乘太博，不勝其徵，《左傳》亦經之一，姑引一二以概其余：齊懿氏卜妻敬仲，而曰「五世其昌」，後果然；晉平公有疾，卜人曰：「實沈臺駘為祟，祀之而瘳」，此卜之真實有徵也。晉獻公筮嫁伯姬於秦，遇歸妹之睽，史蘇曰：「不吉」，斷至姪從姑棄家逃歸，明年其死，後懷公果棄懷嬴而歸，越年而死；崔杼見棠姜之美，欲取之，筮得困之大過，陳文子曰：「不可娶」，斷以所恃傷、無所歸，杼不聽而果應，此筮之真實有徵也。若夫晉悼公與魯襄公宴，問襄公年，聞季武子之對，而曰：「十二年矣」，是謂一星終也；唐叔虞初生，邑姜方震，夢帝謂命曰虞，將屬諸參，遂命曰虞。此非星命之真實有徵乎？子貢觀邾隱公執玉高、魯定公受玉卑，而決為二君皆有死亡，而言悉驗；單子會韓宣子於戚，叔向見其視下言徐，而決其將死，而言亦驗，此非相之真實有徵乎？若之何斥為虛與玄而以迷信貶之也？且風萍生曰：「卜易星相之術流傳甚久，東西所同，均發源河圖洛書。」是東西此學亦我河洛之緒言也，何於彼即名貴，於我即迷信，是不可解也。今夫中國自三代而下，學之不精者有之。然責其不精可也，詎得因不精而概謂其不實而虛、不真而玄也？而東西學者亦何嘗皆精耶？豈一隸東西，即不精亦名貴耶？顧即如所言，其科學名貴矣，其僅得易「取諸物」一言耳。我中國之卜筮星相固所關甚廣，觀《傳》所徵可知矣。袁君樹珊潛心於此也久，嘗著《命理探原》《六壬探原》《選吉探原》，已不脛而走，每憫世之學者，往往略涉門徑輒昡於人，遂致貽人口實，而真若不逮東西。乃殫匝月之光陰，發平生之蘊蓄，食不甘味夜不甘寢，發憤而述古今卜筮星相學，成書八卷，都十萬餘言，俾學者可人人升堂而入室，即非學者亦一覽而悉其原委，決非虛而不實、玄而不真也。書成，丐序於余。爰鑒樹珊之苦心，而書數言以畀之，是為序。歲次戊辰秋八月既望，月華山逸叟繆潛撰。

◎自序：卜筮星相，小道也，亦末學也。夫道既曰小，何足述？術既曰末，何足云學？茲編所述，不過就余曩所學者為門人略述之，非若吾鄉先達汪容甫先生所述之學為弘博淵深之大著也。故余所述儘一十八篇，述釋名者，顧名思義也。述源流者，不忘所自也。述物理、述科學者，形上形下一以貫之也。述天人相感、預測吉凶者，言皆有物，不同妄發也。述東西各國卜筮星相學皆效法我國者，喜吾道之不孤也。述國史及先哲評論者，具見在朝在野人同此心也。述與國家、社會之關係者，因導惑教愚，不容忽視也。述得廟享、為名臣、及毀家濟人、列傳逸民與夫品端學粹者，見仁見智，觀感由人也。述太史令必須兼通卜筮星相學及吾國惜無專校者，一則為職責攸關，一則為人才缺乏也。述我國卜筮星相學書籍，收入四庫文淵閣著錄者，俾古人名著流傳益廣，不致湮沒也。殿之以述東西各國卜筮星相學之書目者，具見地無中外，其學理莫不大同也。若謂余之所述，不止末學而已，則吾不敢承。若謂余之所述，雖曰小道，而與大道亦不相背馳也，則幸甚幸甚。丙寅冬月十五日，鎮江袁樹珊自序。

曩刻《命理探原》《六壬探原》《選吉探原》，皆署名江都袁阜。頻年以來，辱承四方人士謬採虛聲，函商舊學，竟有抵書江都袁阜，以致郵局無從投遞。

或展轉多日始達者。蓋著者喬寓潤州垂四十餘年，已有著藉，又向以字行，若詢及賤名，轉鮮知者。故本編直稱鎮江袁樹珊云。

◎錢跋：

曩讀《諸葛武侯集》，侯撰《司馬季主墓碑銘詞》有云：「先生理著，分別剛柔。鬼神以觀，六度顯明。」又讀《王右軍十七帖》云：「嚴君平有後否？」鮑參軍《蜀四賢詠》：「君子因世閑，得還守寂寞。閉簾著道德，開卦說天爵。」高風千古，今人仰止。今春正月，道出京江，偶晤袁君樹珊，得讀其所著《述卜筮星象學》一書，鎔冶經史，薈萃中西。非唯彰往察來，且可教忠勸孝，吾益信武侯季主之銘、參軍君平之詠。其識見高遠，有非常人所可及者。余於卜筮星相之道未嘗研究，不敢言及高深，謹就大著所載卜筮星相學與科學相通之義，略將五行生克合化之理證以科學引伸說明。俾世之留心斯道者，知五行作用不同泛設，進而求其至理，未嘗不可濟美前賢也。

一曰水能生木。今人以常識論之，莫不謂土能生木，非水能生木也，其實生木者水也，非土也，試觀插秧於田，得水潤之，則發榮滋長，即知水能生木，毫無疑義。若僅恃單獨之土質，而無雨露以潤澤之，其枯槁可立而待，豈能發榮激長哉？或曰：水能生木，信有之矣。然無土以截之，亦難見功，曰：土為木之宅舍，水為木之飲食。猶人之無宅舍則不能安居，無飲食則不能生活，然飲食為先，宅舍為後，故曰水能生木。

二曰木能生火。鑽木取火，盡人皆知，觀於煤礦之自然爆發，其為木能生火尤為顯著。蓋煤之生成皆由古代之巨大森林沉埋地下，積久使然，其積藏愈久者，則煤之生火力愈大，趁勢爆發，理所固然。故識者曰煤之本質即木之變質。經謂木能生火，良有以也。

三曰火能生土。世人驟聞此說，莫不謂為有乖常理，若證以農家用肥田粉培養土力，即可知火能生土確有至理。何則？肥田粉中重要之原料在磷，磷即火之精也。農夫但知其肥田而已，安知其有火能生土之作用哉？

四曰土能生金。自來科學家皆謂五金礦脈由地心內部熔漿受種種壓力隨勢浸入地內之隙縫而成，果如斯言，則各種礦脈皆應生於地內深處，勢必本源連續，形跡可稽。何以凡屬礦脈並無本源？其生成位置及本質形狀亦莫不錯綜複雜，無可名狀，且多在地表近處發現細微之金屬化合物，此種金屬，究由何來？謂為土能生金，誰曰不宜？

五曰金能生水。近來科學昌明，物質不變之說已無存在餘地。蓋凡金屬物質無不漸漸化氣為水，至一定之年限則其原質自然完全化盡，此世界化學家所共認者也，我國古籍謂為金能生水，人每疑之，殊屬可哂。他不具論，茲就各地溫泉言之，有含硫黃質者、有含雷錠質者，莫不由金屬礦質所化而成。此外如雲南大理縣之溫泉熱度極高，就近居民竟有將該處溫泉之蒸氣凝成實質，收集之，名日天生黃，用作藥品，頗著奇效。此眾目所共睹者，非無稽也。

六曰甲己化土。甲屬木，己屬土，木土聯合，化而為土，此五行必然之勢，證以化石之為物，尤覺信而有徵。按化石種類繁多，大抵皆由各種動植物沉埋土中，經若干年後，與土化合而成。民國辛酉年，余在甘肅東蒙古地方偶拾巨大化石一方，紋理宛然，質體堅硬，其形仍然似木，其質已變而為石矣。

七曰乙庚化金。乙屬木，庚屬金，木金聯合，化而為金，證以石綿礦及琥珀，最為顯明。蓋石綿之質如金，其形似木；琥珀之質如木，其形似金。此二者皆為木金化合而成。經謂乙庚化金，信然。

八曰丙辛化水。丙屬火，辛屬金。火金聯合，化而為水。以雷錠證之，疑團盡釋。蓋雷錠乃含熱最富之金屬物，亦金火化合之物也。其原質無時不化氣為水，成一自然現象。今市上所售之雷錠水，即山雷錠自身蒸發時所集得者。古書謂火金化水，不其然乎？

九曰丁壬化木。丁屬火，壬屬水。火水聯合，化而為木。不知者每多疑之，然證以北方嚴寒之時，有以相當溫濕度培養小王瓜與綠豆芽使其滋長，以應社會需要，豈非火水化木之明效乎？

十曰戊癸化火。戊屬土，癸屬水。土水聯合，化而為火。證以礦山之自然光，其理自明。蓋此光多發現於夏月，乃地中鬱積之土氣與地表蒸發之水氣相合面成。假使勢雄力大，而又接觸迫促，則發現之聲光必致非常劇烈。世人聽謂雷電者即此。若就質學論，試注水於硅石而加之以熱，則必發生酸素。酸素者，即火之謂也。綜觀上說五行之理，實與我國古籍不謀而合。袁君謂卜筮星相學與科學相通，誠哉斯言。惜難為舍本逐末、好高騖遠道耳。己巳孟春，慈溪錢庚初謹跋。

◎凡例：

一、卜筮星相學，各有專書，惟卷帙浩繁，初學無從問津，即有好之者，亦莫不疑信參半，謂為毫無根據。以至故步自封不求深造，良為可惜。本編所述，力矯此弊，以物理證明氣數、以簡易解除繁瑣，更參以經史良規古今粹語，不厭精詳務求賅備，庶初學閱之有入勝之妙，好之者閱之亦有逢源之樂，斯則著者之微意也。

一、本編所述一十九篇，質言之可分四步：述釋名、述物理、述科學、述天人相感，為研究學術也；述東西各國、述歷史評論、述先哲評論，為增長閱歷也；述國家、述社會、述廟享、述名臣、述濟人、述逸民、述品端學粹，為藉資觀感也；述太史令、述無專校、述四庫書、述東西各國書目，為欲求進化也。有志斯學者，若本此旨而探討之，安見今人不古人若耶。

一、本編述源流分上下二篇，一論河洛，一論氣象，為全書要旨。述物理述科學，不過為河洛氣象之佐證而已。其實氣象本乎河洛，果能明乎河洛之理，錯綜其數，則氣象可測，而天地間之形形色色亦莫不可測，豈獨物理科學已哉。

一、經史子集，所載卜筮星相之事，數見不鮮，凡為本編所徵引者，俱載明書名或著者姓氏，俾可考證，惟涉及軍國大事者概不采錄。

一、本編所載卜筮星相學之書目，係據《四庫全書提要》文淵閣著錄者，計五十部四百四十四卷，尚有附諸存目者一百四十八部九百八十九卷未及具載。惟《日本書目志》所載方技四類八十七種一一備錄，蓋該書目載有西洋《判斷術》、西洋獨見《天眼通》二書，俾國人閱之，知東西各國俱有卜筮星相學，且皆效法於吾國也。

一、本編徵引之書，上自周秦下迄今茲，計一百五十八部。歷史先後，本不容紊，惟限於卜筮星相之實施，有不得不古今陵躐、次序顛倒者，如歷代先哲之評論，妄以《困學紀聞》冠首，而以《孝經》列後，此類甚多，識者鑒諒。

一、《唐書·方技傳》云：「士君子能之則不迂、不泥、不矜、不神。」茲特將拙刻叢書四種序目附錄於本編之末，俾閱者略知拙刻之大凡及宗旨何在，即可辨此道是否有迂泥矜神之說。若謂眩奇標榜，則吾豈敢。

一、余家藏書不多，見聞弇僿，編選是書，時與同里朱君彥卿德高、法君審仲度、蘇君碩人潤寬、支君志三箴敏政、李君崇甫正學相商榷，並承朱君冒暑假觀廿四史全部，盛意熱心，令人欽佩。至抄錄之不憚煩，則江都李生雨田雷，尤為可敬。謹書於此，以志不諼。

一、本編著手於丙寅十月丙午，至十一月庚午，僅二十五日，草草脫稿，手爪麤疏，必多舛誤，尚希博雅君子不吝教正，以匡不逮，毋任企感！

◎題辭：

一南陵朱乃庚韻笙：

虛中不作子平古，墜緒茫茫誰繼武。袁君經術具淵源，河洛圖書闡奧府。

五百年閒名世生，博極群編傳法乳。千秋絕學一線延，照世訂明光四吐。

觥觥著作比都京，鐵網珊瑚能自樹。

二鎮江楊鴻發子槃：

大道無奇術，前知本至誠。六受參易象，四庫載書名。

後世薪傳廣，先幾燭照明。如何人不識，視等弁髦輕。

此事合推袁，研究四十年。宏文稱作手，墜緒賴仔肩。

典籍羅今古，精神瘁簡編。欽君綿絕學，流覽一欣然。

三鎮江楊邦彥振聲：

大著殫見，洽聞言皆有物，名山盛業，傳世何疑？卒題四截句，藉志佩忱：

家學淵源自有真，圖書河洛悟根塵。垂簾設肆殷懲勸，賣卜君子得替人。

聲名鵲起震京江，手不停披健筆扛，趨吉避凶宏覺路，幾人到此不心降。

群倫同在五行中，克化生扶貫始終。獨善更宏兼善量，著書立說啟愚蒙。

指迷翻說入迷途，時局更新詡破除。述古稱先言有物，藝林聲價重播璵。

四鎮江孫珩伯鈞：

昏昏濁世罔談玄，空有君平在眼前。背道離經長作鬧，焉知一畫是先天。

生成命數豈無因，造化相參筆有神。姬孔羲文都不作，四千年後得傳人。

五鎮江胡容健春：

袁君樹珊以所著《述卜筮星相學》八卷見貺。綜十萬餘言，古今中外融匯貫通，非儒者曷克臻此？未可僅視為星學家也。謹附五律二首，以志欽仰：

系出君山後，恂恂儒者風。遯居甘隱豹，豪氣貫長虹。

著述當時重，天人一脈通。潛心四十載，名滿大江東。

語小莫能破，此中具隱微。靈心參造化，妙境悟玄機。

至理言多中，迷津指所歸。古人有邵子，君或其庶幾。

六鎮江李丙榮樹人：

大集觥觥世所稱，吉光片羽每搜徵。書家幾重東西晉，佛法如參上下乘。

分路揚鑣存軌範，綴衣成衲雜縑繒。慚予耄老無他技，探厥根源獨未能。

虞卿著作遣窮愁，彥伯清才孰與儔。把臂已嫌遲廿載，及身早自有千秋。

能將巨制開生面，合放斯人出一頭。香火因緣文字契，獨邀青眼有公侯。

（謂莊蘊寬、趙戴文、邱菽園、王震、邢震、南陸、龍翔、陳復諸公）

七鎮江胡光發榮卿：

是學通科學，當今有解人。言之殊奧窔，輯者卻艱辛。

負笈來閭里，挑燈達曉晨。秘函求契友，奇字問芳鄰。

經史搜羅畢，中西薈萃頻。武侯銘墓志，季主荷陶鈞。

鮑照曾聯詠，君平有後詢。但教三處合，卻遇九方甄。

莫漫嗤迷信，須知返樸淳。青烏當可證，白馬悟前身。

磨蝎宮歸命，槍星運極屯。鈔胥存國粹，數典聚家珍。

賣卜爻曾演，趨庭訓可遵。豈為謀食計，聊使夙情伸。

詎料熏蕕別，應將涇渭分。誇修矜自飾，讒諂化同仁。

編集傳今古，題辭動縉紳。棗梨夸木壽，桃李滿門蓁。

贊助群成美，吹噓眾遇春。無邪思孝友，下筆教忠純。

莫謂雕蟲技，休同尺蠖淪。當教消詬誶，兼可醒聾嚚。

去取分賢聖，從違辨主賓。古凶循習慣，箸述本天真。

八鎮江蘇潤寬碩人：

我聞大易說，君子玩其占。立卦而生爻，六吉皆從謙。

詹尹端厥策，君平下其簾。所言忠與孝，所業清且廉。

又讀日者傳，大言何炎炎。所論今昔理，遠矚復高瞻。

宣尼重知命，孟軻善言天。聖賢有機括，明哲事窺覘。

至如相者術，從古以為然。食子與收子，叔服識何淹。

老父相劉季，語豈謬為甜。荀卿非相篇，無乃挾猜嫌。

卜宅至於洛，陰陽流泉兼。辨方以正位，建國所當先。

宅兆卜安厝，教孝義精嚴。程子論五患，口又安容箝。

大哉太史談，陳義何其玄。陰陽與儒墨，名法道德全。

一致而百慮，殊途同歸焉。江都有袁子，董相三策傳。

天人一以貫，九流咸尋研。緒餘成著述，卜筮星相編。

引經更據典，大筆奮如椽。要使智者服，要使愚者賢。

千古不傳祕，要以一身肩。嗟哉袁子志，為世下針砭。

匪為己身謀，憂世心如煎。先德昌齡公，醫隱居市廛。

著書自成集，醒俗意拳拳。君乃善繼述，遺書付雕鐫。
手澤喜未泯，幽光發德潛。閉門舉劍南，史筆仿涑川。
鉤玄提其要，浚水抉真詮。書當不脛走，價貴洛陽箋。
賤子畧知好，服君志氣堅。大人先生者，奬藉加丹鉛。
會當行萬里，海國廣傳宣。
九鎮江錢亞棟毅質：
大展扶衰手，深藏撥亂心。泰來期否極，述古為匡今。
參透窮通理，能成著作林。浮雲猶待掃，天象尚昏沉。
十鎮江陶紹萊蓬仙：
君平賣卜記當年，如市門庭豈偶然。微理能將周易闡，非徒鄒衍漫談天。
星巫命相徧人間，術士江湖太等閒。獨子儒書能貫徹，研經不出聖賢關。
早見業書萬里行，忽傳述學又刊成。等身著作高千古，藝苑誰入敢抗衡。
年來文獻重江鄉，篇什曾經萃李唐。鼓吹休明徒抱願，愧君哲學演陰陽。
十一鎮江道受章晉之：
吉凶悔吝生乎動，趨吉避凶有常規。為善者吉惡者凶，善與不善必先知。
卜筮之學古所尚，列聖相承始伏羲。星在於天相在面，隱秘所藏表白之。
微顯闡幽不容偽，徵兆畢露如蓍龜。龜為枯骨蓍枯草，靈應如響果何為。
礎潤而雨律灰飛，鳶先風翔蟻潦移。天地萬物一鼓鑄，人事天理無紛歧。
袁君述之明大道，道大不可須臾離。離道即出火車軌，天崩地坍滿瘡痍。
可怪世人善矯飾，深沉城府誰能窺。豈知誠中已形外，揠苗助長病難醫。
筮短龜長無掩蔽，立竿見影復何疑。客星犯座誰見來，故人臥起天象垂。
救蟻陰隲紋忽現，大貴推許券操持。卜筮星相不外求，子輿所貴毋自欺。
口是心非人受騙，自問實已先心虧。縱使鬼神皆不怕，破除迷信笑愚癡。
其如逢凶不化吉，天心鑒赫遇災危。何妨表裏皆一貫，人爵天爵自相隨。
磊落光明無隱匿，必得富貴壽維祺。
十二鎮江于樹深葆川：

袁先生樹珊，績學士也。著有《述卜俎星相學》一書，實隱寓保存國粹、述而不之至意。書首得諸君子為之敘，其言綦詳，固無俟余之贅語。乃辱不棄，猶諄淳以題詞見屬。余不敏，爰掇俚言以報先生，兼以告世之善讀是書者，詞曰：猗歟袁君，卓犖不群，邗江名士，業精於勤。原探理數，縷晰條分。篤信好學，彈見洽聞。卜筮星相，國學之一。先天後天，淵源洞悉。博采旁搜，經史子集。八卷分編，匯為巨帙。證今援古，言匪無徵。讕語必斥，異說弗騰。譬之燭暗，此為明燈。譬之說法，此為上乘。會觀其通，陰陽奇偶。神明古人，非取墨守。嘉惠後學，道期悠久。君之命名，永垂木朽。

十三鎮江蔡蔚霞雲孫：

家學淵源溯鯉庭，差同伏勝解傳經。天人三策江都董，不失先民舊典型。

保存國粹豈無端，小道如斯亦可觀。薄技生機多繫此，不妨苦口寫忱丹。

舊學商量見苦心，吉光片羽勝兼金。一斑自可窺全豹，便是隨園著作林。

笑我長沙作寓公，得觀大集發群蒙。傳鈔應貴洛陽紙，詰屈俱虛一掃空。

十四鎮江法德新滌齋：

袁君樹珊為度男益友，間嘗接其風采，恂恂有儒者風。聆其言論欵欵，具牖世意，久欽其為人。近著《述卜筮星相學》，探河洛之本源，闡性命之閫奧。其示人趨吉避凶之方，不外福善禍淫之理。則斯編之有裨世道人心，不其偉歟？爰賦俚句，以志佩忱：

干戈擾攘既頻年，興僕無端總惘然。成敗早知皆有數，好教弭亂力回天。

大地今餘劫後身，群盲莫再昧前因。從來知命為君子，幸指迷途盍問津。

淵源家學紹倉山，著作爭傳豈等閒。識在幾先能覺世，長篇端賴醒愚頑。

術數還將大道憑，禍淫福善理堪徵。易言消長經參透，一片婆心勸與懲。

十五鎮江姜煥昌洛茨：

煥昌由雲陽就幕歸來，訪袁君樹珊敘舊，時以付梓《述卜筮星相學》書見示。煥昌因憶龍門記商瞿年長無子，其母為取室，孔子使瞿之齊，母請之，孔子曰：「無憂。瞿年四十後當有五丈夫子。」已而果然。《家語》亦載其事甚詳，謂「卜遇大畜，應有五子」。是當日尼山孔氏亦頗精星術。彼此相談移時，袁君謂此事本書未載，屬為補出，並索題詩。煥昌糊口四方，筆墨久荒。是書引證頗博，不愧學者，要難僅以星家視之也。勉成七律一章，以志景慕：

道消君子亦胡然，正是先生養晦年。閉戶著書深入奧，焚香讀易靜參玄。

眼看幾變滄桑世，指點何殊道德篇。漫把虛無輕命術，成都賣卜至今傳。

十六鎮江李正學崇甫：

粵稽皇古搜往事，藉筆抒懷破寂寥。由來豪傑多憂患，手口卒豬羽翛翛。緣何燕臺多擊筑，莫教吳市聽吹簫。甄錄編成飯飣學，公旦多寸未敢驕。虞卿述作窮悉遣，一篇元箸得超超。縱觀宇宙殊寥廓，人生何苦取煩囂。世間豈少地仙出，馬跡山中訪王遙。進退升沈有天定，君平悟理問榮凋。管輅郭璞通神鑒，手持杯珓擲不恌。一馬得失禍福倚，恍惚夢中鹿覆蕉。武侯用兵圖八陣，陰陽向背智慧饒。名將古推班定遠，虎頭燕頷想豐標。吾家鄴侯有仙骨，笑他皮相皆嘵嘵。安得國粹賴保存，縹緗羅列盡瓊瑤。丈夫顯世有知己，自古留侯全藉蕭。天人三策江都廬，隨園家學數楚翹。《周易》一卷不釋手，研經耽道國恩邀。當代知音多珍賞，題跋紛紛引同僚。鴻通最愛師劉向，博雅還希步鄭樵。四部六閣窮搜覽，長把青燈夜夜挑。精金在鎔須大冶，家有良工璞可雕。庭訓相承名父子，走筆千言風瀟瀟。六經不用巾箱載，便便邊腹豈愁枵。肯將架上一萬軸，辜負平生三萬朝。吁嗟乎！神州蕩滌瘡痍色，采風使者感徵軺。舉世民生望寶筏，迷津得指理孔昭。賤子清狂難自抑，塊壘常須濁酒澆。彭澤覓食非得已，五門難堪一折腰。饋貧糧向君多乞，至理名言尚可要。君不見，天工缺處人工補，德盛從來能勝妖。

◎袁阜（1881～1962，或謂 1881～1968），字樹珊，晚號江上老人。江蘇鎮江人。家世業醫，兼精命理相術、六壬選擇等，後以星相為業。抗戰時移居上海。後至香港，卒於臺灣。又著有《命理探原》《新命理探原》《命譜》《大六壬探原》《選吉探原》《中西相人探原》《中國歷代卜人傳》《標準萬年曆》等。

袁海 容谷易註 佚

◎民國《重修泰安縣志・著述》:《容谷易註》，汶西袁海撰。字容谷。歲貢生。手著草本，批抹爛然。惜乾卦缺數頁，下經佚，後論說亦不全，不能成完書。大致說本《來註》，於易無大發明。

◎袁海，字容谷。山東泰安人。光緒甲申歲貢。

袁顯 周易奧義 八卷 佚

◎光緒《嘉定縣志》卷二十四《藝文志》一:《周易奧義》八卷（袁顯著）。

◎袁顯，嘉定（今屬上海）人，僑居吳江。著有《周易奧義》八卷。

袁嘉穀 講易管窺 三卷 存

雲南大學藏 1925 年鉛印雲南大學叢書本

臺灣文聽閣圖書有限公司 2009 年林慶彰主編民國時期經學叢書本

◎卷前題：石屏袁嘉穀講授，受業昆明于乃仁述記。

◎目次：卷上易之起源與完成：第一期：卦畫；第二期：重卦；第三期：卦爻辭；第四期：彖象（一）孔子五十學易考（二）孔子作彖象考；第五期：文言繫辭；第六期說卦序卦雜卦。卷中易之流傳：第一期：儒門之易；第二期：經師之易；第三期：經緯雜糅之易；第四期儒老雜糅之易；第五期：儒道雜糅之易；第六期：漢學之易；第七期：新學派之易。卷下易之古史進化觀：（一）物質生活之進化：器用、漁獵、牧畜、農業、居室；（二）社會組織之進化：婚姻、階級、法律、商旅、戰爭；（三）精神文化之發達：宗教、倫理、藝術。

◎講易管窺序：中國之人羣眾矣，開化最先，立國尤大。五千年中，周漢唐明之拓疆、魏遼夏金元清之同化，德涵焉、威懾焉，世界無與抗爭者。迺自濠鏡通商、香港棄地、臺灣奇恥、遼瀋鉅傷，而環顧國人，不聞如勾踐臥薪、夷吾內政、貞觀雪恥、永樂航洋，紛紛然、沓沓然，國勢之如何振興不問也、人才之若何培養不問也，猶復是丹非素、入主出奴，飄如水萍，頑如木石，羲農軒頡之子孫竟至斯乎？夫一國之興衰繫於人才之消長，人才之消長繫於教術之明晦。愚也衰齡講學，厚期後起。乙亥孟春，首以五經《論語》導諸弟子之講究，次及《孟》、《荀》（戰國諸子附），次及《呂覽》（李斯附，因其學派，非取其人品），及遷、《史》（董生、洛下閎諸人附）、向、歆、彪、固，及許、鄭（孫炎、李登、江式、徐遵明、陸德明、陸法言諸人附），及韓（李翱、歐陽修諸人附），及程、朱（象山、止齋、東萊、同甫、水心、深寧、魯齋、景濂、整庵諸人附），及陽明（涇陽、蕺山、夏峯諸人附），及亭林（梨洲、船山、習齋、次耕、諸百詩、季野人附），及清康熙帝（一代漢學皆文字獄之逼成與尊朱之反響，故以康熙提綱，雍同光間人皆附之），及近今各學派。七日一講，一講一題，間亦一題數講，冀以一得之愚，暫為武斷（陸法言《切韻序》引劉臻曰：「我輩以為定，則定矣。」此古人不得已之武斷也），譬執小旗率眾前驅，指一學徑，急起直追，分之各為專門，合則為全才，睹千秋歷史之真。吾生百齡，不啻千秋，閱歷久才識增也。聯四百兆人之契，全國人心不啻一心，才識功效同也。藉曰不然，國將危而學猶晦，材難篤而學可知，尚忍言哉！尚忍言哉！諸弟子英英率教，蓋有人矣。昆明于生乃仁，聽我諄諄，自修汲汲，推尋旁證，下筆千言，於首講《易經》一題先錄成冊，闢一康莊，掃除支路，雖未敢遽言深造自得，而循途以步，進步較易。一經明，羣經胥明；一學明，羣學區明。

區區之心，求正有道。倘有矜其愚匡其失而助其成者乎？庶幾獲一益於學，獲一益於國。愚雖學殖荒落，猶將引領望之矣。民國二十有四年冬，屏山居士書。

◎周按：書後有弟子武嘉榮、馬秀卿、施於愉、覃瑞華四跋，于蘭芬贊一。

◎周按：《雪堂文集》卷一《經說》可窺其學術端倪。

◎袁嘉穀（1872～1937），字南耕，又字樹五、澍圃，晚自號屏山居士。室名臥雪堂、定香亭。雲南石屏人。嘗就學於陳子潘、張竹軒，入經正書院研習。光緒二十九年（1903）經濟特科狀元。任學務處副提調、學部編譯圖書局局長。宣統元年（1909）調任浙江提學使，旋兼布政使。辛亥後任職雲南，又任私立東陸大學國文教授，李士厚、李喬、浦光宗、張希魯等皆出其門。著有《孔氏弟子籍》二卷、《衍繹》四卷、《移山簃隨筆》五卷、《金鐘山雅談》二卷、《臥雪堂文集》二十二卷、《臥雪堂詩集》十二卷、《臥雪堂詩話》八卷、《漢孝琚碑題跋》等數十種。

袁鈞 易注 九卷 存

國圖、貴州、湖南藏光緒刻鄭氏佚書本

◎俞樾《春在堂襍文四編》卷七《鄭氏佚書序》：兩漢經師之學至鄭君而集大成，每發一義，無不貫穿羣經。不知者以為鄭君所臆造，而不知其按之羣經如以肉貫串也，典午之代，崇尚清談，鄭學幾廢。幸唐人《正義》，《禮》用鄭注，《詩》亦主鄭箋，高密之緒賴以不隊。元明以來空談心性，鄭學又微。本朝經術昌明，大儒輩出，士抱不其之經、戶習司農之說，然其遺文佚義散失已久，重輯為難。鄞縣袁陶軒先生乃用王伯厚輯《鄭氏周易注》之例，網羅放失，得《鄭氏佚書》二十三種。其手自寫定者四種，曰《易注》、曰《尚書注》、曰《尚書中候注》、曰《詩譜》。其曾孫烺已刻而行之矣。其未寫定者尚有一十九種。

◎袁鈞（1752～1806），字秉國，號南軒、陶軒，一號西廬。浙江鄞縣人。穎悟絕人，執經於新安鄭虎文之門。受知於阮元，入其幕。嘉慶六年（1801），應徵直省孝廉方正，授六品銜。後主繇山書院。精康成之學。著有《詩經宋傳翼》二十卷、《朱傳補義》一卷、《讀書偶記》十二卷、《琉璃居殤》六卷、《瞻衮堂集》十一卷。又輯《鄭氏佚書》七十九卷、《四明書畫記》、《四明文徵》

十六卷、《四明獻徵》、《四明詩徵》、《四明近體樂府》諸書。

袁俊等 易經音訓 二卷 存

清龍文齋刻十一經音訓本

袁科 易傳副 佚

◎同治《南昌府志》卷六十二《藝文》：袁科（《四書副注》《易傳副》《詩傳副》《字考》《史鈔》。見舊志）。

◎光緒《江西通志》卷九十九《藝文略》一：《易傳副》，袁科撰（《南昌縣志》）。

◎袁科，字進翁。江西南昌人。

袁履潔 周易貫義 佚

◎光緒《武進陽湖縣志》卷二十八《藝文》：袁履洁《周易貫義》（存）。

◎《清代毗陵書目》著錄光緒刻本。

◎袁履潔，江蘇武進人。嘉慶十八年（1813）舉人。又著有《禹貢圖解》《儀禮節解》《禮記學訓》。

袁樸 周易示掌 不分卷 存

山東藏稿本（前有自序，後有汪其豐、張錫華跋）

◎袁樸，字實臣。浙江錢塘（今杭州）人。

袁秋亭 羲經庭訓 二卷 存

上海藏同治十二年（1873）上海公廨刻本

◎袁秋亭口授，子海山述，孫熾昌錄梓。

◎劉聲木《萇楚齋隨筆》卷五：吾郡文學素衰，惜無人提倡，更無人收輯前人撰述刊行於世，以資鄉邦觀感。予擬編輯《廬州經學叢書》，欲搜羅七八種即行付刊，僅有四種，一為明廬江盧雲英《五經圖》十二卷，二為廬江李光瓊《韻書音義考》五卷，三為無為夏應銓《周易詮疑》八卷，四為合肥袁海山《羲經庭訓》二卷，寥寥不能成卷帙。不知此願何日能償。予力不能致，徒嘆奈何！

◎袁秋亭，安徽合肥人。袁海山，監生，江蘇委吏。袁熾昌，鼇洲參軍。

袁仁林 古文周易參同契注 八卷 存

道光二十六年（1846）宏道書院刻惜陰軒叢書本

光緒二十二年（1896）長沙重刻本

國圖藏清鈔本

四庫存目叢書影印光緒二十二年（1896）長沙重刻本

叢書集成初編 1939 年據惜陰軒叢書本排印本

◎自序：民受天地之中以生，得其中而生之道在矣。隱逸者流，有事尊生，多致力于形氣之淵源，而窺其幽渺。于是原本生初，形模天地，推所自來而灼所由毀，舉精氣神三要一之軀體之正中，有似中天下而立，定四海之民，于以積功致養，自強不息。詎得為理外事哉！言乾坤本之乾首坤腹之言，以明吾身之上下也。言坎離本之懸象著明，莫太乎日月之言，以明心腎互交、呼吸相通也。乾坤體也，坎離用也。虛靜其體，和順其用，升降周環，無所於闗。要皆準諸中以立極，而後形神沛焉。斯其旨歟！夫玩物喪志，《書》言之矣。與其逐物而意移，曷若斂外歸中，修身俟命為志潔行芳者之所有事乎？當恬退之時，居潛淵之位，以之為勿用之用，抑亦可矣。爰就所見，詮以粗陳。至其閒疑晦異同，尚欲質諸明者。雍正十年壬子大呂月吉，三原袁仁林書。

◎袁仁林，字振千。陝西三原人。雍正貢生，進士。弟子王德修稱其理學名儒，潛究性命，貫通天人。尤精《參同契》，導引有法，年八十餘猶書細字，精神炯炯，近九十卒。又著有《虛字說》《韓文箋注》《瓠園叢語》等。

袁守定 讀易豹窺 四卷 佚

◎光緒《江西通志》卷九十九《藝文略》一《國朝》：《讀易豹窺》四卷，袁守定撰（《豐城縣志》）。

◎袁守定，字叔論，號易齋。江西豐城人。著有《讀易豹窺》四卷。

袁文煥 周易淺說 佚

◎民國《壽光縣志》卷之十四《藝文志》：袁文煥《四書集解》《周易淺說》。

◎袁文煥，山東壽光人。

袁文敏 讀易臆說 佚

◎光宣《宜荊續志》卷九中《人物志》：晚年猶好學不倦，讀易與周于邠往復討論，具有心得，著《讀易臆說》數卷。

◎袁文敏，字仲泰。江蘇宜興開寶鄉前陽里人。監生。少時屢試不售，遂慨然力行善舉，全活甚眾，賞五品銜。

袁正己 周易思辨存參 佚

◎光緒《重修天津府志》卷三十七：《周易思辨存參》，袁正己撰。

◎光緒《重修天津府志》卷四十四《人物》、民國《靜海縣志》不分卷：著有《周易思辨存參》若干卷，門人徐中丞昕付梓以傳。

◎袁正己，字作楷，號濟川。乾隆乙卯舉人、庚子進士，補貴州銅仁知縣。屢分校，所得多宿儒。調貴陽府長寨理苗同知，旋告歸。

袁之升 變卦說 佚

◎道光《濟南府志》卷六十四《經籍》：《變卦說》《纖批左傳》《四書平語》《纖批史記》《纖批莊子》《纖批杜詩》，章邱人袁之升撰。

◎道光《章邱縣志》卷十《人物志》上：《四書平語》《變卦說》《纖批左傳／史記／杜詩／南華》《纖批莊子》《纖批平語》凡數十種。晚年精於易學，預知歿期。

◎道光《章邱縣志》卷十三《藝文志》：《四書平語》《變卦說》《纖批左傳》《南華平語》《纖批史記》《纖批杜詩》，袁之升著。

◎孫葆田《山東通志》卷百二十七《藝文志》第十：《縣志》載是書，稱其晚年精於易學，預知歿期。

◎袁之升，字吉南。山東章邱人。諸生。

岳虞巒 周易感義 無卷數 佚

◎四庫提要：此書為未刻稿本，中多朱墨塗乙。其撰人姓名，墨筆題「東海衲民岳嵐墨山氏述」，蓋所自書；朱筆題「江西兵憲岳虞巒衡山氏述」，為其同里魯釗所書。考《太學題名碑》錄前明崇禎辛未科有岳虞巒，南直隸武進人。又《江南通志·儒林傳》稱：「虞巒字舜牧，官至江西按察使。晚尤好易，撰有《周易感》及《春秋平義》二書。」書中云幼時及見熹廟初年，時代亦復相合。然則所謂《周易感》者，當即此書，特刻板誤「義」字耳。書中又云「丙申五月著稿」，則成於國朝順治十三年。疑其明亡以後變服為僧，改名岳嵐，故自號東海衲民也。是書惟解六十四卦，分作八巨冊，而朱筆又間有標「二編第幾卷」者，殆本有初編、二編，經釗刪並為今本耶？其說詳於取象，近錢一本之學。然皆參以佛氏，如稱「西域之有迦文，猶中國之羲、文、周、孔」云云，謬妄非一。釗雖多所刊削，欲滅其跡，而能潤飾其字句，究不能改易其宗旨。蓋於王宗傳、沈作喆之說又變本加厲矣。

◎陸世儀《桴亭先生文集》卷六《毘陵蔡仲全先生小傳》：毘陵一郡，以天文律歷皇極性理疑難之學著稱於時者，人皆知有蔡仲全云。仲全諱所性，居毘陵城西山林里……十七八，見閩中顏茂猷以五經中式，遂奮然欲效之，力通五經，每小試輒揮數義，然……申酉間遂絕意干祿，足迹不入城，一意讀古……如是者數年始入城。憲副岳虞巒方註易，與語，大奇之，留共參訂，每歎不及。時有一菴升書、二馬子者，邃於理學，一見，相得甚歡，引為性命交，朝夕切磋……毘陵明天文星曆律呂諸家，如二馬子、楊爾京、龔武仕之儔，皆仲全之切磋為多。

◎《皇朝通志》卷九十七：《周易感義》無卷數（岳虞巒撰）。

◎《皇朝文獻通考》卷二百十一：《周易感義》無卷數，岳虞巒撰。

◎光緒《武進陽湖縣志》卷二十八《藝文》：岳虞巒《周易感義》七十二卷（存）。

◎光緒《武陽志餘》卷七《經籍》：《周易感義》七十二卷，明江西按察副使岳虞巒衡山撰。楊兆魯序略：衡山先生集百家之言，衷以己見，述為《感義》，以發其正大光明、純粹以精之論，不務為幽深元遠之言以欺世。余乞休得暇，壽之梓，以廣其傳。舊志作《周易感義》無卷數，洪氏作《周易感義》七十三卷，蓋名從《四庫》，書卷目從志也。薛氏無卷數，以嘗假得吳氏士模所藏舊鈔本，凡八冊無卷數也。衡山官副使在明季時，鼎革後不仕，薛氏誤列入國朝。

◎岳虞巒，字衡山。江蘇武進人。崇禎四年（1631）進士。時人比為康節、西山。

雲中官 周易講義 七卷 存

祁縣藏汪堯峯鈔本

◎光緒《廣德州志》卷四十一《藝文志·書目》：《周易解》《雲軒臣詩稿》

（張自超序。俱雲中官著）。

◎雲中官，字軒臣。安徽廣德人。康熙四十二年（1703）進士，授中書舍人。為人狷潔抗直，不樂仕宦。著有《周易解》《雲軒臣詩稿》。

惲庭森 序卦圖說 一卷 存

國圖藏乾隆四十四年（1779）遜志堂刻本

◎光緒《武進陽湖縣志》卷二十八《藝文》：惲庭森《周易圖說》（佚）。

◎惲庭森，江蘇陽湖（今武進）人。舉人。乾隆三十一年任懷來知縣。

Z

臧聰　以愚堂易述　佚

◎道光《徽州府志》卷十一之四《人物志·文苑》：著有《性理津梁》《以愚堂易述》《四書講章》《五經通義》存於家。

◎臧聰，字自聞，號任渠。安徽婺源（今屬江西）疆溪人。庠生。性端謹嗜學，文章書法皆自成家。倡建西鄉書院。嘗與修邑志。

臧耀初　周易蒙求　五卷　佚

◎光緒《增修諸城縣續志》五《藝文考》：臧耀初《周易蒙求》五卷、《諸城山海物產志》二卷、《姓氏編》二卷、《雙聲疊韻檢》六卷、《字學根力論》一篇。

◎孫葆田《山東通志》卷百二十七《藝文志》第十：是書見《採訪冊》。

◎臧耀初（1816～？），字晉堂。山東諸城皇華鎮大展村人。少有俊才，擅醫，工詩畫。又著有《姓氏彙編》、《雙聲疊韻檢》、《字學根力論》、《餘人話真草集》、《諸城山海物產志》等。

臧庸　周易鄭注敘錄　一卷　存

嘉慶二十四年（1819）蕭山陳氏刻湖海樓叢書刻本

續四庫影印復旦藏嘉慶二十四年（1819）蕭山陳氏刻湖海樓叢書本

叢書集成新編本

◎秦瀛《小峴山人續文集》卷一《臧在東文集序》：武進有玉林臧先生

者，通經學古，著書甚具，越今百餘年而得在東。在東承其家學，屏去俗好，不屑蹈常襲故以合於時，而獨與其弟禮皆潛心漢儒之學。禮歿，在東泫然心傷，丐余為文傳之。逾數年在東在京師，余方約其歸江南同修《無錫／金匱縣志》，而在東亦歿。學者去聖既遠，百家眾說紛如聚訟。苟擇焉不精，則說經而經愈亡。近世宗漢學者，目未窺程朱之書，輒詆排宋儒，呶呶不已，當亦漢儒所不與也。在東之學固主張許叔重、鄭康成諸儒，而其與阮侍郎芸臺書云：「程朱於孔門躬行之學為近」，是其言於宋儒不為無見。余官侍郎時在東常與往還，一日其鄉人惲子居過余，余邀在東同集余邸，其議論有合有不合，而要以古人為歸。蓋子居為鄭清時之甥，而在東學於清時，又皆與張皋文友，殆其師友之授受切劘有相類者。在東沒而其子某持《拜經堂集》乞余序。余故序其文而牽連書之。

◎臧庸（1767～1811），本名鏞堂，字在東，更西成，號拜經。江蘇武進人。諸生。高祖琳有《經義雜記》行世。庸承其家學，與弟禮堂同師盧文弨。復從錢大昕、王昶、段玉裁共講論。居阮元幕府尤久，總纂補訂《經籍籑詁》、校勘《十三經注疏》。沉默樸厚，學術精審，長於校勘輯佚，盧文弨稱其校書天下第一。嘗謂讀書當先通詁訓，始能治經。為學之道，約有二端。一曰勤，二曰細心。著有《拜經日記》十二卷、《孝經考異》一卷、《臧氏文獻考》六卷、《子夏易傳》一卷、《詩考異》四卷、《毛詩馬王微》、《韓詩遺說》三卷、《韓詩訂譌》一卷、《月令雜說》、《樂記十三篇經》、《說文舊音考》三卷、《拜經堂文集》，輯有《盧植禮記解詁》一卷、《蔡邕明堂月令章句》一卷、《爾雅古注》三卷、《王肅禮記注》一卷、《賈堂國語注》一卷、《鄭康成易注》二卷、《孝經鄭氏解》一卷、《蕭該漢書音義》二卷。與修《廣陵圖經》、《中州文獻考》。

臧庸 周易注疏校纂 三卷 佚

◎光緒《武陽志餘》卷六之三：《周易注疏校纂》三卷，國朝諸生臧庸鏞堂撰。是書新舊志俱未箸錄。自序略曰：余師盧召弓學士撰《周易注疏輯正》九卷《略例》一卷以校正易疏之譌。受讀下，因錄其切要可據者為《校纂》三卷。家藏明神廟十四年本，後附《易釋文》及《周易略例》，與毛氏本同，而譌字較毛為少，往往與兩宋本合。可貴也。今所纂從錢孫保影宋本為多，有直載其異同而不書所據者，皆錢本也。

臧庸輯 馬王易義 一卷 存

嘉慶承德孫氏刻孫馮翼編問經堂叢書本

國圖藏清鈔本

南京藏黑格鈔本

◎漢馬融、三國魏王肅原撰。

臧紆青 易緯 不分卷 存

山東藏 1921 年臧增慶〔註 1〕等石印本

上海藏 1921 年上海天寶書局石印本

◎臧紆青（1796～1855），字牧庵。江蘇宿遷（今新沂市）窯灣鎮堰頭人。幼有大節，敦行博學，尤究心太乙奇門，慨然有澄清天下之志。為學不務章句，倜儻好談兵，所交多不羈之士與當世賢傑。道光十一年（1831）恩科舉人，揀選知縣，居京師十餘年。道光十六年（1836）上書禁煙。鴉片戰爭中團練鄉兵萬人抗英。道光二十一年（1841）入奕經幕府，赴浙江襄辦軍務，力主抗戰。《南京條約》成，奕經奏請授以四品同知銜，恥以和受功，不受。以鎮壓捻軍擢通判，後為太平軍所殺。

臧紆青 易解 佚

◎同治《徐州府志》卷二十二中之上《人物傳·忠節》：好讀書，尤邃于易。所著《易解》戰歿之前夕，囑幕友善護藏之。又精太乙奇門之數。

◎丁晏《頤志齋感舊詩·臧木庵孝廉》：木庵儒家子，長揖干公卿。積學儲武庫，胸中富甲兵。忠勇矢報國，從軍請長纓。老我困廡下，徒羨君英名。裹尸用馬革，凜凜死猶生。

曾傳紳 求心書屋易解 不分卷 存

稿本

◎光緒《湘潭縣志》卷十《藝文》：《求心書屋易解》（曾傳紳撰）。

◎光緒《湖南通志》：即坊本添注其中，行間上下塗改不一，並《本義》原文俱用朱墨圈點去取之，於《本義》時有駁辨。

◎曾傳紳，湖南湘潭人。

〔註 1〕臧增慶，字雪樓，一字易秋。江蘇宿遷人。光緒壬寅（1902）舉人，任郵傳部主事。民國入學校教習、安徽督軍處秘書等職。歸里後以詩文為趣。卒於家。

曾萼 易卦闡義 佚

◎光緒《漳州府志》卷四十一《藝文》一：曾萼《易卦闡義》《詠歸集》。

◎曾萼（1721～1797），字麗元，號清溪，乳名阿水，人稱水進士。福建漳州平和縣九峰人。乾隆十六年（1751）進士。歷任恩平等五縣知縣、羅定等四州知府、連州知州。又著有《詠歸集》。

曾廣鶴 一貫真詮 四卷 存

湖南省中山圖書館館藏光緒四年（1878）曾氏祠堂刻本

◎葉德輝《湖南近現代藏書家題跋選》：《一貫真銓》四卷，國朝瀏陽曾廣鶴開翔著。君隱於市廛，好術數之學，有長者之行。《一貫真銓》，言易之書，蓋麻衣道者之流、術家之易也。小道可觀，壬遁非無推測；寸長足錄，剛柔皆分乾坤。允矣《南華》之外篇，庶幾長恩之保護。

◎曾廣鶴，字開翔。湖南瀏陽人。乾道間在世。

曾珪 周易見解 佚

◎光緒《江西通志》卷九十九《藝文略》一《國朝》：《周易見解》，曾珪撰（《峽江縣志》）。

◎曾珪，字雲峯。江西峽江人。著有《周易見解》。

曾國藩 易象類記 一卷 未見

◎李元度《天岳山館文鈔》卷十四《誥授光祿大夫太子太保武英殿大學士欽差大臣兵部尚書兩江總督賞戴雙眼花翎賞穿黃馬褂世襲一等毅勇侯贈太傅特謚文正曾公行狀》：公之學以關閩為宗，於許鄭之訓詁復掔窮綜貫，嘗言聖賢之所以修己治人，禮而已矣。《論語》求仁，雅言執禮；《孟子》亦仁禮並稱，異端鄙棄禮教，正以賊仁也。張子《正蒙》、朱子《經傳通解》於禮三致意焉，近儒王船山註《正蒙》、秦文恭作《五禮通考》，知其要矣。諸子百家，公無所不窺，尤好《莊子》《史記》《漢書》《通鑑》《文獻通攷》《五禮通攷》，治之三反。古文宗楊、馬、韓、曾詩，自李杜外篤嗜蘇、黃，治經喜高郵王氏書……所著文十二卷、詩四卷、奏議百二十卷、批牘二十四卷、書札六十卷、日記三十四卷、尺牘五十卷、家書二十八卷、《曾氏家訓長編》。其成者，《朱子小學》一卷、《冠禮長編》一卷、《歷朝大事記》六卷、《藩部表》一卷、《選錄十八家詩鈔》三十卷、《經史百家雜鈔》二十六卷、《古文簡本》二卷、《鳴原堂論文》二卷。在軍中有《孟子四類編》《論語言仁類記》《易象類記》《左傳分類事目》《禮記章句校評》《樸目雜記》《周實雅訓雜記》《通鑑大事記》各若干卷。

◎劉聲木《桐城文學撰述考》卷二「曾國藩撰述」：《易象類記》一卷。

◎曾國藩，字伯涵，號滌生。祖籍衡陽，清初遷湘鄉。道光十八年進士，選翰林院庶吉士。初名子城，榜後易今名。二十年散館授檢討。從善化唐鑑論學，與蒙古倭仁、六安吳廷棟、昆明何桂珍／竇垿、仁和邵懿辰、茶陵東源究、漢陽劉傳瑩往復討論。二十三年大考二等第一，詔以侍講升用。六月典試四川，八月補侍講。二十四年轉侍讀。二十五年分校會試，五月遷右庶子，六月轉左，九月遷翰林院侍講學士，充日講起居注官，文淵閣直閣事。二十七年大考二等第四，六月遷內閣學士兼禮部侍郎，十月典武會試。於朝章國故會典通禮諸書尤所究心。嘗以秦蕙田《五禮通考》能綜括諸大政，而於食貨稍闕，乃取近時奏議之言鹽課河工海運錢法者別為六卷以補之。二十九年正月遷禮部右侍郎，八月兼署兵部右侍郎。三十年六月，兼署工部左侍郎，十月兼署兵部左侍郎。咸豐元年五月命兼署刑部左侍郎，十月典順天武鄉試。二年正月兼署吏部左侍郎，六月命典江西鄉試。後官至大學士、兩江總督，賞戴雙眼花翎，賞穿黃馬褂世襲一等毅勇侯。卒贈太傅，謚文正。

曾榮甲 易雅 不分卷 存

北大藏稿本

◎周按：宋趙汝楳亦著有《易雅》四卷。

◎曾榮甲，湖南津市人。曾元吉子。

曾涉 易說 佚

◎孫原湘《天真閣集》卷四十七《河南鎮平縣知縣曾君墓誌銘》：君平生於《周易》一書精力頗殫，著有《易說》、《四書精義》、詩文集如干卷藏於家。

◎曾涉，字自牧，號牧庭。江蘇常熟人。年四十餘舉南京鄉試，又十年成進士。先以會試大挑二等例得校官，除江寧府教授。

曾受一 易說 五卷 存

光廣東省中山圖書館藏緒28年（1902）鉛印本

◎道光《廣東通志》卷一百八十九《藝文略》一：《易說》四卷（國朝曾受一撰。存）。

◎曾受一（1710～1786），字正萬，號靜庵。廣東東安河漣鄉（今新興縣河頭鎮竹園窩村）人。乾隆三年（1738）舉人。曾知四川珙縣、江津、開縣、綦江、閬中、巴縣、長壽等縣，升任廣安、合州、涪州知州，重慶知府，署東川兵備道。著有《易說》五卷、《四書講義》二十卷、《尊聞錄》八卷、《學古錄》、《春秋解義》、《朱子或問文集纂註》七十七卷、《語類文集義纂》等。

曾恕 易經講義 佚

◎光緒《黃州府志》卷三十二《藝文志》：《易經講義》，蘄水曾恕撰（《縣志》）。

◎曾恕，湖北蘄水人。著有《易經講義》。

曾鏞 曾復齋易說 二卷 存

南京藏嘉慶刻曾復齋文集本

◎曾鏞《上下經圖說》：後生讀經書，總須提出自家心思，不專恃前人成說，乃能曲合前人之說也。

◎曾鏞（1748～1821），字在東，一字鯨堂，晚號復齋。浙江溫州泰順縣羅陽人。先後就學於溫州中山書院、杭州敷文書院、溫州江心孤嶼。乾隆四十二年（1777）拔貢，居京師太學七年，且教且學。乾隆五十年（1785）起，歷任浙江孝豐、雲和、金華諸縣教諭。嘉慶元年（1796）欲舉為孝廉方正未果。嘉慶間與溫處道、秦瀛交遊，入閩浙總督汪志伊幕。嘉慶壬戌年（1802）補湯溪教諭，後薦湖南東安知縣。嘗主講泰順羅陽書院。著有《五經解》、《復齋詩集》四卷及卷首一卷、《復齋文集》二十一卷。

曾釗 周易虞氏義箋 九卷 存

上海藏道光七年（1827）面城樓刻本

續四庫影印道光七年（1827）面城樓刻本

◎跋：道光丁亥，客香山縣署，暇讀此，頗有所會，輒記其上，有所疑者以三角識之。亦輒為訂定，非敢云箸書也，聊效箋表云爾。秋九月朔曾釗記。

己丑再訂一過，時有更易。如「損，泰初之上；益，否上之初」皆疑有誤字；觀下繫注云：「益，否四之初」，可證也。九月十日又記。

◎光緒《廣州府志》卷九十：《周易虞氏義箋》七卷（國朝南海曾釗撰。據《南海志》）。

◎桂文燦《經學博採錄》卷四：南海為《堯典》南交之地、《禹貢》衡陽之域，兩漢無以經術顯者。其傳漢儒經學，晉時有廣州儒林從事黃氏潁，嘗為《周易注》十卷，著錄《經典釋文》。黃氏以來，其傳微矣。二千載而後，能嗣其音者，以文燦所聞，蓋自曾勉士學正始。學正名釗，南海九江堡人也。為諸生時即以經明行修聞。阮文達公開學海堂，學正首膺授經弟子之選。道光乙酉以拔萃貢成均，旋補合浦縣教諭，調欽州學正。所著有《周易虞氏義箋》《詩毛鄭異同辨》《文集》共若干卷。或以經解經，或援據精確，不襲故說，不尚新奇，最為世所推重云……程春海侍郎……為學正序所著《周易虞氏義箋》。

◎程春海有詩贊云〔註2〕：粵東風高不可攀，學希馬、鄭文揚、班。思深力厚取舍正，盡采蓀蕙遺榛菅。我求明珠向南海，離朱喫詬驚愚頑。崑崙第一未即得，羊鬚首捋緣希慳。

◎《清史稿》卷四百八十二《曾釗傳》：元驚異，延請課子。後開學海堂，以古學造士，特命釗為學長，獎勸後進。嘗因元說日月為易為合朔之辨在朔易，更發明孟喜卦氣，引《繫辭》懸象莫大乎日月，死魄會於壬癸，日上月下，象未濟為晦時。元以為足發古義，宜再暢言之，以明孟氏之學，因著《周易虞氏義箋》七卷。

◎曾釗，字敏修，號冕士。廣東南海人。道光五年（1825）拔貢。官合浦縣教諭，調欽州學正。篤學好古，讀一書必校勘譌字脫文，遇秘本遇秘本或雇人影寫，或懷餅就鈔，積七八年，得數萬卷。曾任學海堂學長。著有《周禮注疏小箋》四卷、《詩說》二卷、《詩毛鄭異同辨》一卷、《毛詩經文定本小序》一卷《考異》一卷《音讀》一卷、《虞書命羲和章解》一卷、《論語述解》一卷、《讀書雜志》五卷、《面城樓集》十卷。

曾鎮 臥雲易萃 十卷 佚

◎光緒《湘潭縣志》卷十《藝文》：《臥雲易萃》十卷（曾鎮撰。鎮有傳）。

〔註2〕錄自桂文燦《經學博採錄》卷四。

查彬 湘蘅漫錄 二卷 存

國圖、北大、山東、天津、中科院藏道光十九年（1839）查燮勤有懷堂刻本

◎一名《六十四卦經史彙參》。

◎湘蘅漫錄總目：上卷上乾、坤、屯、蒙、需、訟、師、比、小畜、履、泰、否、同人、大有、謙。上卷下、隨、蠱、臨、觀、噬嗑、賁、剝、復、無妄、大畜、頤、大過、坎、離。下卷上咸、恒、遁、大壯、晉、明夷、家人、睽、蹇、解、損、益、夬、姤、萃、升、困、井、革、鼎。下卷下震、艮、漸、歸妹、豐、旅、巽、兌、渙、節、中孚、小過、既濟、未濟。末附易經集說。

◎序：《易》為言道之書，聖人所以作易教人之旨，在乎隨時變易以從道。震川先生之言曰：「天者聖人所獨得，而人者聖人之所以告人。告人以天則駭而惑，告人以人則樂而從。故聖人之言易，皆本天道以推之人事而不空為深微悠忽之說。」後之言易者，或主象數，或主義理，雖未能覩易之全，要皆不失乎聖人垂教之意，為後學循習而已。北平查伯埜先生，學問深粹，尤精於易。著《周易經史彙纂》若干卷，推原于人事之得失，參之以經輔之以史，其義博而精，其詞典而核，于用人行政之要尤三致意焉。先生存時未嘗示人；先生歿後，令子友庵昆仲始刊而行之，屬予為序。予之于易，舊嘗學焉，而未能得其要領，何足以序先生之書？然竊以為五經之源，言天道而驗之於人事。是書也，傳其必有，曉然于古今得失之林，而坐而言者皆可起而行乎？抑予聞之，先生官皖豫間，以課績最擢申州牧。汝南費耕亭太守嘗為予言汝郡近數十載稱循吏者有二：一為申陽刺史查公，一為實城明府李公，類皆以經術飾吏治，邑中父老至今思其德不衰。明府之子方赤觀察與予為同年友，既得想見其家學之有自，友庵昆仲又與予交，得悉先生之梗概，且益嘆先生之通經足用，宜乎本學問而發為經濟，為不朽之盛業無疑也。先生曩有《采芳隨筆》行世，詞采雅贍，顧不足為先生重。惟是書以人事言天道，其有裨于聖教匪淺鮮矣。遂書之簡端，以質世之治易者。道光庚子中秋，武威牛鑑題於大梁節署。

◎序：《易》之為書，潔靜精微而廣大悉備，天德王道一以貫之，雖聖人猶假年以學，況其餘乎？顧自漢以來，諸儒互相付受，類皆泥於術數讖緯，不足通幽明之旨。王弼興而諸家盡廢，弼之學不過勦襲莊老，於所謂窮理盡

性未之問焉。宋時得程子《易傳》、朱子《本義》而微言大義始得四聖之心傳。然宋以前為象數之易，宋以後又多為講章之易，說者謂舉末而遺本則前此之弊也，循流而忘源則後此之弊也。說經之難如此。查先生伯埜刺史為北平名進士，筮仕皖豫間，以課績最擢申州牧。吉於丁酉冬典郡汝南，申州隸汝南郡，以時親詣問風俗，登學識堂，輒有志於聖賢之為政。經大復先生故里，思曩哲之遺韻，蓋距先生治申時已十餘載，而召杜之澤父老猶有能言之者。每聞之，未嘗不為之神往也。先生已沒，其子相菴少尉需次申州，能以清白世其家學。出先生所著《周易經史彙參》質諸同志，藹軒觀察亟賞之，謂是書有裨後學，宜亟付之梓，且分俸為助。少尉以書介谷樵刺史同年屬序於吉，吉受而讀之，大率以經為經以史為緯，其援据也精，其簡擇也當，其義正，其學博，其詞典而賅，其旨微而顯，乃喟然曰：必如是而後可以通諸經，必如是而始可以讀諸史。不拘於象數，不淪於空寂，使世之學易者曉然於是非之故，而有以證古今得失之林，真可謂善言易者矣。宋時楊誠齋先生《易傳》參以史事，後儒多採之，然未若此之發揮詳備也。先生才名籍甚，向刊《采芳隨筆》行世，辭賦家咸嘆其雅贍，顧不足為先生重。惟是書有功聖教，洵不朽之盛業。吉既深服觀察之闡幽發微，而又益重先生之學識過人，宜其本醇儒為循吏，能以德術飾吏治也。世有識者，不以斯言為阿好也夫。是為序。道光已亥季夏，知河南汝寧府事後學武進費庚吉謹撰。

◎後識：先君子少嗜篤學，精力過人。自弱冠通籍後，宦游皖豫間，尤兢兢勤求吏治，歷官三十餘載，未嘗一日廢書。有所得輒隨筆錄之，至老不倦。自號湘薌道人。平日著書不一種，此《湘薌漫錄》蓋《易》、《詩》、《書》、《春秋》、《三禮》、《孝經》、四子書釋鳥獸蟲魚諸子格言論兵考證之屬，纂輯編次凡二十四卷。胞兄默勤隨侍時嘗手授是書。嘉慶二十五年冬，復加刪訂，命繕成帙，而意猶以為未精。迨道光元年九月，不幸先君子遽以疾棄養。十二年八月，胞兄又沒。燮勤等餬口四方，恨未能校讎遺編，梓以壽世，厥罪難逭。後十年，區公谷樵為申州牧，見而嘆曰：「是書通經博物，不可無傳，盍付梓以公同好？」燮勤敬諾之，而力有不逮也。越三載，見暲每稱道之，共商請易一卷先付剞劂。南汝觀察李公藹軒慨分廉俸，又得同人佐助，遂於己亥之秋鳩工開雕，汝寧太守費公賡亭為之序。庚子夏，書成，復請牛大中丞雪樵文弁卷首。原編《易經集說》與《六十四卦經史彙參》統為卷一，今按本經分作上下二卷，每卷又次為上下，而以《集說》一卷附於後，共裝五本，仍其名曰《湘薌漫錄》。燮勤等檢藏鐫版，既感且泣。未梓各卷，謹俟異日陸續增刊，不敢泯先君子手澤之教也。嗚呼，不孝等違侍先君子側今二十年矣，又以早年輟讀，而於聖賢經史之學鮮所講明。集中之魚豕混訛別淮舛漏，知所不免，請以正之博學君子。道光二十年七月立秋日，男燮勤、暐敬識。

◎民國《天津縣新志》卷二十三之一《藝文》一著錄刻本存：是書總名《湘薌漫錄》，牛鑒序云：「先生曩有《采芳隨筆》，詞采雅瞻，顧不足為先生重。惟是書以人事言天道，其有裨于世教匪淺鮮。」費庚吉序謂是書以經為經，以史為緯，其義正，其學博，其詞典而賅，其旨微而顯。

◎查彬（1762～1821），字伯埜，號憩亭，又號湘薌（道人）。天津人。查為義孫。乾隆四十八年（1783）舉人、四十九年（1784）進士。歷知安徽鳳臺、懷寧等縣，鄭州、信陽等州。工書蘭竹，兼寫意花卉。著有《六十卦經史匯參》、《采芳隨筆》、《小息舫詩草》諸書。

查彬 易經集說 一卷 存

國圖、北大、南京、天津、山東、中科院藏道光十九年（1839）查燮勤有懷堂刻湘薌漫錄附本

查敦倫 周易合講 佚

◎道光《涇縣續志》卷九《藝文》：查敦倫《周易合講》《周官串說》《四書典註》。

◎查敦倫，安徽涇縣人。著有《周易合講》《周官串說》《四書典註》。

查慎行 易說 一卷 存

山東藏1919年重修道光吳江沈廷鏞沈氏世楷堂刻昭代叢書・己集廣編本

◎條目：河圖說一、河圖說二、橫圖圓圖方圖說、卦變說、天根月窟考、八卦相錯說、辟卦說一、辟卦說二、中爻說、中爻互體說、廣八卦說。

◎易說跋：國朝說經諸儒，類不工詩。若詞章名家，其於經學則概乎未之聞也。悔餘先生為浙西詩壇鉅手，而《周易玩辭集解》獨能探根躡窟乃爾，殆真能者無所不可耶？卷首雜說十一篇最為精核，可謂發前人所未發。因亟錄之。丙辰元夕，震澤楊復吉識。

◎查慎行（1650～1727），字悔餘，號初白。原名嗣璉，字夏重。浙江海寧人。康熙四十二年（1703）進士，官翰林院編修。嘗從黃宗羲、錢澄學。早

年從軍西南。又著有《西江志經籍志》三卷、《初白庵藏珍記》一卷、《初白庵題跋》一卷、《初白庵尺牘》二卷、《得樹樓雜鈔》十五卷、《敬業堂雜錄》一卷、《敬業堂詩集》、《補注東坡編年詩》等。

查慎行 周易玩辭集解 十卷 首一卷 存

四庫本

南京藏康熙十八年（1679）刻本

國圖藏乾隆十八年（1749）刻本

山東藏臺北商務印書館 1983 年景印文淵閣四庫全書影印國立故宮博物院藏本

◎周易玩辭集解原序：慎行童而讀易，白首而未得其解也。則仍於聖人之辭，求之始而玩卦辭爻辭，繼而玩彖傳大小象辭，務於聖人之辭字字求著落詮釋。其求諸經文而不得，必先考之注疏，復參以諸儒之說，不敢偏徇一解，亦非敢妄立異同。平心和氣，惟是之歸。管窺蠡測，亦間附一二。雍正甲辰三月既望，查慎行識，時年七十有五。

◎沈起元序〔註 3〕：堯舜以前無書。易始伏羲，有畫無文，非書也。古聖人無著書者，著書自文周始，彖爻是已。孔子所著無他書，惟《易經十翼》，是數千年間合四聖人而始成一書。羲之卦畫闡於文周之辭，文周彖爻傳於孔子之辭，故曰聖人之情見乎辭。則學易者捨玩辭曷由？乃後之言易者或捨文周之辭而求卦畫，或捨孔子之辭自立一解以釋彖爻，宜乎易道日晦。海寧查悔餘先生為余詞館前輩，蹤跡闊疏〔註 4〕。向聞有《玩辭集解》稿，嘗從家編修椒園所索之。椒園，先生高第子也。未即得觀〔註 5〕。及余纂《周易孔義集說》成，而椒園已梓先生《集解》問世，攜以贈余。讀之〔註 6〕，而嘆先生之於易深矣〔註 7〕。先生之學主於玩辭，而於辭也〔註 8〕，則曰字求著落，不狥一解，不立異同，平心和氣，惟是之歸。宜於前儒之言擇焉而精，於前儒所未

〔註 3〕又見於沈起元《敬亭文稿》卷二，題《周易玩辭集解序》（甲戌）。文有小異。

〔註 4〕沈起元《敬亭文稿》卷二「蹤跡闊疏」作「未及一見」。

〔註 5〕沈起元《敬亭文稿》卷二無「觀」字。

〔註 6〕沈起元《敬亭文稿》卷二無「攜以贈」三字。

〔註 7〕沈起元《敬亭文稿》卷二「深矣」作「何與余言所吻合也」。

〔註 8〕沈起元《敬亭文稿》卷二「先生之學主於玩辭，而於辭也」作「之玩辭也，則」。

言或前儒所已言而先生偶未及見者，皆有心造默契之妙，可見聖人之情之見於辭者，固極易簡，人人共見。特鹵莽者、依聲附和者失之耳。余為《集說》，十年中易稿者數四。以孔傳求文周彖爻，而於羣言紛淆彷徨莫從時，輒廢寢食忘憂樂，乃得渙然冰釋之趣。然念末學譾陋，有獲罪於古昔大儒者，惴惴慄慄而不敢安。今得先生書，一一印正，始信余書之不盡誣、余見之不大悖於聖經矣。然倘得追隨几杖，以余所纂質之先生，相與商榷，辨析於銖兩毫忽之際，其樂何如！則又恨余生少晚未及見〔註 9〕也。昔歐陽永叔黜河圖洛書之不經，謂「千載後必有同吾說者」〔註 10〕，及得廖偁《朱陵編》，意與相合，以為不相求而相得，因序其文集，意甚喜。今余於先生，亦有不相求而相得者，謹附弁語於簡末以志景仰云〔註 11〕。乾隆癸酉秋九月，太倉館後學沈起元拜書〔註 12〕。

◎吳騫《愚谷文存續編》卷一《查初白先生年譜序》：先生學博而志宏，少年足跡半宇內。於書無所不窺，卓然為當世儒宗。所著《周易玩辭集解》及《敬業堂全集》，並錄入欽定四庫全書，而詩學尤為海內談詩家首屈一指。

◎卷首一卷：河圖說（二條）、橫圖圓圖方圖說、卦變說、天根月窟考、八卦相錯說、辟卦說（二條）、中爻說、中爻互體說、廣八卦說。

◎乾隆《杭州府志》卷五十七《藝文》一：《周易玩辭集解》十卷（國朝編修海寧查慎行悔餘撰。文淵閣著錄）。

◎何熠彥《易經遵孔八哲類稿》卷十二《集哲》：查氏慎行《周易玩詞集解》，其《河圖說》《卦變說》《天根月窟考》《八卦相錯說》《辟卦說》《中爻互體說》《廣八卦說》不過其辨證固具有根據耳。

◎四庫提要：慎行受業黃宗羲，故能不惑於圖書之學。卷首《河圖說》二篇，一謂河圖之數，聖人非因之以作易，乃因之以用蓍，自漢唐以下未有列於經之前者。一謂河圖出於讖緯，而附以朱子亦用河圖生蓍之證。次為《橫圖圓圖方圖說》，論其順逆、加減、奇偶相錯之理。次為《變卦說》，謂變卦為朱子之易，非孔子之易。次為《天根月窟考》，列諸家之說凡六，而以為老氏雙修性命之學，無關於易。次為《八卦相錯說》，謂相錯是對待，非流行，又

〔註 9〕沈起元《敬亭文稿》卷二無「未及見」三字。
〔註 10〕沈起元《敬亭文稿》卷二無「謂千載後必有同吾說者」句。
〔註 11〕沈起元《敬亭文稿》卷二無「云」字。
〔註 12〕沈起元《敬亭文稿》卷二無此句。

謂相錯祗八卦，非六十四卦相錯。次為《辟卦說》二：一論十二月自然之序，一論陰陽升降不外乾、坤。次為《中爻說》，以孔穎達用二、五者為是。次為《中爻互體說》，謂正體則二、五居中，互體則三、四居中，三、四之中由變而成。次為《廣八卦說》，謂《說卦》取象不盡可解，當闕所疑。其言皆明白篤實，足破外學附會之疑。經文次序用注疏本。乾卦之末有注曰：「案胡云峰《本義通釋》，乾坤二卦自《文言》起至末別為一卷，編在《說卦》之前，竊意《本義》原本當如是，而通釋遵之，今原本不復見矣」云云，蓋未見劉容刻本者。案容之舊刻，聖祖仁皇帝特命開雕，慎行侍直內廷何以不見？其理殆不可解。然其說經則大抵醇正而簡明，在近時講易之家特為可取焉。

查天秩 周易真傳 佚

◎嘉慶《涇縣志》卷十八《文苑》：尤於諸經註疏辯晰精詳，著有《周易真傳》《鳴鳳軒稿》(《採訪冊》)。

◎嘉慶《涇縣志》卷二十六《藝文》：查天秩《易學真傳》(《採訪冊》)。

◎查天秩，字庸五。安徽涇縣人。幼穎悟，工文詞，有聲庠序。

翟衡璣 太極會通 六卷 存

山東藏民國鉛印本

◎《續四庫總目提要》：此書之說似受道家影響頗深。綜觀全書之旨，乃以太極為會歸，以圖書為大用。而以禮樂為治世之根本。天地之氣，不外陰陽，陰陽之發端在禮樂。故治平之術，禮樂為先。

◎尚秉和《易說評議》卷十一（摘錄）：觀其書，殆近世習道教者之所為。故其自負，妄誕不經，謂是書經六緯，發明天地人一氣之微，羲、文、周、孔往矣，孟子而後成不傳之絕學，道明而中國其昌。

◎翟衡璣，字孚侯。湖南武岡人。附生。選江蘇候補道。深研《易經》。又著有《權言》一卷、《丁巳消寒錄》、《清署湖南布政使杜君雲秋事略》。

翟均廉 易傳辨異 四卷 佚

◎乾隆《杭州府志》卷五十七《藝文》一：《易傳辨異》四卷（國朝中書仁和翟均廉春沚撰。文淵閣著錄）。

◎翟均廉，字春沚。浙江仁和（今杭州）人。乾隆乙酉舉人，官內閣中書舍人。又著有《海塘錄》二十六卷。

翟均廉 周易章句證異 十二卷 存

四庫本

上海藏民國廬江劉氏遠碧樓鈔本（十一卷）

商務印書館 1934 年四庫全書珍本初集影印文淵閣本

山東藏臺北成文出版社 1976 年無求備齋易經集成影印文淵閣四庫全書本

山東藏臺北商務印書館 1983 年景印文淵閣四庫全書影印國立故宮博物院藏本

山東藏臺灣新文豐出版公司 1983 年大易類聚初集影印文淵閣四庫全書本（附王太嶽等撰校勘記）

◎何焆彥《易經遵孔八晢類稿》卷十二《集晢》：翟氏均廉《周易章句證異》，皆考究諸本，辨《周易》篇章字句之同異，固校勘頗為精密者也。

◎四庫提要（題十一卷）：是書《周易》古今諸本同異之處互相考證，如李鼎祚卦辭前分冠《序卦》；周燔卦辭前列《大象》，卦辭後列《彖傳》；趙汝楳卦辭前列《大象》，卦辭後列《彖傳》，次《文言》，次爻辭；李過、方逢辰乾卦卦辭後列《彖傳》，次《文言》釋彖辭，次《大象》，次爻辭；蔡淵卦辭後列《大象》，次《彖傳》，《文言》別為一傳，傳低一字；王洙於篇中不載卦辭，別為一篇之類，此篇章之同異也。如乾卦三爻，孟喜作夕「惕惕若夤」句、「厲無咎」句，荀爽、虞翻、王弼作「夕惕若厲」句，邵子、朱震、朱子作「夕惕若」句，此句讀之同異也。逐卦逐爻悉為臚列，間或附以己意，以「廉案」二字別之。古今本異同之處校勘頗為精密。雖近時之書，而所言皆有依據，轉勝郭、京《舉正》以意刊改，托言於王、韓舊本者也。

◎丁福保《疇隱居士自訂年譜》：漢人讀經之法，各有師承。欲知其詳，古人之書宜考《經典釋文》，今人之書宜考翟均《周易章句證異》、吳廷華《儀禮章句》、翟灝《四書考異》、武億《經讀考異》。有此五書，章句之學事半功倍矣。

◎潘雨廷《讀易提要》卷八（摘錄）：是書無序跋，已自署官爵，故成書之年，以中舉後二年（1767）論。《四庫》所收之易著，是書為殿。全書以古本《周易》二篇十翼為十二卷，遍引各家異文、異音、異義、句讀，及《繫辭》以下之分章，凡自許氏《說文》、陸氏《釋文》、呂氏《音訓》等所引，及宋儒之異同，以及近人黃宗炎、惠棟、毛奇齡等諸家之說，悉加臚列，博采廣徵，可云詳焉。間附己意，則加「案」字。然則所加之案語未多，可謂引而未發，故此書徒為學易之工具耳。至於《繫辭》、《說卦》詳載各家所分之章次，則為前人所未及；合而觀之，分章之得失易見，殊便參考。惜於顛亂經文之處，亦惟引徵而未加一語以明其非，未免葸矣。

翟可先 周易晰奧 十卷 存

南京、湖北、陝西藏嘉慶八年（1803）翟永江留耕堂校刻本

◎《中國古籍總目》著錄作者為翟可聖。

◎嘉慶《涇縣志》卷二十六《藝文》：翟可先《周易晰奧》（採訪冊）。

◎翟可先，字聖從。安徽涇縣人。康熙庚子歲貢生。敦品力學，淹通經籍。又著有《虹崖詩草》。

翟士怡 易象圖說 佚

◎道光《涇縣續志》卷三《文苑》翟士怡《上茗山莊遺集》條：怡六世孫漱芳搜錄遺稿，得古文雜著二本。因起《易象圖說》另為一編，而以古文詩賦合為一集，名曰《上茗山莊遺集》。上茗山莊者，怡讀書處也。

◎道光《涇縣續志》卷四《人物》：生平博覽羣書，尤精於易。所著有《易象圖說》《上茗山莊遺集》，多散佚，六世孫漱芳為蒐輯之。

◎道光《涇縣續志》卷九《藝文》：翟士怡《易象圖說》（士怡六世姪孫漱芳有序），案舊志失載，嘉慶丙子歲，怡六世姪孫漱芳搜遺稿得之族屬。初在古文雜著中，漱芳另編為一帙，而以是名。內附卦贊五首。

◎翟士怡，字子黎，號志平。安徽涇縣人。著有《易象圖說》《上茗山莊遺集》。

翟世琪 周易闡韻 佚

◎《博山西河翟氏世譜》：經學淵博，尤邃於易。所著有《周易單蘊》數十卷，藏於家。

◎翟世琪（？～1674），字湛持，號堪博。行二。山東益都人。順治二年（1645）舉人、十六年（1659）進士，翰林院檢討。任黎平饒州府推官，集磁戶造青磁《易經》一部。改陝西同州府韓城縣知縣，敕授文林郎，殉難節。嘉慶初，查閱陣亡諸臣，奉諭世襲，因後人無承認者，事遂寢。

翟熙工 易漢學 二卷 佚

◎民國《四續掖縣志》卷六《著述》：翟熙工《易漢學》二卷、《嶗山筆談》、《算勝》四卷、《靜壽山房詩文存》二卷。

◎孫葆田《山東通志》卷百二十七《藝文志》第十：是書見《校經室文集》。

◎翟熙工，山東掖縣人。翟云升孫。歲貢。同治元年（1862）舉孝廉方正。

翟云升 焦氏易林校略 十六卷 存

道光二十八年（1848）刻本

◎卷十六末附本書互勘諸辭刪去之文、本辭誤牽它辭刪去之文、宋校本缺文、重刊宋校本咸七卦異文、何本同人十卦攷異、它書所引無所附麗之文。

◎焦氏易林校略序：世所行《焦氏易林》無善本，宋槧亦交相齟齬，蓋傳寫傳刻為後人改竄顛倒割裂，久失真矣。勘以各本，證以諸書，參以它說而是正之，庶幾其有裨乎？余閉戶養疴，藉校此書以遣悶者閱六七年。遠紹旁搜不遺餘力，大率得其強半，而存攷未詳者仍縣，疑之或之者仍闕，衍文未審所歸，缺文未知所補，非一卦之辭不敢妄為離合，一作某辭一作某字不容臆為從違。至卷後所附六條尤如係風捕景，終不可得。咎固在聞見隘、學識淺，亦以捄積弊、難為功耳。竊謂非窮素祕本爛孰、羣書遍訪通人，不能更有進境；非洞曉四十九、十六卦之奧旨，不能復還本來面目也。故曰《校略》云爾。尚望同心匡予不逮。道光二十八年太歲在戊申長至前三日，東萊翟云升書。

◎棲霞牟陌人（庭）校正崔氏易林序（附錄備攷）：《隋書·經籍志》載《易林》十六卷、《易林變占》十六卷，皆云焦贛撰。今世所傳《易林》本有漢時舊序曰：「六十四卦變占者，王莽時建信天水焦延壽之所撰也。」余每觀此而甚惑焉。據《漢書·儒林傳·京房傳》，焦延壽是昭宣時人，何為乃言王莽時？焦延壽梁人也，何故而言建信天水？王莽改千乘郡曰建信、改天水郡曰填戎，則莽時有建信而無天水，且二郡不相屬，建信天水非可兼稱也。又其序假名費直。費直生在宣元閒，豈知天下有王莽時人哉？云王莽時者，定是東漢人語爾。劉向《別錄》、歆《七略》皆無《易林》，故《藝文志》亦無之，豈有費直表章於前而二劉尚不著錄於後耶？傳稱焦延壽為小黃令，以候伺先知姦邪盜賊不得發，其說長於災變、分卦、直日、用事，以風雨寒溫為候，而京房奏考功法、論消息卦氣，皆傳焦氏學。然則焦、京家法殊不似《易林》。《易林》乃觀象玩辭，非言災變者也，何以為焦延壽之書？余竊疑此久矣，未有以決之也。一日檢《後漢書・儒林傳》：「孔僖拜臨晉令，崔駰以《家林》筮之」，又檢《崔駰傳》云：「駰祖篆，王莽時為建新大尹，稱疾去。在建武初客居滎陽，閉門潛思，著《周易林》六十四篇」，余於是執卷惝怳，忽而笑曰：余乃知之矣。《易林》者，王莽時建新大尹崔延壽之所撰也。新信聲同，大尹形誤為天水，崔形誤為焦。崔篆蓋字延壽，與焦贛名偶同。寫者知有焦延壽，不知有崔延壽，此所以致誤也。既誤崔為焦，因復改篆為贛。下文稱贛者再，本皆當作篆。寫者妄改之，又妄意取《儒林傳》語「焦延壽獨得隱士之說」九字附益其後，而詞理不屬若贅疣然，非其本文，甚易見。本係東漢人之筆，而不著其名，遭遇妄人，輒加「東萊費直長翁曰」七字以冠之。彼似見《儒林傳》焦、京之後即云「費直字長翁，東萊人也」，因此造意，尤蚩蚩可笑。余觀《文選注》引《東觀漢記》云：「永平五年秋，京師少雨，上御雲臺，占《周易卦林》曰『蟻封戶穴，大雨將集』。明日大雨，詔書問沛獻王輔曰：『道豈有是耶？』輔上言曰：『按易卦，震之蹇蟻封戶穴，大雨將集。蹇艮下坎上，艮為山，坎為水，出雲為雨，蟻穴居而知雨，將雲雨，蟻封穴，故以蟻為興文。』詔報曰：善哉！王次序之。」以是知沛獻王輔嘗受詔次序《易林》矣。疑舊序或出輔手耶？非耶？余無以明之，然要為東漢人之筆無疑，未知傳至何時，遂成譌謬，加以改竄。《隋書・經籍志》輒據之，以崔篆之書嫁名焦贛，遙遙千餘年遂無覺者。幸而誤序猶存，俾余得尋迹所由，復覩其真。校書得此，曠然有發蒙之樂矣。古人遺迹信不可忽，雖譌謬，猶足寶貴若此。使余向者視為駮文而棄置不思，何由得此樂哉？又使當時妄者若稍知時地，將復改王莽為宣帝、改建信天水為小黃令或為梁國，則余今日亦茫然失據無以證明。而主人失書，終不復還，豈不惜哉？賴其人不甚知書，乃留此誤證，以待余之尋究也，此天幸也。余嘗讀《後漢書・方術傳》云：「許曼祖峻字季山，亦有著《易林》行於世，峻少時遇泰山道士張巨君，授以卜占之術，多顯驗，時人方之前世京房。曼傳峻學，筮隴西太守經笥赤蛇，奇中。」觀其作卦應驗之意，與崔篆《易林》實不同。峻所著當是《火珠林》，即金錢卜數也。世或謂《火珠林》亦傳自焦、京，不知乃出許季山，今并當還之。焦氏自是陰陽家，許氏以卦爻納十二支而決吉凶，是五行家。崔氏廣《繫辭》，經學支裔也，豈可混乎？許氏之書，《隋志》亦名《易林》；崔氏之書，《隋志》名為《易林變占》，王俞序名為《大易通變》，漢序名為《六十四卦變占》，《東觀漢記》名為《周易卦林》，崔駰名為《家林》，本傳名《易林》，皆同實。余既以兩《漢書》訂正舊序，的知《易林》非焦贛書，久假當歸，改題曰《崔氏易林》。又以為篆生無妄之世，為母兄所屈，受符乃遯，慚愧終身，不當稱建新大尹，傷其平生之志，故改署曰漢涿郡安平崔篆著。考論已定，輒復走筆為序，以告天下後世嗜讀《易林》者。儻有其人，得余記，欣然而色喜也。嘉慶二十一年丙子春三月十二日，棲霞牟庭陌人撰。

◎丁晏《書翟氏牟氏易林校略後》：甲寅秋，余撰《易林釋文》既畢，越兩月，得東萊翟氏云升、棲霞牟氏庭《校略》本，注義簡質，校正詳慎，頗具苦心，視黃本為善矣。然如「箕仁入室」改作「飢人入室」、「反得大栗」改作「反得丹穴」、「餌吉知來」改作「乾鵲知來」、「哀相無極」改作「衷袓無極」，並承黃本之譌。其肊改之失亦如黃氏，如乾之坎云「黃鳥來集」，黃本作采蓁，《校略》改蓁為菑，非也；需之恒云「蝸螺生子」，即蝸蠃之異文，《校略》改蝸為蟣，非也；又如屯之觀云「為王妃后，莊公築館」，與《左傳》莊公築王姬館合，不必改莊為桓也；屯之大畜云「逢禹巡狩，錫我元圭」與《虞書》禹錫元圭合，不必改禹為舜也；蒙之比云「豕生魚魴」，與《京房易傳》豕生魚合，不必改豕為家也；大畜之臨云「六家作權，公卿剖分」，六卿分晉之室，故下文云「唐叔失明」，不必改六為三也；萃之噬嗑云「文定厥祥，康叔受福」，康叔為文之昭，故上文云「文定厥祥」，不必改康為唐也；井之隨云「蜺見不祥」，蜺占不祥，不必改為隘女之蜺也；井之漸云「黃虹之野」，黃虹為瑞，不必改為朝虹之草也；改大過之茅筋為茅蕝；改困之三旅為三閭，凡此《校略》所改，皆武斷之甚者也。其尤異者，《校略》大題為《焦氏易林》，《牟序》直稱為《崔氏易林》。據《後漢書・崔駰傳》：「祖篆王莽時箸《周易林》六十四篇」，牟氏謂《易林》乃莽時建新大尹崔延壽撰，新信聲同、大尹誤為天水、崔形誤為焦，崔篆蓋字延壽。以二千年之舊名，一旦而改移崔氏，其說甚怪。竊未敢以為然也。牟據漢費直舊序云「六十四卦變占者，王莽時建信天水焦延壽所撰」，晏案西漢諸儒未有代人作序者。孔安國《尚書序》自序其書，亦係偽托，此費直之序必依托也。《漢書》稱費易「亡章句，徒以《彖》、《象》、《繫辭》十篇、《文言》解說上下經。」《藝文志》無費氏篇目。費易本無章解，烏有為人敘述者乎？延壽為梁人，《漢書》稱為小黃令。

小黃屬梁國地，於建信、天水何與焉？宋本原有此序，程迥、晁公武皆引之，鄭端簡公謂「延壽與孟喜、高相同時，非王莽時。費直亦非王莽時人」，宋人固疑費序之偽矣。牟氏亦云：「序假名費直，妄人加『東萊費直長翁曰』七字」，既明知舊序之偽，猶據以為莽時，且謂「崔篆蓋字延壽」，蓋者疑辭。徧檢書傳，篆無延壽之字。肊說紛騰，疑誤後學。夫何取焉？牟又引《東觀漢記》永平五年占《周易卦林》：「蟻封穴戶，大雨將集。」詔問沛獻王輔，為《易林》震之蹇文。晏案王厚齋《漢志考》亦引《東觀記》此文，薛季宣序引同，並稱以《京氏易林》占之。後漢沛獻王輔傳善說《京氏易》，京為延壽弟子，是為焦氏之學確有明徵，其非崔氏亦明矣。牟又引《後漢·儒林傳》孔僖臨晉令，崔駰以《家林》筮之。晏案李賢此注崔篆所作《易林》也。《郎顗傳》「九日三公」李賢注引焦延壽分卦直日之法，《張衡傳》李賢注又引《焦氏易林》，明焦氏與崔氏各自為書，章懷之注甚晰。《隋書·經籍志》云：「《易林》十六卷，《易林變占》十六卷」，並云「焦贛撰」。梁又三十卷。《唐書·藝文志》：《焦氏周易林》十六卷，注云「焦贛」；崔氏《周易林》十六卷，注云「崔篆」。焦、崔志別為二，未嘗溷為一也。唐會昌中王俞序云：「延壽所著《大易通變》其卦總四千九十六題。」徐堅《初學記》、歐陽詢《藝文類聚》皆唐初人，俱引《焦氏易林》，未嘗以為崔氏，後人何由而肊斷之乎？翟氏又引宋李石《續博物志》：「後漢崔篆著《易林》，或曰《卦林》，或曰《象林》，自唐以來言《易林》者皆稱焦氏，惟石得其實。」晏案李石所引即范書之文，以廣異聞，未嘗指此《易林》即為崔氏。翟云「得實」是為厚誣古人，原書具在，可覆審也。翟又引同人之豫、鼎之節云：「『安民呼池』謂安民縣，始於王莽，時在焦氏後，皆是崔非焦之證。」晏案毛本同人之豫曰「按民湖池」，黃本作「按民呼池」，翟本又改「安民」，肊改遷就，不可从也。夫曲學阿世古人所譏，實事其是先儒所貴，晏既錄其說之精覈者標其姓氏箸於篇後，復書其竄改之失，將以匡救其非，就正有道。知我罪我，以俟後之君子而已。甲寅中冬月幾望，丁晏書後。

◎翟云升（1776～1858），字舜堂，號文泉，別署東林掖人。山東掖縣（今萊州市）人。少年聰穎，弱冠屬文，抉關雎之奧，塾師避席。嘉慶五年以第五人舉於鄉，選黃縣教諭，旋告歸。道光元年（1821）舉孝廉方正，力卻之。二年（1822）成進士，授粵西知縣，以母病老不仕。濰陽陳文恪薦授國子監丞亦不赴。視世之榮悴若於己無與者，而惟鍵戶修業終其身，窮困老死而不悔。

貫通經史，性耽六書，於五經歲遍齋中，歲讀五經無少閑，尤嗜隸古、吉金、樂石，搜奇日富，蓋寢食於中四十餘年。尤精小學，時人謂其《說文》之學擬嚴可均、段玉裁，音韻之學比顧炎武、江永，訓詁之學等郝懿行、王引之。著有《校正古今人表》九卷、《焦氏易林校略》十六卷、《覆校穆天子傳》六卷補遺一卷，合稱《五經歲遍齋校書三種》；又著有《說文辨異》八卷、《說文形聲後案》四卷、《肄許外篇》二卷合稱《五經歲遍齋許學三書》；又著有《說文偁經證》四卷、《隸篇》十五卷續十五卷再續十五卷、《隸樣》八卷後編不分卷、《古韻證》二十二卷、《韻字鑒》四卷、《五經歲遍齋叢鈔》不分卷、《古文雜著》無卷數、《翟云升致能甫書》一卷、《五經歲遍齋詩文存》不分卷、《翟云升書劄》一卷、《翟文泉遺書》不分卷。

詹大衢 大易疏晦 五卷 首一卷 存

北大藏康熙二十四年（1685）蔣寅刻本

◎徐元文序：〔註 13〕齊安詹子麗朋，潛心易學，著《大易疏晦》一編，其意以為晦庵朱子《本義》學易之正宗也，因專取《本義》疏之。書成，問序於余。余何敢言知易？然竊願學之。因為序其端曰：自商瞿子木受易以來，古今論易者不下千百家，而皆未必足盡四聖人之蘊，然其言易指要則已兩變：西漢自孟喜、焦贛之徒以易候陰陽察災變，而其為說率流為術數；至王輔嗣而一暢以名理，於是魏晉以後之言易者宗之，此唐孔穎達《正義》之所由述也。至宋而濂溪二程、橫渠諸大儒研窮義理，深契潔淨精微之旨，而一棄夫象數之迹。至朱晦翁而獨本之象占，於是宋元以後之言易者宗之，此明胡廣、楊榮輩《大全》之所由集也。然《大全》之書，《程傳》與《本義》並行，而晦翁之稱《易傳》，至謂其因時立教以承三聖，不同於法而同於道，其於茂叔之《通書》《圖說》、明道之《語錄》《遺書》、子厚之《正蒙》《易說》《近思錄》中採其要而編之，固未嘗略義理而獨尊象數也。即《本義》一書，首載河洛之圖書，次列先天後天之卦位，而繼附以陰陽卦變之說。畫前有易，原非必專言卜筮，豈容僅以象占立說？即言象占，他如東陽助之《物象釋疑》、成元英之《九宮流演》、劉長民之《易數鈎隱》、鄭揚庭之乾坤姤復大小父母，皆精於象數之傳，亦無庸墨守《本義》，況今之《本義》已非舊本。紫陽之書自卷首九圖而下，兩經、十翼各自為卷，庶幾孔門之舊。今乃顛倒割裂以從《程

〔註 13〕又見於徐元文《含經堂集》卷二十三，題《大易疏晦序》。

傳》之本，亂紫陽《周易》古本之序。世皆因仍其陋未有能改正之者。乃《疏晦》之書獨尊《本義》而用今本者何邪？吾知麗朋之意，蓋以《彖》、《象》、《文言》釋經。自費直而後，東京之荀、劉、馬、鄭已悉遵之，輔嗣、伊川亦相承而不變，固無害其為釋經之體也。而河圖洛書必本圖南之舊而不易其名，先天後天確守康節之傳而明揭其說，則夫推廣漢上之說，以作卦變之圖，用辭占變象之全以詮文周之旨，要亦不失四聖人作易之本然而已。蓋漢儒之說象數者或遺義理，宋儒之精義理者或畧象數。而《本義》以易為卜筮之書，雖主象占，而一裁以道義，固不至如京房、郭璞為卦氣、直日、納甲、飛伏之小數爾也。然則麗朋循循焉獨取晦翁《本義》而疏之，即謂與胡仲虎之《通釋》、蔡虛齋之《蒙引》、林次崖之《存疑》、陳紫峰之《通典》同為朱子之功臣可矣。

◎乾隆《黃岡縣志》卷八《人物志》：著作甚富，有《大易疏晦》四卷，發明朱子《本義》，及《孝經淪注》《黃安縣志》《環溪草堂集》《白燕堂集》行世，他書多散軼。

◎光緒《黃岡縣志》卷二十三《藝文志》：詹大衢《大易疏晦》四卷。

◎光緒《黃州府志》卷十九《人物志》：著有《大易疏晦》，於朱子《本義》大有發明。

◎光緒《黃州府志》卷三十二《藝文志》：《大易疏晦》四卷，黃岡詹大衢撰（《縣志》）。

◎詹大衢，字麗門（明），號陟園。湖北黃岡人。詹謹之次子。康熙二年（1672）副貢。授翰林院孔目，官黃陂縣教諭。著有《大易疏晦》、《孝經淪注》、《黃安縣志》、《環溪草堂集》、《白燕集》、《舫遊嚴臺》、《沈樓閑詠》、《寄遊黃山》。

詹官元 周易圖說 佚

◎民國《續修筠連縣志・凡例》：著有《周易圖說》一書，凡六冊，同治十二年以木刻出版於本縣，係以圖說易者也。今已殘缺不完矣。

◎詹官元，字懋夫。四川筠連縣人。文生。

詹國梁 周易闡翼 不分卷 存

南京藏道光二十三年（1843）刻本

詹鯤 周易集解 十一卷 首一卷 存

北大、遼寧、廣東省中山圖書館藏道光五年（1825）刻本

◎《山東省圖書館館藏易學書目》題詹鯤芸，誤。

◎光緒《饒平縣志》八：嘗著《周易集解》一部、《圖南稿》百餘篇，人多稱羨焉。

◎饒宗頤《潮州藝文志》卷一：詹教諭圖南，易學出於同里詹貢生仰龍。貢生邃於易義，教授鄉里，弟子甚眾，惟圖南獨得其秘。是書名曰《集解》，蓋多折衷師說，當時鋟板流傳，頗為士子所矜重也。

◎周按：是書為詹氏歷年授徒講解《周易折中》《周易述義》之作，採輯前儒之說以為初學入門之助。或謂乃詹氏與其業師詹仰龍合撰。

◎詹鯤，字芸圃，號圖南。廣東饒平縣饒洋鎮陳坑鄉人。嘉慶九年（1804）舉人。任博羅縣教諭。為人端正，尤精帖括易義。又著有《圖南稿》百餘篇。

詹明章 大易通義 佚

◎乾隆《海澄縣志》卷十三《人物志》：其學從太極圖玩索而入於易。尤精邃河圖、先天後天解說，發前人所未發。

◎乾隆《海澄縣志》卷二十《藝文志》：詹明章《四書提要》《易經提要》《大易通義》《河洛通解》《先後天卦說》《洛範啟要》《班馬合訂》《莊子同壇》。

◎光緒《漳州府志》卷四十一《藝文》：詹明章《四書提要》《易經提要》《大易通義》《洛範啟要》《河洛通解》《先後天卦說》《班馬合訂》《莊子同壇》。

◎張伯行《正誼堂續集》卷四《易經提要序》著錄。

◎彭祖賢《南畇老人自訂年譜》康熙五十年辛卯六十七歲：漳州老儒詹明章寄示易解。

◎詹明章（1628～1720），字莪士，號履園，又號兼山（先生）。福建漳州海澄縣人。客遊南北，晚年歸漳。郡守魏荔彤為築景雲樓使居之。

詹明章 洛範啟要 佚

◎張伯行《正誼堂續集》卷四《易經提要序》著錄。

◎乾隆《海澄縣志》卷二十三《藝文志》錄蔡世遠《詹兼山先生墓表》：

詹兼山先生者，隱君子也。年八十餘，篤行著書，手不釋卷，所著《易義》及《河洛解》等書皆已刊行。

◎光緒《江西通志》卷一百五十六《列傳》二十三：梅渭字文瀾，南城人。康熙鄉舉。少讀書目數行下，弱冠從外舅鄧炅學古文，南豐梁份、同邑王勖皆與為友。閩南詹明章寓盱，一見異之，與論易學。

詹明章 易經提要 佚

◎張伯行《易經提要序》〔註 14〕：大《易》者聖人寡過之書也，彌綸天地包蘊古今，其用著於卦爻而其情蘊於河洛。自河洛之理不明而卦爻之義遂晦，割裂穿鑿以為應世之資，欲求寡過，烏可得哉。余自通籍以來，宦遊四方，思得窮經之儒與之參究羲、文、周、孔真義，而竟寥寥。丁亥夏奉命來撫八閩，廣求稽古力行之士相與切磋以裨風教，諸公多為余言漳有隱君子詹明章峩士者，闇脩獨行之士也。余不啻心慕，令郡守物色之。詹子年已八十，精神健旺，不遠千里，惠然肯來。覩其辭貌懔懔，德讓居然，有道君子也。叩其所學，出《大易通義》《洛范啟要》諸書，詳考其說，蓋精湛於河洛之學者。又有《易經提要》一書，河東衛爾錫先生已為序而傳之，所謂天地陰陽之文無少差謬，先後正變之旨觸處洞然。反之於經既有定據，揆之於理當無復加。既已得其旨要矣，乃詹子未敢自信，而又質於余。余方思寡過未能，何足以言易哉？嘗聞沈元用問尹和靖程子《易傳》何處切要，尹云：「體用一源、顯微無間是切要處。」後來朱子舉似延平先生，延平曰：「尹說固好，然須看得六十四卦三百八十四爻都有下落方始說得此話。」今詹子於河圖洛書條晰極其分明，使人無纖芥之疑，於先後天卦爻發揮又極精確，而始為《提要》一書以授學者，則體用一源、顯微無間，詹子當必有以得之矣。詹子遯世無悶而立言自不可廢，雖未有知於今日，必有知於後世。余每嘉詹子之好學不倦、老而益篤，有相識恨晚之嘆，因序之以廣其傳。

詹文彬 易註正 佚

◎嘉慶《常寧縣志》卷二十二《藝文志·經籍》：《易註正》，詹文彬撰。

◎嘉慶《常寧縣志》卷十八《人物志·文苑》：著有《四書推》、《周易補義》、詩古文集十四卷，以家人不戒於火，悉付一炬，士林惜之。

〔註 14〕錄自《正誼堂續集》卷四。

◎詹文彬，字素文，號公達。湖南常寧人。歲貢生。性英敏，嗜經書，理解必宗程朱。年四十九夢授耒陽司鐸，覺曰：「何速也！」遂卒。

詹之吉 周易發蒙 佚

◎民國《重修婺源縣志》卷三十六《人物》九：彙纂《策學集成》《春秋比類匯參》《春秋提要》《周易發蒙》《傷寒旁訓》《金匱旁訓》《雜症匯要》等書藏於家。

◎詹之吉，字潤初。安徽婺源（今屬江西）龍灣人。庠生。資敏力學，涉獵羣書，屢躓棘闈，家居課讀，通醫術。

章懷瑗 周易粹語 佚

◎光緒《貴池縣志》卷二十七《人物志·文苑》：幼隨父孫虔在英山教諭官舍，鍵戶研經，邃於易學。嘗集先儒精義作《周易粹語》，具得秘旨。

◎章懷瑗，字蘧右。安徽貴池人。乾隆中歲貢。

章浦 易經注疏校勘記 佚

◎光緒《分水縣志》卷九《藝文志》：《易經注疏校勘記》，（國朝）章浦箸。

◎章浦，浙江分水（今桐廬）人。著有《易經注疏校勘記》。

章溥 易經發蒙 佚

◎光緒《重修嘉善縣志》卷三十《藝文志》一：《易經發蒙》（戈志。國朝章溥纂）。

◎章溥，字雲臺。浙江嘉善鳳喈橋人。道光十五年舉人。又著有《蘋花閣詩》十卷、《蘋花閣詞》六卷。

章世臣 傳家易傳義存疑 三卷 存

安徽、福建、湖北藏光緒十三年（1887）姑孰傳聚文堂刻本

◎一名《傳義存疑》《易傳義存疑》。

◎周按：是書謂易之有程子《易傳》、朱子《本義》，猶天之有日月也。日月者天之眼目，《傳》《義》者亦學易之眼目。然程朱之說往往《傳》得而《義》失，或《傳》失而《義》得，或《傳》《義》俱失而他說獨得，故先錄程朱《傳》《義》之文，次錄漢唐諸儒古義及御纂《周易折中》、《周易述義》諸書，於程朱易說疑義疏謬之處詳加辨正。

◎章世臣，字雷川，又字豸卿。安徽望江人。優貢生。咸豐元年（1851）舉孝廉方正，光緒初由繁昌教諭陞太平府教授。

章世臣 易經從善 佚

◎民國《當塗縣志》不分卷：所著《傳家易傳義存疑》三卷、《崇儒舉要》四卷、《綱目集覽正誤續辨》一卷已刊行；《易經人事疏證》《易經從善》《詩經從善》《周禮田賦稅》《春秋戰國王侯爵姓邨邑考畧》各若干卷待刊。

章世臣 周易人事疏證 八卷 存

四川藏光緒九年（1883）安徽鉛印本

國圖、北大、上海、南京、天津、湖北、山東藏宣統二年（1910）宋城同文書館鉛印本

臺中文聽閣圖書有限公司 2011 年晚清四部叢刊第五編影印宣統二年（1910）同文書館鉛印本

章世臣 周易人事疏證續編 四卷 存

國圖、北大、上海、南京、天津、湖北、山東藏宣統二年（1910）宋城同文書館鉛印本

章守待 周易定解 十二卷 佚

◎道光《續修桐城縣志》卷之十六《人物志·文苑》：著有《周易定解》十二卷、《左傳探珠》十六卷、《鋤經堂集》十四卷、《頤菴詩集》若干卷。

◎道光《續修桐城縣志》卷第二十一《藝文志》：《周易定解》（章守待撰）。

◎章守待，字眉二，一字觀頤，門人稱為砥殖先生。安徽桐城人。歲貢生。生平力學，以明道為宗。尤粹於《四書》與易學，旁及史傳子集，各有體會。卒年八十七。

章太炎等 易學論叢 存

臺灣廣文書局出版廣文編譯所輯易學叢書本

◎章太炎（1869～1936），名炳麟，字枚叔。初名學乘，後改名絳，號太炎，早年又號膏蘭室主人、劉子駿私淑弟子。浙江餘杭人。著述甚豐，著有《章氏叢書》《章氏叢書續編》《章氏叢書三編》《章太炎全集》《國學講習會略說》《國故論衡》《國學概論》《葑漢三言》《國學略說》《章炳麟論學集》《章

太炎書信集》《章太炎的白話文》《章太炎政論選集》《章太炎說文解字授課筆記》《太炎先生自定年譜》。與曾廣銓譯英國斯賓塞爾《斯賓塞爾文集》、日本岸本能武太《社會學》。又主筆《華國》、《制言》《民報》《時務報》《昌言報》《經世報》《實學報》《國粹學報》《亞東時報》《大共和日報》《譯書公會報》《臺灣日日新報》《教育今語雜誌》等刊。

章芝　易學管窺　一卷　存

嘉慶六年（1801）刻本

山東藏道光十二年（1832）趙氏右墨齋刻涇川叢書本

翟鳳翔 1927 年影印涇川叢書本

叢書集成初編本

叢書集成新編本

山東藏臺北成文出版社 1976 年無求備齋易經集成影印道光十二年（1832）刻涇川叢書本

◎刻跋：漢以來言易者無慮數百家，自王弼作註而諸家盡廢。唐李鼎祚彙為《集解》，不過存什一於千百。迨程子、朱子易傳出，雖理數所主各有不同，而易之大旨盡矣。然易者變也，變動不居而觀象玩辭、觀變玩占者皆各有其所自得，則亦有不容已者。非靈章先生《易學管窺》凡四冊，此其首冊也。既為之圖，又為之說，而綜錯互變之義誠有諸儒所未備者。昔青陽與七雲先生書序此書，以為數千年之奧旨由是而昭揭於天下，非過譽矣。其第二冊以下則逐卦釋之，有全卦，有總論，意在明白曉暢以便於初學者帖括之用。余故畧之，而專取是冊以為藝林之珍玩焉。先生之哲嗣曰紫三先生，諱台成，雍正甲辰進士。嘉慶六年正月，後學趙紹祖識。

◎嘉慶《寧國府志》卷二十《藝文志・書目》：《易學管窺》，章芝著（涇縣）。

◎嘉慶《涇縣志》卷十八《文苑》：篤志好學，尤精易理。著有《易學管窺》《爻象演義》諸書，識解超卓。

◎嘉慶《涇縣志》卷二十六《藝文》：章芝《易學管窺》四卷（錢《志》。青陽吳襄有序）。

◎嘉慶《寧國府志》卷二十九《人物志・文苑》：篤志好學，尤精易理。所著有《易學管窺》《爻象演義》諸書，識解超卓。

◎光緒《重修安徽通志》卷三百三十五《藝文志》：《易學管窺》四卷（涇縣章芝著）。

◎周按：俞檀亦著有《易學管窺》十五卷存世。

◎章芝，字非靈。安徽涇縣茂林都人。雍正初，邑令聘為西南社學長，誘誨後學，多所進益。子台，雍正甲辰進士。

章周 羲經遵註 佚

◎光緒《貴池縣志》卷二十七《人物志・文苑》：精研經學，著有《學庸集解》《羲經遵註》（《府志》）。

◎章周，安徽貴池人。以孝聞。年七十餘猶親課生徒。

章佐聖 周易時義注 佚

◎同治《祁門縣志》卷二十八《人物志・隱逸》：著有《麟經志在解》《大易時義註》《佛幻禪喜集》，未幾為僧。

◎道光《徽州府志》卷十二之六《人物志・隱逸》：章聖佐〔註15〕，字右臣。安徽祁門平里人，籍泰州。補邑諸生。甲申後歸里，戊子後賣卜於市後，稍稍授生徒，終非其志。所著有《麟經志在解》《大易時義註》《佛幻禪喜集》，未幾祝髮巖棲，不知所終。

◎道光《徽州府志》卷十五《藝文志》：章佐聖《周易時義注》（一作祁門人。《縣志》列之）。

◎民國《歙縣志》卷十五《藝文志・書目》：《周易時義注》（章佐聖）。

◎同治《祁門縣志》卷三十五《藝文志・書目》：章佐聖《麟經志在解》《大易時義註》《佛幻禪喜集》（以上道光《志》）。

◎章佐聖，字右臣。居平里。工詩文，善詞曲。籍泰州。以諸生久次歲薦。崇正甲申之變，遂歸里，識者呼為章明經，弗應。戊子城破，賣卜於市後，授生徒。

張豳 讀易偶筆淺言 佚

◎《中州藝文錄》《河南通志藝文志稿》著錄。

◎張豳，字西巘，號迂子。河南安陽人。廩生。

〔註15〕原文如此。

張丙嘉 占易秘解 一卷 存

國圖藏光緒二十二（1896）年刻本

海南出版社 2009 年孫國中點校本

◎目錄：

上篇占易秘解：占易秘解序、占易秘解敘、朱氏序、弁言、朱子筮儀、筮論、占法要論、卦象論、六爻俱靜、一動五靜、二動四靜、三動三靜、四動二靜、五動一靜、六爻俱動、跋。

中篇周易卦象：序。周易卦象敘。周易卦象卷一：周易上經乾卦象、坤卦象、屯卦象、蒙卦象、需卦象、訟卦象、師卦象、比卦象、小畜卦象、履卦象。周易卦象卷二：泰卦象、否卦象、同人卦象、大有卦象、謙卦象、豫卦象、隨卦象、蠱卦象、臨卦象、觀卦象、噬嗑卦象、賁卦象、剝卦象、復卦象、無妄卦象、大畜卦象、頤卦象、大過卦象、坎卦象、離卦象。周易卦象卷三：周易下經咸卦象、恒卦象、遁卦象、大壯卦象、晉卦象、明夷卦象、家人卦象、睽卦象、蹇卦象、解卦象、損卦象、益卦象、央卦象、媢卦象、萃卦象、升卦象。周易卦象卷四：困卦象、井卦象、革卦象、鼎卦象、震卦象、艮卦象、漸卦象、歸妹卦象、豐卦象、旅卦象、巽卦象、兌卦象、渙卦象、節卦象、中孚卦象、小過卦象、既濟卦象、未濟卦象。周易卦象卷五：繫辭上傳、繫辭下傳。周易卦象卷六：說卦傳，附錄邵子卦象，序卦傳、雜卦傳。

下篇：圖說、河圖、洛書、河洛圖說、伏羲八卦次序橫圖、伏羲八卦橫圖說、伏羲八卦方位圓圖、伏羲八卦圓圖說、伏羲六十四卦橫圖、伏羲六十四卦橫圖說、伏羲六十四卦圓圖、伏羲六十四卦方圖、伏羲六十四卦方圓圖說、文王八卦次序圖、文王八卦次序圖說、文王八卦方位圖、文王八卦方位圖說、朱子卦變圖、朱子卦變圖說。

◎占易秘解序：《易》為卜筮之書，自漢以來，卦氣占候、禨祥讖緯之說興而古義浸失，然古法猶時時散見於諸書。吾鄉龍西張君，積學士也，研精覃思，著《占易秘解》一卷，其于古法搜羅無遺，于古義尤多闡發。凡後世一切占驗之稍涉于術數者，盡舉而廓清之，而古聖人與民同患之意燦然復明于世。嘗為余言：「易者象也，六十四卦三百八十四爻之象皆非虛設，別成一書專論卦象」，蓋觀象玩占之功力深矣。張君宰畿甸有政聲，是真能以儒為吏者。光緒乙未醉司命日書于京邸，諸城徐會澧。

◎占易秘解敘：六經皆遭秦火，《周易》以卜筮之書獨存。然自漢以來言易者無慮數千百家，家異其書人異其說，紛紛聚訟靡所折衷。今之讀經者率皆自易始，而文辭奧邃莫可究竟，童而習之至老不解者比比也。張龍西大令慨古筮之失傳，考前人之成法，上據《左氏》，證以史乘，探庖羲重卦之本，闢《啟蒙》主占之訛，探賾索隱，研幾入微，運以精心，開其篇籥，使前賢未發之藏、遺文久墜之緒，粲然復明秩然有序，誠觀象之真詮、稽疑之正軌也。後有作者，不能及已。余弱冠服官即荒經業，百家之言茫茫煙海，益莫窺其涯涘，於君之書奚敢贊一詞？惟君之苦心孤詣實事求是，本經術以施諸政事者，於此可見一斑。孔子曰：「假我數年，五十以學易，可以無大過矣。」蘧伯玉曰：「人生五十而知四十九年之非。」今君行年五十，好學不倦。余行年五十，寡過未能。懼以終始，要以無咎為易之道，願與大令共勉焉。因繫數語於簡端。光緒庚寅六月，長白裕長謹敘。

◎朱氏序：不佞守保六載，獲與當世賢士大夫游，事友交資，良多受裨。張子龍西，以縣令需次會垣，共事讞局，一見如舊相識。凡疑難之案，不佞與諸局友所不能決者，得張子與從事，莫不奏刀騞然，迎刃而解。古人謂士之處世如錐處囊中穎脫而出者，張子殆其人耶？迨權篆慶都、高陽，兩邑皆以賦重差繁官民交困，張子受任，鉅細必親，因難見巧，為人所不能為，省人所不能省，既為閭閻留其有餘，而差務亦因以無誤。不遇盤根錯節，不足以別利器，非張子孰能當之？惜不能久任，旋以丁憂去職，兩邑士民至今猶稱頌不衰。張子天事過人，湛於經術，治行之優本於和學之篤。讀禮餘閒，究心易理。《易》以四聖人而成書，原以教人卜筮。自《周禮》太卜之官久廢，占驗之法不傳，後儒或專以義理解易，談數學者復以支離怪誕之說中之，而占驗遂為不傳之秘。蓋理者數之始也，數者理之積也，聖人作易，既合理與數而為書，後人何得歧理與數而為言乎？張子薈萃群書，以經解經，合理與數而一以貫之，語語皆人所欲言，語語皆人所不能言，而古聖人占驗之法遂昭然若揭於數千年之後。嗚呼，何其盛歟！不佞荒於學殖，懵於經義，況大易之精微，尤不能窺其萬一。因讀張子《占易秘解》，喜其說之先得我心，而為區區所不能為也，於是乎書。光緒十五年菊月，愚弟訥齋學人相州朱靖旬拜序。

◎弁言：少時不解易，亦不求甚解。及讀《春秋》內外傳諸書所載占易繇辭莫不斷驗如神，心竊異之。而占法無聞，亦付諸不解之解。夫一事不知，儒生之恥，矧包羲畫卦、文王演易、周孔繫辭，合群聖之精力萃於一書，縱不能窺其萬一，而觀象玩占，周史職之，春秋士大夫亦多能言之，此豈後之人必不可解者？而今年已知非穎矣。讀禮餘閒，究心易理，因取《仲氏易》并他書所載占易成案，視變爻之多寡而群分之，察主占之異同而類聚之，參觀互證，久之而管見一斑，猶以為未足，乃復取占易諸書悉心考究，其顯悖易理者無論矣。漢焦延壽《易林》用卦氣值日、揚子雲《太玄》次第亦全用焦法、後魏正光歷推四正卦術，雖皆根據卦爻，而各贅以辭、淫於數而離其宗。惟朱子《易學啟蒙》發明蓍筮理數並行，迄今七百八十年，學者宗之。然考其占法，疑義有二：一曰解占則專論易辭，一曰主占則專論卦變。考古成占互相刺謬，果孰得而孰失，將何違而何從？因思《繫辭上傳》第九章，朱子《本義》云：「此章言天地大衍之數，揲蓍求卦之法，然亦略矣。意其詳具於太卜筮人之官而今不可考耳，其可推者，《啟蒙》備言之。」然則《啟蒙》所言特就卦變之可推者而言之，朱子當日固非謂三代筮法不過如此也。以今考之，卦變即《彖傳》剛來柔進之類，乃生卦之法，非主占之法。生卦者卦之德，主占者蓍之德。卦之德方以智，智以藏往；蓍之德圓而神，神以知來。以藏往者知來，此所以與古不合歟！至以易辭解占，則夫易者象也，聖人立象以盡意，繫辭以盡言。如第以易辭解之，則未經繫辭之先，豈卦象尚不足言占耶？故古史解占，無論占彖占爻，皆不離乎卦之體象以為斷，書有未盡之言，象無不盡之意也。其主占則一動主本卦動爻，一靜主之卦靜爻；二動以之卦之上動主之，二靜以本卦之下靜主之；三動三靜兼占兩彖，俱動主之卦，俱靜主本卦。詳求其法，動靜相生，陰陽互易，與大衍之理數動合自然，果孰得孰失，將何違而何從歟？雖然，三代筮法既不盡傳，居今日而溯流探源，因占求法，幾何不貽〔註16〕扣槃捫燭之譏？第信而有徵，非虛而罔據。嘗就正岱東鄒太守，題其額曰《占易秘解》，用是匯集成編，略敘顛末而識之，若謂得古人不傳之秘，則吾豈敢！光緒十四年戊子中秋前三日，山左萊陽龍西張丙嘉識。

◎跋：歲在癸巳，義游京師，同學張龍西宰新昌，折柬來招，至則出其所著《周易卦象》及《占易秘解》，屬為參校。細加披閱，見其觀象玩占多前賢所未備，洵足闡發精微啟牖來學，慫恿梓行再三而後許。并謂義《辨惑篇》有可詳其所略者謬承采入，殆亦詩人不棄葑菲之意歟？六經不講久矣，龍西家世業儒，著有《禮記集腋》《月令集解》《類函摘要》《律例韻語》諸書，皆

〔註16〕周按：或有斷此句為「因占求法，幾何不貽」者，疑誤。

切實用。以及《新疆記略》《雪塞行吟》《癡人說夢》《續廉吏傳》凡數十百卷。而於《周易》一書尤殫精研慮閱數十年，雖公退之餘未嘗釋手。東坡云：「恨二十年相從知元章不盡」，今觀此書，豈管窺蠡測所及耶？校畢跋編末，聊以識是書刊刻之由，且以見吾兩人之有同契云。光緒二十一年秋次乙未六月十八日，海陽徐廣義谿南謹跋。

◎張丙嚞，字龍西。山東萊陽人。光緒乙亥順天副貢。誥授朝議大夫，任直隸肥鄉等縣知縣、尉州知州，光緒十七年（1891）知浙江新城縣事。又著有《續廉吏高士傳》二卷、《循良傳》四卷、《河渠匯覽》十六卷、《續讀史兵略》、《大清律例韻語》八卷、《靈壽縣蠶桑記》二卷、《癡人說夢》十卷、《龍西居士文稿》一卷。

張丙嚞 周易卦象 六卷 存

四川藏光緒十五年（1889）山東張氏刻本

國圖、上海、山東、遼寧藏光緒二十二年（1896）保陽刻本

海南出版社 2009 年孫國中點校本

◎末有圖說。

◎序：張龍西大令前以手著《占易秘解》見示，繙讀數過，知其邃於釋經，不僅精於遊藝。爰詢生平撰述，復見是編，蓋專言象數之蘊，後《秘解》而作者也。考聖門卜子夏、商瞿子木皆受易于孔子，漢興而京、焦、服、鄭、馬、陸、虞、王諸儒輩出，雖或論飛伏，或言納甲，或重爻辰，或主卦氣，支分派別互有異同，而授受源流去古未遠。所以訓詁舊文綜繹奧旨，要不失聖人觀象玩占之義。至王弼注行，專主義理，欲舉前賢占象之學一切掃去，致近老氏虛無玄妙之旨；且妄以俗書改易古文七十餘字，使秦燔未盡之書不獲以完璧垂久遠。至今講易家猶目為罪人。宋儒詳于性道略于象數，尚踵其轍。朱子雖有「溯流以觀，卻須先見象數的當下落」之言，而所作《本義》率未及此，意者其未竟之志歟？邵子《皇極經世》繫以「觀物」，是獨能肆力于徵實者；「得意忘象」之語，殆實獲于窮神達化之後，非空言于徵文考義之初也。夫天地開闢，有物而後有事，有事而後有理，《大學》先物格而後知至，其本末大可見矣。龍西有見于此，作《周易卦象》六卷，參考舊聞，證以心得，分條晰理，各附于《本義》之後，不高語空虛，不拘牽文學，無說經家之穿鑿，無說理家之支離。其于《說卦》一傳附錄漢以來諸家釋卦之言并邵子卦象，

加以注釋，繫朱子《啟蒙圖說》于卷尾，斠而詮之，易象之學至此應無遺蘊。所謂收拾零碎以歸實證者，亦可為紫陽之功臣、群賢之諍友矣。後之讀易者，由象數以求理，要不復茫無崖岸，當以是編為津梁焉。光緒庚寅六月既望，長白裕長謹序。

◎周易卦象序：夫易廣矣大矣，而占事知來百姓與能者，卦以象告也。聖人立象以盡意，君子觀象而玩占，得意忘象，談何容易。昔鄭東卿專取象，如以鼎為鼎，以小過為飛鳥，以革為小爐之類，朱子論之曰：「亦有義理，但學者須先領會得正當道理，然後於此等零碎處收拾以相資益，不為無補也。」他日又曰：「學易得其理則象數在其中，固是如此。然溯流以觀，卻須先見象數的當下落，方說得理不走作，不然事無實證，虛理易差也。」由前之說，明理為要；由後之說，觀象為先。足證二者廢一不可，乃觀其所著《本義》詳于理而略于象，雖曰象在其中，而不求卦爻以實之，倘所謂事無實證否耶？不揣譾陋，收拾零碎處集為卦象，經義則恪遵《本義》。遇有疑義，亦偶參臆見。至占易之法，則朱子《易學啟蒙》言占頗詳而不合于古，因考據成占，別為《占易秘解》，竊附于後以資參考。操戈入室非為寇也，亦猶是收拾零碎，以蘄至于不為無補焉已耳。光緒十五年己丑十月初吉，山左萊陽龍西居士張丙嚞自敘。

◎海南出版社 2009 年孫國中點校本錯誤極多，改易原文屢見，洵非佳作。

張步騫 易解經傳證 五卷 卷首一卷 存

北大、上海、南京山東藏同治十年（1871）養靜齋刻本

臺中文聽閣圖書有限公司 2010 年晚清四部叢刊第四編影印同治十年（1871）養靜齋刻本

◎卷前題：益陽張步騫乘槎氏註，男世鑄、晃、斌、倬，孫平舸嶼、峩崿、峴巘、岧崇校。

◎郭嵩燾《郭嵩燾全集・日記》同治九年十一月三十日：益陽張乘槎明經著《周易》，專取旁通為象，瞿塘來氏之支流也。屬為撰一序，實不暇及之。

◎同治《益陽縣志》卷十六《人物志・文苑》：好學深思，精易理。推闡來瞿塘參伍錯綜諸義，俱多心得。著《易解經傳證》，劉中丞崐、郭中丞嵩燾序以行世。

◎同治《益陽縣志》卷二十《人物志》下：《易解經傳證》（張步騫著）。

◎尚秉和《易學群書平議》卷五（摘錄）：是書大旨以明象為主，謂朱子《本義》等書舍象說理，與易潔靜精微之旨不合。謂玩來氏易始悟易中錯綜、中爻與取象之說，又觀焦贛《易林》始悟得旁通之說。故張氏說易，無處不以錯綜、中爻與旁通闡明易象，可謂知易之本原，勝於空談義理者。然考其所謂錯綜、所謂中爻與來氏說同外，又以互卦合上卦及互卦合下卦亦為中爻，不限於中四爻，此其與來氏微異者……蓋張氏以陋巷寒儒艱於得書，故雖苦心思索，終身玩易，而疎陋如是也。

◎張步騫，字乘槎。湖南益陽人。諸生。

張步騫 易理尋源 三卷 存

咸豐五年（1855）刻本

◎尚秉和《易學群書平議》卷五（摘錄）：此書據其題端小注，有所注全冊易尚未成編，茲因同學索稿參閱，暫將易中凡例、總論與辨證《朱注》《來注》處付之梓人，願以質疑於同學云云。則是步騫此書之成，蓋先於易解經傳證，而易解經傳證亦即本以此書為綱領者也。全書凡三卷，大意謂陰陽之理蘊於河圖，故羲之畫卦本於河圖，文本於羲，周本於文，孔又本羲、文、周公之旨，然則說易者必溯源於河圖而後可。

張步瀛 周易淺解 四卷 存

上海藏康熙三十年（1691）張氏滋德堂刻本

四庫存目叢書影印康熙三十年（1691）張氏滋德堂刻本

◎一名《滋德堂彙纂周易淺解》。

◎目錄：卷之一上經。卷之二下經。卷之三繫辭上傳、繫辭下傳。卷之四說卦傳、序卦傳、雜卦傳。

◎諸先生鑒定：京江張素存先生（玉書）、長水杜肇餘先生（臻）、古晉陳說巖先生（廷敬）、新城王阮亭先生（士禛）、晉安李厚庵先生（光地）、關中王嶽生先生（承祖）、大陵鄭彥卿先生（崑瑛）、滄州李丹麓先生（質素）、清湘鄧偉男先生（琪棻）、嵩陽耿逸庵先生（介）、周南楊蓮峰先生（鑣）、東垣裴蘆院先生（泰）。

◎同人參閱：鄭禹梅（梁）、楊耑木（中訥）、仇滄柱（兆鰲）、竇靜庵（克勤）、冉永光（覲祖）、李禮山（來章）、陳莘學（汝咸）、王德涵（克充）、徐武恭（元灝）、楊兼峰（艮）、何雲舉（金）、潘孟扶（樹枏）、陳襄水（子枘）、錢石臣（肇修）、胡京蒙（潤）、李于淩（雲祚）、惠元龍（周惕）、任在庵（璿）、李子蒼（錫）、王孚人（嘉孝）、祝安道（翼模）、李子昭（燿）、郭印李（沆）、楊寅東（永昌）、應儲可（大用）、高荊襄（玢）、毛紫庵（鶡）、王文在（廷獻）、屈鳳山（必達）、袁紫臣（拱）、王賓皇（桂）、景東暘（日畛）、任顯哉（光業）、劉璧宮（陳尚）、孟詞宗（長安）、丁新穎韜（汝達）、賈漢公（之彥）、裴綠埜（若度）、呂元素（履恒）、韓君義（錫嶽）、曾一南（必光）、楊祥元（履吉）、璩受茲（廷祜）、闞崑生（琇）、周升同（儁）、苗和羹（作梅）、趙用九（旭）、李存如（性）、董嵩巖（元輔）、劉太乙（青藜）、屈渭公（必顯）、宋義立（方大）、鄧爾舉（林選）、陳行度（佩）。

◎受業編次：馬祥麟（朝辨）、丁體貞（遇）、謝信伯（崧生）、宋錦宮（如玉）、李正禮（鉅）、楊亶聰（慜）、魏勅五（天敍）、盛祇念（謨洋）、朱大酉（書）、楊硎新（發）、劉德符（首彥）、劉巨室（世臣）。

◎本家校正：兄芸侯（登洲）、子任（於信）、子餘（曾慶）、無隅（埏）、弟蘭谷（永芳）、止庵（應辰）、蘧若（駿）、南宮（橘）、拱宸（星煥）、薪傳（心印）、內正（射標）、楚實（楠）、姪旭陽（晟）、翔九（起鶴）、海若（大受）、義生（浩）。

◎例言（六則）：

圖書為作易權輿，從來諸家講意冊首率載九圖、筮儀，分列詳注，已為有目所共見。茲不復為效顰，止載古河圖洛書解及卦名、象變等歌，欲學者知畫前有易，以餘力覽識之，或不病其煩也。

《大傳》云「《易》之為書不可為典要，唯變所適」，又曰「唯其時物」，蓋占不一人人不一事，聖人因占設戒，使人隨時變易以從道，要歸於無咎而已。如乾坤二彖辭嚮有主天地君臣言者，殊覺未安，況二卦彖傳《本義》明說此專以天道明乾義、以地道明坤義，人自習而不察耳。茲遵《本義》，於兩彖俱就占者汎言。

《大全》、《蒙引》、《存疑》及《通典》、《演義》諸書解易已詳盡無遺矣，但篇章浩繁，初學猶嘆河漢。茲每《彖／爻／象傳》節首以總句檃栝其大旨，下復順演成文，期於簡當明快，庶幾幼學便於記誦。

解易家自有明嘉、隆以後，穿鑿附會，言人人殊，讀者置《本義》《程傳》不顧，唯喜新奇異說。見之文者朦溷支離，率難為訓，如歸妹本論婚嫁大義，竟有全卦主仕進言者。《大象傳》孔子所著，乃十翼之一，庚辰房書某君竟認作周公語，貽誤後學不淺，茲槩從更正，不敢承舛襲謬。

家傳易學已歷六世，自大王父東瀍公起家經魁，迨家君與伯仲父暨余弟姪數輩，後先濫廁科名，咸以《易》獲雋，故網羅參輯甚備。是編乃承訓過庭時所手錄服習之業，四閱寒暑始脫藁。覃精畢慮，句酌字斟，俾讀者順口義成誦。為文自有欛柄，敢謂窺四聖之局與？聊以當後學之津梁云爾。

是編原為兒姪輩家塾日課，自維淺疎，敢言問世。丁卯鐸召陵教授生徒，勉狥同人之請，妄災梨棗，貽笑大方，知所不免。

辛未仲冬，伊洛張步瀛識。

◎周易淺解序：易書之分先後天也，象數義理之別也。昔孔子著十翼而羲畫周經發揮無遺。自《程傳》衍經、邵圖闡畫，兩家遂各支分派別矣。迨朱子《本義》成，然後理數之學復合為一。明初《大全》採拾諸註，宗《傳》宗《義》者互有異同，其說益紛然雜出而不倫。唯蔡、林二公《蒙》《存》行世，於是《本義》之旨始縷析條分，洞如觀火。其後紫峰《通典》根於《蒙引》而刪其繁複，伯魯《演義》本之《存疑》而較為融洽，得此以輔翼《本義》，亦云幾微無遺憾矣。余向購四氏之書，久而始得憶庚戌前後讀易雲居精舍，思會通眾說，萃成一編，晨夕孳孳，動經兩月而方得數卦，已不勝神疲力瘁矣。嗣後馳驅藝苑匍匐風塵二十餘年，尚愧初志之未就也。西洛張子翰仙生二程之鄉，六世治易，承尊公理齋先生過庭家訓，且密邇關中橫渠夫子易學之傳，積之有素。辛未春日過訪燕邸，出《周易淺解》示余。展卷玩誦，見其旨約而達、語簡而精，順文衍義，不差毫髮。凡向之欲貫通而未能者，無不渙若冰釋矣。即謂此書之作與《通典》、《演義》相為表裏可也。吾友冉子永光、李子禮山學有淵源，各以傳註詩文為海內誦法。每一把晤，必盛道翰仙之人品學術粹然醇正。今者南宮獲雋，翰仙與永光遂卓冠一時，可見潛心經學，文有根柢而有功傳註，亦未有曲而不伸者。吾於此書之行而竝為世之窮經好古者勸也。時康熙辛未清和月，甬江年家眷同學弟仇兆鰲頓首拜題。

◎周易淺解序：昔者聖人思有以治萬世之天下，必先有以正萬世之人心，使人心正則天下得其治，而聖人憂世之心始慰，此易之所由作也。蓋自包羲畫卦、文王繫彖、周公繫爻，蘊義理于占筮之中。吾夫子贊易則發揮義理而兼占筮，作為十翼，用以範圍天地，曲成萬物，定天下之吉凶，成天下之亹亹，納斯世于寡過之域，故三聖之書至夫子而大備。秦漢以來，或泥于術數而不得其融通之理，或流於虛寂而不得其中正之極，易之道于是始晦。有宋周子特表《太極圖》，以太極為陰陽五行萬物之本，而貫之以一誠。程子《易傳》謂體用一源、顯微無閒、隨時變異以從道。邵子深悟畫前之易，而以天時、人事互相考驗。朱子則有《本義》有《啟蒙》，發圖書經緯之藏，闡天地生成之秘，明奇偶象數之原，推揲蓍求卦之法，使人于六十四卦三百八十四爻觀象玩辭、觀變玩占，不迷于吉凶悔吝之途，以為用舍從違之準。嘗曰：「潔靜精微，是之謂易。體之在我，動有常吉。」夫天地之易吾心之易也，故立天之道曰陰與陽，立地之道曰柔與剛，立人之道曰仁與義。誠能一動一靜，仁以為本體，義以為裁制，則吾心之易合乎天地之易，將有吉無凶，有得無失，有善無惡，風俗還于質樸，氣運臻于淳古，人心正而天下得其治矣，此朱子《本義》所以深契三賢四聖之心，而善學易者必以朱子為歸也。新安張翰仙先生，生與孟雲浦、呂明德兩先生同里，潛心理學，博綜經書，靡不窺其奧義，而尤沉酣《周易》。居恒取朱子之書，坐臥寢食其中者數年，為之標舉其大旨，敷陳其正義，曲暢其辭中之趣，默悟其言外之神，隱者顯之，微者彰之，幽者著之，秘者發之，名曰《淺解》，久藏篋笥。會秉鐸鄢城，乃校正刊刻以訓誨多士。庚午春承手書相寄求為序。余反覆披玩，尋繹于其命名之意，而知先生之深于易者也。蓋天地陰陽萬物之理莫不由淺以見深，如太極深也，而示之卦畫則淺矣；形而上之道深也，而不出于形而下之器則淺矣；寂然不動深也，而感而遂通天下之故則淺矣；以至上天之載無聲無臭深也，而化育周流昭著于時行物生之中；天命之性不覩不聞深也，而道體呈露分布于日用倫常之際；體中固含用也，而必于用處見體；靜中固有動也，而必于動時觀靜。以為深而未始不淺，以為淺而未始不深。微乎微乎，非深于道者孰能識之？余以是以于命名之意而知先生之深于易者也。即書之以為序。康熙庚午仲春，嵩陽耿介拜手題于敬恕草堂。

◎周易淺解自序：今夫易道廣大精微，難言矣哉。羲皇一畫肇開，歷堯舜禹湯，無能闡于其說。自文王繫彖辭、周公繫爻辭、孔子著十翼，而天人性命之理、造化陰陽之數始彬彬然矣。厥後田何、京、焦、費直、王弼出，人自為言，漸流于符讖占驗之術，間雜以老、莊語，開兩晉虛無之宗，而四聖人秘旨真傳斯泯。即有一二談理家，又語焉而不精，其於天道往來通復、人事進退存亡，易所為不變者，卒莫得其一定之理。且於天道消息盈虛、人事吉凶禍福、易所為善變者究莫窮其屢遷之數，此易學所以久而失傳也。至宋邵子理數兼推，著為《皇極經世篇》，而周子《太極圖》《通書》、家橫渠先生《正蒙》、程子《大傳》、朱子《本義》，則又即數闡理、據理極數，深究天人性命、造化陰陽之故，而四聖作易大義遂燦然復明。凡今解易者率皆原本程朱遺意。如李鼎祚之纂集訓解，熊過、來知德之殫力象數，其亦輔兩賢之所不及者乎？余幼聆家君子庭誨，肆力《大全》《蒙》《存》諸書，偶有所得即注之簡端。每苦汗漫紛錯，為幼學所難。復彙輯各講義，順衍成文，于卦彖爻象節首組練以總句讀之，節意可瞭然以解。家藏教子弟久矣。丁卯司鐸召校，謬坐皋比，進諸生講貫，人手一冊，互相印證，為舉業家言要指。會同人慫恿梓以問世，自維祖父來易學家傳歷有六世，廼五上公車始倖一第，時以是書就正燕臺先達，諸公辱相推許，余亦滋愧。是解也，簡畧而疎淺，聊為後學發蒙耳。海內善易大君子不以為偷文臆說取作覆瓿，其亦厚幸矣。若謂探理之奧盡數之變，庶幾廣大精微之蘊而有功于四聖諸賢之萬一也，余則曷敢！時康熙辛未日南至，伊洛張步瀛書於滋德堂。

◎四庫提要：是編題其父含命意而步瀛筆受者。昔房融譯《楞嚴經》稱為筆受。此注經而襲佛氏之稱，蓋偶未檢。其凡例稱家傳易學已歷六世，自其曾祖至其父與伯叔及其弟侄均以易得科名。又稱：「易家自明嘉、隆以後穿鑿附會，置《本義》、程《傳》不顧，惟喜新奇異說，見之文者蒙混支離。《大象傳》孔子所著，庚辰房書竟認作周公語」云云，蓋其家傳科舉之學也。

◎《皇朝通志》卷九十七：《周易淺解》四卷（張步瀛撰）。

◎《皇朝文獻通考》卷二百十二：《周易淺解》四卷，張步瀛撰。

◎張步瀛，字翰（瀚）仙。河南新安人。康熙三十年進士。官潛山知縣。又著有《醉墨軒詩鈔》四卷、《醉墨軒遺文》一卷。

張燦樞 箕子明夷解 佚

◎民國《宿松縣志》卷三十二上《藝文志》一：《箕子明夷解》，張燦樞著（藏稿。是編並書類《尚書今古文篇第攷》，石編《書目》俱闕載）。樞詳《文苑傳》。學有經法，斐然成章。是篇卷帙無多，而師說甚正，辨施、孟、梁邱三家出入至當至嚴，與飯飣成篇者迥別，亦箸述之林也。大旨解箕子主用施讐說，與馬融、陸績說合。以卦辭為文王作、爻辭為周公本文王意而作，明夷上六登天照臨當君位，六五比（音比卦之比）於闇君，似箕子，近殷紂，此皆漢晉大師相承，朱子《本義》亦同之。樞之所宗是也。不取劉向、荀爽暨清儒惠定宇說，採孟喜易，從蜀人趙賓訓詁，以箕子為當從古文作其子，其讀荄、子讀茲，荄茲謂即亥子，坤終亥、乾出子，用晦而明為其子之明夷之象。凡此皆孟氏詐稱師田何指授、經梁邱賀證明之。宣帝遂不喜用。晉人鄒湛，至以為漫衍無經，蓋甚不足據云。

◎張燦樞，安徽宿松人。

張曾敏 讀書所見錄 佚

◎道光《續修桐城縣志》卷之十三《人物志・宦績》：生平粹於經，請歸途作《易說》數十篇，名《讀書所見錄》。上論圖書，下辨人事，析理微渺，多發先儒所未發。

◎張曾敏，字遜求，號鳧門。張若霖子。由廩生授南陵縣訓導。司鐸十七年，以培養人才為己任。陞山西靈石知縣，人文蔚起，為山右之冠。後以公悞干議改授四川屏山令。金川軍興，任轉運之役。

張曾慶 大易潔淨篇 佚

◎乾隆《再續華州志》卷十二《雜志・藝文》：《性理輯要》、《燕遊草》、《毛詩外傳》、《商書》四冊、《周易觀玩錄》、《春秋》九冊、《十三經源流》、《廿一史述畧》、《大易潔淨篇》、《四書精旨講義》（俱翰林檢討張曾慶著）。

◎光緒《同州府續志》卷九《經籍志》著錄同乾隆《再續華州志》卷十二《雜志・藝文》，然著錄張氏為明人。

◎張曾慶，陝西華州人。康熙二十三年舉人、三十年進士。官翰林院檢討。

張曾慶 周易觀玩錄彙考 十五卷 存

清華大學藏康熙三十八年（1699）張氏刻本

◎乾隆《再續華州志》卷十二《雜志・藝文》著錄。

張長 易古訓 三卷 存

國圖藏光緒鈔本

◎張長，字損庵。湖北江夏人。光緒時人，1921 年序郝懿行《顏氏家訓斠記》時仍潛跡山西。著有《易古訓》三卷、《孔子紀元表》、《論學生不讀經典之害》、《擬屈平從祀孔廟議》。

張承緒 讀易新綱 不分卷 存

湖南、四川、廈門藏 1935 年南京首都大陸印書館鉛印本

◎目錄：一易學：精蘊、分析、總合、變通。二學易：體認、反修、致用、元妙。附《古筮考》十八則，敘古人象占、辭占之例。

◎自序略謂：茲擇關於陰陽互根、卦爻通變，與夫修齊治平、盡性致命之微，節要闡述。

◎張承緒，字洪之。山西安邑（今運城）人。晚清進士。授翰林院編修。

張承緒 君子易 一卷 君子易續 一卷 附錄一卷 存

山東藏 1937 年邱渭璜大陸印書館鉛印本

◎卷首《例言》、《圖說》、《象義釋略》、《數量分解》四篇，卷末附錄《易雜記》。

◎《君子易》依六十四卦上下經之次釋《大象傳》;《君子易續》取《繫辭傳》上下說爻義十九則及《文言傳》說乾卦辭一則。總名《君子易》。

◎自序略謂：茲援讀書不必全書之義，第采羲象孔傳，而歸重於君子取法，淺釋詳證，並約其旨，曰正曰中，功歸補過。

◎周按：是書專釋六十四卦《大象傳》及《繫辭傳》、《文言傳》，解爻釋卦，以推闡君子修身致用之道，故名《君子易》。各條先釋象，次辨辭，次證史，末結以詩贊。

張承緒 易圖附說 一卷 存

山東藏 1931 年邱渭璜大陸印書館鉛印本

張承緒 易雜記 一卷 存

山東藏邱渭璜大陸印書館 1937 年鉛印君子易附本

◎子目：虞王易辨、鼎革通解、易學述跋、易義聯句、易友跡存。

張承緒 周易象理證 二卷 存

山西大學、山東藏 1931 年邱渭璜新都大陸印書館鉛印本

天津市古籍書店 1989 年影印 1931 年新都大陸印書館鉛印本

武陵出版公司 1991 年易經術數百部叢書本

◎總目：張督辦子藎序。王前省長鐵珊序。黃前總揆膺白序。景前教部長太昭序。孔部長庸之序。張將軍峻潔序。自序。窮易概要（十則）〔註 17〕。

〔註 17〕條目為易理、易象、易數、易變、易辭、易傳、易注、易讀、易學、易筮。

辭變通例（十七則）。易圖附說（河圖、洛書、在天成象圖、八卦次序圖附邵圖。乾坤生六子圖附邵圖、八卦對待圖附邵圖、八卦流行圖附邵圖、義文合卦圖、乾坤六位圖、剛柔立本圖、三才正位圖、八卦重六十四卦圖、六十四卦消息圖、卦氣全圖附邵圖、復見天地之心圖、大人四合圖、保泰圖、修德九卦圖、制器十三卦圖、善慶惡殃圖）。上經：乾坤屯蒙需訟師比小畜履泰否同人大有謙豫隋蠱臨觀噬嗑賁剝復無妄大畜頤大過坎離。下經：咸恒遁大壯晉明夷家人睽蹇解損益夬姤萃升困井革鼎震艮漸歸妹豐旅巽兌渙節中孚小過既濟未濟。繫辭上傳、繫辭下傳、說卦、序卦、雜卦。自跋。景友太昭跋。孫友思昉跋（附勘誤表一）。

◎張督辦子薑序：《易》之為書，博大精微，號為人更三聖、世歷三古。芒乎芴乎，為之盡言。然揆其所元，要以象為本也，故天地有至美而不言，四時有成序而不說，澤被天下而不辨，知達萬物而不議。伏犧觀象於天察法於地，觀鳥獸之文，近取諸身遠取諸物，擬諸形容，相其物宜，萬物之理，莫得而遁，此所謂天垂象聖人則之者也。漢儒之學為近古，曩時虞氏得其傳，謂易無一言離象。其於宗也，可謂稠適而上達矣。厥後文肆而質樸，王弼掃象，援儒入老，程朱承之，其精者不失為得意忘言，其駁者每汩本真，要各自成其學，慮非羲、文、周、孔相傳之易也。江東髮受書，輒聞六經《易》最玄深，而心好之，然解人難遇鉤探莫從。乙丑從運城張洪之先生問易，先生之學主虞氏，而左右采獲，兼有漢宋。既詳於象，復演其理、擷其證，務本隱以之顯，用餉初學。江得窺易涯涘，自先生啟之也。竊於易傳尤喜乾道變化、各正性命二語。蓋無變化則窮於用，不正則失其體，故易以貞一為旨歸。先生剛直不阿俗，其語默出處無或詭於正。微特為一時經師，抑亦人師也。近先生以平昔所講習者，著為《周易象理證》一書，亟請付梓手民以廣其傳。嗚呼！國故莫尊於經，而經莫大於易，是書出而象理迥明，儻亦恢彉國故之濫觴也歟？！中華民國十九年冬，後學鹽山張之江謹序。

◎王前省長鐵珊序：《周易》注疏傳箋者數百家，予嘗苦其難讀。昔在南苑，得問易於河東張洪之先生。時略觀虞氏易，未瞭也。先生窮易，由宋元明清諸易說上追漢，獨嗜虞學，每於夜靜時出示一卦以相辨難。凡卦象在天，既濟定位，各卦消息，羣爻義例，以及姬辭孔傳，俱以發明羲象諸要旨，始得識其門徑。嗣歷綏潼洛并，或數月及一二年一晤。先生口吟手披，鉤玄擷要，鑒於世污道墮，準易「乾道變化、各正性命」語，旨宗虞象，揭明辭理，證以事實。義淺易解，冀以正人心而同勉為寡過君子。予急竢其纂訖而讀之。頃先生由首都來簡，謂所纂《周易象理證》成，屬為序。近讀桐城馬先生《周易費氏學》，佩其博大精微，有未達，方將就問於先生。又極盼得大箸而並讀之，凡夙未盡瞭者，其開悟我又當如何也？！敬先寄數語，請附於後云。庚午冬，河北定縣王瑚謹跋。

◎黃前總揆膺白序：孔子曰：「易與天地準，故能彌綸天地之道」，因知易之為道實具有深密、廣博、圓適、準確四大要素。吾國先哲率皆深通易義，赤文金簡珍藏祕府，而密運其機括，以經緯人天、裁成萬物，用以成通變宜民之盛治。洪範九疇為列聖相傳治譜，晝州分井之所由昉。而建中立極要不出於洛書九數之成軌，所謂八卦九章相為表裏者，則易之神奧可知也。顧道從一定，法與時通，是以一代之治即有一代之易。《連山》首艮，《歸藏》首坤，斷文軼字猶可考見。自姬周以後無復繼起，故今所傳者獨有《周易》。以經孔子贊定，遂與《詩》《書》六藝同著於後世。易有理有象有數，理闡於微，象徵諸實，而數以會其通，如是而易之體用始備。孔子發假年之歎，費三絕之功，其致力於易者至深且久。三千之徒，達者蓋寡，乃獨出子夏以傳之商瞿。數傳以後，至漢而分為施讐、孟喜、梁丘賀之三家。後世習漢易者門戶雖復龐雜，而大抵多出於此三家之流裔。鄭、荀、京、焦而外，如姚信、瞿子元、蜀才、陸績、干寶、馬融、宋衷、劉表、王肅、董遇、王廙、劉瓛輩，皆能自成一家之言。諸緯縱出別裁，要亦言中有物，而虞氏仲翔五世治易，獨得孟氏真傳，其為說尤精湛有統系。其援象證辭、因爻定義，神明變化，類能發周、孔不傳之祕。惜宋易興而漢易亡，仲翔之書已無完本，零章斷簡僅散見於諸家叢錄，如管中窺豹時見一斑，此直可歎息扼腕而引為深恨者也。元明之代易學殊晦，間有作述，當然不出於宋令牙慧。乃逮遜清乾嘉間，經師鉅儒先後輩出，不意多年束閣之漢學隆隆崛起，復成一代宗尚。其研精易學者，如全謝山、毛西河、惠天牧、惠定宇、焦理堂、江慎修諸先生，類皆直追古義、覃研象數，以求實理，一洗老易玄虛與宋儒泛論之流弊。若惠定宇、劉申受、張皋文、李尚之，皆宗尚虞易者，而惠氏雜采鄭、荀，迹同補衲；劉氏之《虞氏易言》《補易五述》、李氏之《虞氏略例》，世皆罕見傳本。獨皋文掇拾虞說，纂為《周易虞氏義消息》《易禮》《易事》《易言》《易候》諸書，遂使數千年湮埋剝蝕古物，如泗鼎出河、散錢就貫，燦然復明於當代，此又易學中興之一大機兆也。顧咸同以後，遂爾闃然，無復嗣響。近代世界大運，國人醉心科學，於是談經講易之消息久不多聞。張先生洪之，潛研四部，淹貫百家，吾國舊學，無不通曉。而於諸學中尤深於經，於諸經中尤精於易，於易學中尤獨宗虞氏。甲子之役，曾在北平西郊天太山中為馮煥章兄講演易理，偶以班隨，獲聞緒論。旁通曲證，深入而淺出，能以顯淺之理發深奧之文，如匡鼎解詩、生公說法，不覺為之心折。比年南北睽違，山居離索，悵念前事，每不勝風雨雞鳴之感。頃得來簡，知以邇來探討所得，薈集成編，博綜諸家之說，一折衷於虞易，而通之以己意。其書序卦分爻，先求象別以示立辭之本，次解辭理以明取象之方，又次證以經史並錯舉近今革命事實以發明其義例，而歸本於迪吉逆凶之大旨，用以挽末俗而正人心，期使全國上下皆以學易寡過為歸宿。凡為文十八萬餘言，名之曰《周易象理證》。偉矣哉！毅力精心，卓絕百世，非但虞易殘缺從此可成完璧，即其他各氏漢易、九家八緯，均將附此以見餼羊，而羲、文、周、孔一線相延之遺緒亦庶幾藉以幸存於不墜。是固皋文之畏友、虞氏之功臣，抑直周孔之傳人而羲文之後勁也。海內賢俊倘得此編而研習之，沿流討源，由是以推見大易全旨，深明先哲所以彌綸天地之功用，寖使吾國獨有之易學，津逮於全世界，吾知世界文化，類情通德，必當嶄然開一新紀元。然則此編之成，安知不與盧梭、赫胥黎、斯賓塞、達爾文諸名著同其功效耶？！爰綴數言，以為他日券。時中華民國十有九年十二月日，杭縣黃郛謹序。

◎景前教部長太昭序：昔司馬子長曰：「蓋孔子晚而喜易，易之為術，幽明遠矣。非通人達才，孰能注意焉。」竊恆驗之，易之學始興於包犧神農夏殷之世，《連山》《歸藏》是已。而莫備於《周易》，所謂三古者也。周之說易者，二姬孔丘。孔丘殤，其弟子傳之，有子夏、商瞿、馯臂子弓之徒。其間或繼或絕，然皆孔氏之學。繼此而下，易離為三。蓋自商瞿至田何為一家，焦氏易後出，及費氏易為古文而天生具受其學。嗣是諸家互相授受，田何授王同、周王孫、丁寬、服光，王同授楊何，周王孫授蔡公，丁寬授田碭，田碭授施讎、孟喜、梁丘賀。施易之後，有張禹、彭宣、戴崇、景鸞、伏曼容，梁丘之後有五鹿充宗、張仲方、鄧彭祖，而孟易之後又白光、瞿牧、焦延壽、京房。歷東漢袁良、洼丹、觟陽鴻、任安、范生、楊政，累傳至虞翻。翻自其高祖光及身，五世皆治孟氏易。時去古未遠，故仲翔治易造湛，而尤深孟學。由戰國周秦逮漢已來，易學之中統也。若夫自秦廢典籍而降易於卜筮，得不燔蔑，後世遂有僅據此道而說易。緯書樊出，而易之路蓁蕪矣。耀月素治易老，雜以禹墨。易老以治心性，禹墨以治事功，將終身行之。如有不盡，願意在躬體力驗，故所領殊狹淺，不足窺三古之微，見百聖之奧。夫易有三德，曰象、曰理、曰數。其道始立象為之綱，而繼闡顯之以理，所以著明象旨，復衍之以數，亦以發理而徵象也。後世違北象理而競言數，斯漢之緯學起，大承秦學之弊，而正統之學者，自田何、孟喜逮于虞翻，張其大義，此道復光。蓋許慎以來之所承學皆虞氏易也，魏晉玄學不足言易。自王弼掃象，唐承其弊，研幾之術彌非，孔穎達、李鼎祚所得絕尠。宋儒治易者至夥，顧遺象言理，為王弼所囿，仍墜魏晉已來之障，與緯書學派之離理言數者亦五十步百步之違耳。時邵雍持術，能自別異，獨言數，標領新趣。而當時儒術者率異端睎之，即相善者亦諱勿敢坿。第其術為驗亦鮮，訖今遽衰。元明以後，治斯學者，欲拔於王弼，轉蔽於程朱。明世承學，惟來知德說象，垂千古未有，惜多乖舛，尤有謬譌。至勝清惠棟、張惠言起，而虞學大顯。共和伊來，言理數之學者尤眾，率附會術數，益張讖緯。妖妄之徒彌出，支離弔詭，幾等夷於預言神話，易之理又盡矣。蓋自馬融、鄭玄、荀爽、陸績、劉表、宋衷之徒，實皆習費氏古文，費氏盛張而三家易皆逐衰。虞、之學，及今不聞。傳孟學者，但一虞翻耳。夫今欲求易於三家一宗之田何，實惟一孟氏。而求孟氏，則第有一仲翔。今之此道，為彌珍矣。吾友張洪之先生，治易重象，由程朱以後諸箋注，上追漢易，獨宗虞氏學。講習戎馬之際，累膺馮煥章、張子薑二將軍講習。蓋自開國以還，吳子玉、馮煥章、張子薑，類皆以武人喜治易，聲氣所播，一時多有盛漢丁將軍之風。自甲子之歲洎今七年，吾友之學日有所獲，發明彊富，久受張將軍禮聘。庚午秋，耀月仍講學故京，頃由南都馳函，屬為所箸《周易象理證》附序。其書宗乾道變化、各正性命語旨，參虞氏象學，解明辭理證以事趣。而以修身寡過為依宿。義純辭簡，知其寢居此術，韋三絕矣。共和庚午八月，芮城景耀月謹序。

◎孔部長庸之序：夫易廣矣大矣，以言乎遠則不禦，以言乎邇則近而正，以言乎天地之間則備矣。蓋聖人之作易也，立象以盡意，設卦以盡情偽，繫辭焉以盡其言，變而通之以盡利，鼓之舞之以盡神，其所以彌綸萬有、綱紀萬事者，非知周乎萬物、法象乎天地，其何能與於斯？顧自羲、文、姬、孔以後，注易家蠭起，其能默契淵微、心知其旨者，惟仲翔以家五世治易，援象證辭，因爻定義，為能紹孟喜真傳，以上窺四聖人心源之祕。聖人感象而作易，舍象乃無易可言，此虞注所以為獨絕，而非漢以後諸家所可幾也。第自王弼掃象，釋以玄言，而易為之一晦。程朱泥其說，專闡空理，多背象意。至來氏言象，又病穿鑿，而易至重晦。四聖奧旨，既經仲翔發明，乃復摒於諸儒歧說，歷千餘年而不彰。而所謂參天地、配神明、贊化育之盛，不復見於神皋禹甸。斯非吾徒之至憾乎？芒乎芴乎，其諸四聖之微言，終絕而不續乎？抑將有待於其人乎？清張太史皋文治易宗虞，承惠棟蛚跡，闡精補缺，解易重消息，遙與羲聖十言相通。使仲翔之絕學粲然復明，惟詳象略理，意多奧折，難餉初學。越百餘年，而吾鄉太洪張先生繼起，獨本其書，詳為推闡。歷數十寒暑，成《周易象理證》十八萬言。首依象別辭，次以理闡象，次又博採經史近事無中外古今為之證，大旨歸於善補過。於吉凶順逆之辨，反覆引伸，其救世之意至深遠矣。祥熙竊以為易無方無體，非可以一端盡也。際茲中外大通、鼎故革新之會，事物之蕃變莫可統紀，事會之乘除莫可究詰，而考諸易象乃無不逆覩之。非聖人而能若是乎？然則執易簡以御事物之繁賾，蓋有莫能外自吾易者。所謂至誠前知之說，皎然可識。而當泰否之交、剝復之會，意者其有與天地合其德、日月合其明、四時合其序、鬼神合其吉凶者出，以極天人之微，以應天人之位，以開太平之運者乎？序先生此書，乃不禁睪然想望之也。中華民國二十年二月，太谷孔祥熙謹序。

◎張將軍峻潔序：易準天地而通於人，故名最高哲學，亦實身心性命之學。其書博大精微，雖終身窮索不能盡。然動貞於一，要於通辭變而善補過。竊按坎離二卦得乾坤之中氣，以節制其過。上經至大過終以坎離，下經至小過終以濟未濟，尚中也。《雜卦》曰：「既濟定」，謂六爻正位惟既濟，所以定各卦爻位不正也，故卦首乾二四上宜變，已於「乾道變化各正性命」二語發其例，義又尚正。夫正為易體，而妙用在於中。中出龍圖五十，五由居中。二氣出入於斯，五行生成於斯，四時變化於斯，雖一元默運，至正不偏。有時陰陽為沴，天行尚不能無忒，聖哲詎敢言完修？是以孔子知中寓五十，精妙難窮。嘗謂假年學易可無大過，言彌謙而行彌謹也。我國先哲，靡不深究易理，至不得已而筮，亦恐速戾厥工不及悔改。慨自焦、京衍數空揭災祥，伊、閩治辭高談玄妙，而易理一摒於術數，再墮於玄言，致學者多闕反修實功，此豈四聖之本心哉？晉南張洪之先生治易尚消息、重象，謂陰陽來往互為盈虛，乾終餘慶坤終餘殃，而以修身寡過為主旨。當清季丁未，主講臨晉，已以易學著稱。性疏落，澹於功名，晚尤耽虞氏易。初聞呂寅清先輩通易，數叩詢。繼受子琮田公特知，獎拔其才。悅能解易理，謂理寓於象，舍象無可言易。一言啟悟，乃本辭索象，始歎程囿輔嗣理解，多乖背象意，而易更趨重晦。泥象者妄，掃象者空，由象推理而體諸身心者實。象以仲翔得其精，不取來氏雜。且才足有為，服政並、薊，雖職升簡任，意若不屑，而益肆力於易學。適蕫友喜讀易，以高等顧問聘與講易，相得甚歡。間畀西北邊署及國府禁烟會祕書長，為急圖纂易，辭未就。猶憶前膺煥公講席，至南苑講易。移至西郊太天山中，有鐵珊、膺白諸哲列與聞，均以言切實際時加敬禮，煥公尤特賞《君子易》一新著。一時聲溢京華，申江學者至借滬報屢探詢，欲一親炙為快。然不為虛聲動，仍探索若無所得。聲與先生久處，仰其學，並欽其品。先是在南苑，同蘭江芮伯篠山仿魯仲知諸友偶從學易，粫知大義。次居鄭，新出難中，仍請續講。知道重責己，乃悔前多闕失。已而抵寧都，復值於蕫友寓，無朝夕索居，學易較覺進。有劉友定五邀班隨，聞之釋然。先生剛直好義，遇友人有失檢，言無少諱。嘉聲樂於聞過，以為心交，願互相攻砭。嘗謂易在反修，凡事每一反省輒自見其有過，自攻不逮，何暇攻人？！又謂學易極功盡於參贊化育，聖賢亦不過能嚴其修省以幾於化，必朝乾夕惕，忘老將至，期合懼以終始、以要無咎旨而後得。邇鑒大道陵夷，人心宜正，取宗虞說，闡易真諦。釋辭按象，理精可見羲心；略筮重修，行果弗愚焦說。而又顯證以事實，俾學者易瞭，知所趨避，咸勉為寡過之君子。不特與世道有補，而四聖心傳亦庶賴以不墜耳。庚午冬，後學滄縣張樹聲謹序。

◎自序：舍象無可言易。易在釋明象意以見真理，息息與四聖心易相通，然此非虞注莫屬。《詩》正性情，歸於無邪；《書》言政事，要在執中。政生於心，斷未有心不正、身不修而能用其中於民者。《易》兼《詩》《書》要旨，納其正於時中。獨尚變，由窮理盡性而達至於德合天地、明合日月、序合四時，通變神化，使民不倦而宜，善變也。卦爻凡六，皆不若五辭多吉，乾五曰飛龍在天利見大人；位正於五，正己物正，變成既濟，非有龍德何克當此？龍陽精，神變不測，潛見躍飛，與時偕行。變不駭俗，澤已溥民，莫不利見之。《文言》曰：「聖人出而萬物覩」，又曰：「乾以美利天下」，不言所利。夫至於利極天下而猶不言利，而世何以利民空言為？原夫易理準於易簡，易數究於奇耦，而數統於象、象統於理，天地舒慘之氣、國家治亂之機、事業得失之徵，以至物極萬變，無不含有至理，隱呈其象於幾先。是故卦各有象，象又有變，彖爻曲寫象意。孔子解經，語不離象，象理雖微，罄於消息二字。旨哉伏羲十言之教，終以消息。仲翔通其意，尊乾元以立消息之本，正六位以定消息之禮，敘六十四卦以明消息之次，推九六變化以盡消息之用，而窮象又澈本原。家五世攻易，獨獲真諦於孟喜。義較精備，為漢易學家莫能先。惜世通之者尠，自魏晉鄙薄焦、京，趨重易理，王弼遂援老注易，掃象一空。唐謬列學官，其說至宋益擴大。象滅理焉存？晦庵欲明象，又薄虞不輕言。明季來氏注象復流駁雜，語焉偶當蓋取諸虞，反矜為新剏，謂易象自周末失傳，屢苦索，悟始於睽上九睽孤見豕載鬼一車諸辭，然詳考此注，實襲虞說，得諸人而揜為已有，跡近僭竊。矧象憑臆造，尤多支離不可信。蓋易以道陰陽，出乾入坤，剝復相倚，非伏羲畫卦，不能啟其祕；非文、周繫辭，不能抉其精；非孔子象傳，不能窺其概；非虞氏易義曲折揭明，無以會其通而悟其妙。漢初田何治易能得商瞿意，轉傳孟氏，說較詳。至仲翔，隱義全揭。孔融善其書，稱為商瞿後絕作。使無傳義玄說與雜以歧象惑亂其間，斯學早行於世，何慮師說亡？歷唐宋元明而易義弗彰，猶幸李鼎祚撰《集解》採虞注獨詳。清徵士惠棟研漢易，宗之，文闕，續以鄭、荀，未愜所讀。幸張太史惠言紹前緒，精思三載，通其微、闡其滯、補其亡、糾其譌，成《虞氏義》九卷、《消息》二卷，使一千四百年絕學燦然復明。夫易生象，象生辭，辭與象通，無字無象，無象無理，虞氏鉤穿剪綴，文若零散，理實條貫。偶索未獲，目為穿鑿，弗思已甚。漢魏逮今，易出四五百種，僅象見《來注》。康節以虞已明象，獨詳數，餘多理宗程朱，補發未盡，象茫然，益增誤解。雖清纂《折衷》《述義》兩大箸，偶引象義，類具刷新。要不出於推闡大象及脫蛻虞義兩途，終無系統。況易道甚大，與時變通，變以道則治，違道則亂。論自強曰進德修業，論法治曰制法利民，論進化曰革故鼎新，論大同曰類族通志，論革命曰順天應人，而致泰以乾，傾泰以否，持泰以復，尤貴懼以終始，以要无咎。此中消息，幾動若微，卒發至鉅。窺象於隱，吉凶悔吝，無不昭昭在目。惟虞箋中剝，皋文補通其說，義是文過迂折，解索仍艱。且詳象略理，事寡證明，恆滋悶倦。是為闕點。緒夙澹仕進，嗜易，虞學尤為心善。易旨奧，雖屢承名公耆儒延與講習，竊不敢號為知易。近鑒世風險污，道德墮落，人心宜正，亟在學易。位無上下，胥宜寡過修身；象有慶殃，莫若防微杜漸。張主席子薑好道，喜讀易。前自西山馮公處躬聘抵察，歷綏陝豫寶，閱五寒暑，備承優禮。每研究三兩鐘，手鈔不知倦。了悟象理，謂修齊治平，象開乾五，反求諸已，象寓復初，彖變取貞，深足救人心於不敝，頻囑速纂訖，以貢諸新社會。爰沉潛易旨，融會眾箋，宗述虞義，採其釋象精當而最易曉者，通以已意，按易言物數三象，每卦爻辭先求出象別，依序順列，使知辭有所本；次解辭理，以明象意、別取舍；又次證以經史，無古今中外，虛實相生，藉激興趣。而革卦盡以中山革命事徵實；別卦爻引亦疊出，名為《周易象理證》，並附《窮易概要》《辭變通例》及《易圖說》，以資導引。是書以象解易，義明辭簡，務博快覽，雖於易未揭其精奧，然各正性命，道在變化，握其大綱，庶皆勉為補過之君子。民國十九年九月，安邑張承緒序。

◎自跋：易以正為體，妙盡於中。乾曰「乾道變化，各正性命」，又曰「知進退存亡而不失其正」，坤曰「美在其中」，蒙曰「時中」，盡之矣。卦德以二五為中，而源實導於圖書。圖以一三七九二四六八周行於外，中藏五十，五尤居中。書併十不用，五為未發之中，十乃中節。由五達十，斯顯諸仁；去十存五，仍藏諸用。是故周公用九六變爻定剛柔之體，孔子以五十學易會消息之神，易其微妙而難測乎？考文、周辭在《書》《禮》，義旨顯了，獨於《易》奧折難通，非故艱其辭，辭製於象也，蓋不達象不可以言易。象中寓數，自焦、京侈譚術數，足蔑易理。王弼統象而掃之，伊川祖其意，晦庵益發所未盡，舍象釋辭，理雖精，無當於易。夫辭有險易，以位正不正為判。程朱不明既濟定卦，外爻位闡理。如乾上九「亢龍有悔」是就失位取義，謂宜變，乃曰陽極於上而不能下，將下何之乎？恆九三「不恆其德，或承之羞」是依三變失正取象，有此義；乃以位雖正而過剛不中所致，與象義不合。且辭曰貞吝，謂三復之正通益坤為吝，故貞吝，亦未詳及。大壯九三「小人用壯，君子用罔」，按陰為小人、陽為君子，小人指上六，君子謂三，乃又未明君子小人之別。上六「羝羊觸藩」一句明明指三，而復作上解；四在震為藩，三攻上阻於四，故觸藩；上已居極，不識所觸者何藩？象不明，誤解多類此。然說象亦不可雜，孔傳後，仲翔注象稱精，轉襲掙於來氏。製象寡據，與辭意恆不貫通，索象於變互錯綜，固然。乃象不得於變互，錯之綜之，綜復綜，如此以釋羣經，俱可得象，何所謂易？且暗卦三十六，已見程子《外傳》，而謂自悟之於《序卦》。錯卦原名旁通，發對卦又名綜，漢易屢伸其義，而謂自悟之於《雜卦》。彖中「剛上柔下」與「剛柔往來」，虞氏善窮卦變以明其消息，而又以反卦狹義漫解之，反詆卦變自某之背謬。窮其意，殆謂虞注罕能通。至宋，經紫陽指為「穿鑿附會」、「何必苦心攻索」兩語，其注益難信，庶可竊其意以張吾說，而獨紹絕傳，寧知紫難奪朱？越百餘年，惠、張兩賢起，發明虞義，其說復昌，終弗能掙其僭竊耶？故程朱屏象非，來氏亂象更非。吾為此辯，非尊虞也，尊經也，實尊道也。易之道先天地生，統寄於卦，散見於爻，變動不居，包函萬象，極事理之得失，與世局之變遷，無不隱呈其象於變先。象得辭而意益彰，離辭於象，與取象涉雜，均足以病道。況道備三才，天有陰陽，地有剛柔，人有仁義，皆不能離道以立。至人而糠仁粃義，咸趨惡化，國胡以寧？雖易言盛德日新，大業富有，精神文明與物質文明並重，而器實寓之於道。此中山改造國家，亟欲恢宏固有道德也。堯舜不安荒古�制，由簡陋而闢為繁榮。中山久厭專制流弊，順潮流而改為共和，又無不合易窮則變、變則通、通則久之義。或謂治尚進化，《易》書古，不適於時。不知易道主變，陽進陰退，爻三百八十四，始於乾初九而終於未濟上九，要在以自彊不息之精神，補其過，勉其未至，何礙於進化？或又謂易抑陰扶陽，有妨於男女平權，是亦不解陰具柔順闇賊二性，且陰非專指女言，男亦有陰，天亦有陰，陰以助陽為善、害陽為惡。抑之者，抑其不正使歸於正而已。易以男女正為天地之大義，觀於漸咸二卦，同以女得正，兩男至禮如上賓，權非特平，且過之。顧易與時為變通，而動貞於一，以之修身則過寡，以之理國則民服。而參天地、贊化育，尤為其極功。願學者窺道於象，以會其通。勿高視此書謂其精微難究，亦勿輕蔑此書謂無裨於新政治，則幸甚。民國二十年四月，張承緒跋。

◎景友太昭跋：安邑張友洪之為《周易象理證》，耀月既序之矣，而恉有未畢，茲復為說以跋其尾。夫易以用變，變之大者莫若世，而今世為尤烈。今世方張黨義，吾輒有箸論論荒古之世。迨夫近今，其變其遷，一依易首卦象次第為之兌比。其說曰：諸華文物始自伏羲，伏羲已前者於世茲邃，世莫得而詳矣。自伏羲觀天乎象、觀地乎法，中逮鳥獸之文與地之宜（宜者自然也，如今之自然科學是），刱作楔文以通習乎民用，八卦髗已。此象形文字之昉，故曰以通德乎神明，類情乎萬物。夫通德者會意、諧聲之族也，類情者象形、指事之類也，而三易之名繼此立矣。《列山》《歸藏》書觖勿論，試說《周易》。夫周者轉也，巡迴之象，所謂變動不居周流六虛者，是其情也。故易之為字，合日月二文之形，往來推感之義著已。予研易而獲天地、人文、社會、國家、政治、羣黨、進化之迹，原夫《周易》始乾，乾者天也。所謂伏羲制作，開乎一畫，此謂當時首得者乃乾一文也。其次曰坤，坤者地也，一元既判，六合造始。太虛之質，輕清屬氣分者上颺為天，重濁屬滓分者下斂為地，是故天肇開而地隨成也（世界黃白二種民族起源皆原於一元，其例殊不勝舉。第就人文肇開第一字之乾言之，所謂當日一畫開天之文，在諸華人，語音曰乾。古釋曰君乾，即初古君子之義。而西方文字，君之發音亦曰 King。且曰一畫所開者天，而於文實為乾，是知乾乃天也。乾古文之聲轉，其流實一文也。且如古者漢代西域之文，稱天音曰祁連，故華譯祁連山為天山，而祁連之切音實為天，語源亦復莫二。反切即是，不俟譯而得也。又如中國北方古代民族匈奴，為趙秦漢所逐，棄地而去，其所組織西方之國，即今匈牙利，而古籍中匈奴稱其君曰天可汗，可讀如克，可汗之切音即天，而復冠天其上者，天乾二字重文之用，亦所以極尊而貴視之也。此亦可由反切而得，無俟譯文者也。而今中亞細亞國波斯，其文稱君亦曰 Khan，此實與中國古字解釋音義俱同，由其語根本一源也。第二字坤，古釋為后，坤即囊古后字之義，而西文后之音亦曰 Queen，亦由語根同出，此與中國古字解釋音義又俱同者。此人類最初先知，直覺需急使用之二要字也。蓋荒古原人，皆肇始於帕爾米高原，以其處地殼，始先乾燥，生物肇開，蒙發皆自此高處託迹，當時人類首出之後，依宇宙洪水漸落之勢，分別轉遷，東西兩方傾下之流域，順序底向而開展，故成東西亞歐二大民族之趨勢。惟以氣候上質、水脈生物，庶育之習素不同，所取之養分亦各異，乃逐漸判為黄白二種之膚色，亦與同類昆蟲，寄生於草木質色，不同之物質上者，由其吸收感受之別、進食質料之殊，其體色遂漸趨各別而歧異，無他故也）。而次之以屯，屯者積也，亦言盈也，故曰天造草昧始交難生，蓋言陰陽始媾，萬類族生之事。顧乾坤交始，必丁險陷。此云際天運無穢，晦暝亂昧，塞乎兩間，啟世之機就，而開世之功難也。而次之以蒙，蒙者萬物蒙然始發之象，故曰童蒙。童者穉也，此謂庶彙羣動，逐漸滋息，蒙茸蓁昧，初形覆被大地之際也。此曰蒙昧之期、萌芽之象也。而次之以需，需者須也，須曰待也。此相須因依之謂，物用之義也，故曰飲食宴樂之象。反之即困窮之義也，故曰需者不陷，義無困窮。人與物有所需，斯爭爭而無決則訟，訟者質也，訟爭辯也，謂相訐質於直躬有道以蘄表正。夫事非之公也，而次之以師。訟有曲有直，訟得曲者，或心所不甘乎俛首而唯命，斯弱者或怒之辭而強者或拒於力，時必以羣眾之威，制而裁之，而曲者始順聽乎所命，故曰師者眾也，能以眾正以毒天下而民從之，此謂以武德屈服堅頑彊暴之倫，俾依準乎公斷，而亭毒一世者也。故夫師者一時動眾之象，理亂之頃，顧非永久比周之輔，故次之以比。比者朋也，比者黨也，故曰比輔，謂相比並、相親輔、相友助也。故曰建萬國、親諸侯，謂聯盟結鄰，締作黨與之象也。故曰下順從者，謂既彊而有力，斯不復勞以訟平而無敢不服者，即近世彊權之趣也。與國既立，羣益浸堅，故次之以小畜。畜者蓄也，貯積之象，故曰密雲不雨，取厚積而無耗散之義。故曰德積載也，故曰畜以其鄰，謂其聚富之繇，本乎得鄰之故而來者也，至此乃黨與之功用遂矣。而次之以履，履者禮也，謂人羣之所必蹈履者也。人有積畜，斯須節以禮義，亦順適之趨嚮，故曰滿而不溢以守富貴，故管子曰：「衣食足而知禮節」，故曰履者以辯上下、定民志。上下辯、民志定，斯瀍制之事立矣。瀍制既立，秩序畫一，羣眾之首，履位無疚。斯羣治日嚮於郅隆，故次之以泰。泰者宙合升平之極致而天階泰平之象，故曰天地之際，故曰交天地通萬物、交上下而同其志。以左右民，蓋謂無之而不攸獲也。而次之以否。夫泰極必否，亦如日中之必昃，陽陰盈虛消長之情，物理之自然者。夫泰者通也，否者塞也；泰者順而治，否者逆而亂。故曰否者萬物不通，天下非邦，匪人之世也。故曰君子道消而小人道長，故君子以儉德避世難，大人不亂世羣，其亡之際，苞桑之繫僅矣。危乎微乎之象也。而次之以同人。同人者，巨規模之締合，羣眾共濟之象，故曰通天下志，類族辨物，蓋區分黨與、畫別敵友之象也。若夫大羣之黨與，乃純然政治之中利害共同之高新締結，棄屏除其他一切原則之舊締結者。此須先反乎宗法之上之小結習，而首用破碎其簡陋，故曰同人于野者亨之途，同人于宗者吝之道，野無際涯，宗則有限者也。若夫大羣之黨與既立，則其所為用，貴首以羣力正不正，故曰伏戎於莽者剛敵之象，乘墉攻之而勿克，故曰先號咷也，復曰後笑。此言班師修教，復伐克敵。蓋大師之出，並舉分擊，既克既勝，歸來相期遇也。夫大勝者必有大獲，故次之以大有。故曰大車以載，積中不敗。若夫克大敵、振大愷，朝帝獻馘而飲至，皆師旋之事。故曰公用亨於天子，又曰明辨以晢其彭。夫彭者尸厲，謂執訊淑問、審別渠魁死虜之象也。天道滿而必溢，故曰戰勝者忌驕，乃次以謙。謙者事終必赴之體要，故曰裒多益寡，稱物平施，言區分戰利之貲物，道貴平匀而毋奪越，故曰「不違則」，自厲民服也。則者度也，言依度以分配於有眾也。故曰不富以其鄰，利用侵伐無不利，利用行師征邑國者，言相鄰相比厚用侵伐以獲取，而終以內部之交讓，始於爭，終於讓，爭於外，讓乎內，故聯曰利用，皆本不虧其鄰以自富也。乃次之以豫，豫者順也，軍師之後承以謙遜柔悅之治，刑清民服，國以順動，人以順應，雖始建侯行師無害也，此其效昭矣。而次之以隨者，隨，大同之象也。故曰天下隨時，大亨貞而無咎。大同之世，寰宇宴息無為之象也。則次之以蠱。蠱者腐臭之變，壞極而將有事之勞，羣害繁生之萌彰，朋比醜類之形著，而治忽倚伏之交，新舊之羣代謝更迭之會，故有先甲後甲之區以別。蓋又別開一世變矣。共和庚午，景耀月跋。

◎孫友思昉跋：聞之韓非有言：「犬馬難圖，鬼魅易畫」，漢後掃象說易，皆鬼魅也；「塵飯為戲，晚必歸饟」，漢儒遺理說易，皆塵飯也；「棘刺白馬，虛辭謾人」，末世以玄虛說易，皆棘刺白馬也。運城張洪之先生，纂述《周易象理證》，志在祛此三蔽，直探四聖本旨。凡所詮引，悉務精當，求實際，不雜術數不崇玄說，易學正軌其在是乎？先生性端慤剛直，學者嚴憚之。潛孳易理凡廿餘年，馮煥章、張子疆先生時從問易。至誠亦嘗與聞諸論，雖不知易，顧心好之。近先生數易稿，勒成此書，將以貢世。學者本此塗軌，益窮其隩區，謂易學無昌明之日，吾不信也。中華民國二十年五月十日，後學濬縣孫至誠謹跋。

◎摘錄卷首引論：古有天開於子、地闢於丑、人生於寅之說，易備言天地人三道，其名代更，率準於此。如夏建寅首艮，故名《連山》；商建丑首坤，故名《歸藏》；周建子首乾，故名《周易》。考天左旋，一日一周，日月為易，亦隨天轉，即《周易》之義旨耳。證以乾象天行健，益可信。世每以辭繫二姬，易至周始著，因號《周易》。此說涉俗。易自有卦以來，取義不同，道變於貞，有辭無辭，概以易稱。如第繫其辭，不索其名真諦，誤周有易，則《連山》《歸藏》皆不得為易乎？且孔子傳辭，加倍二姬，義尤顯明，又將名為孔子易乎？二姬揜羲、孔揜二姬，易亂源流，事近掠美，竊恐不合三聖之心。故曰《周易》名取於乾，與《連山》《歸藏》稱為三易。而易象含理，《繫辭》所本，解因乎象，義貴證明，因纂述《周易象理證》。

張澄 易經發蒙 佚

◎光緒《江西通志》卷九十九《藝文略》一《國朝》：《易經發蒙》，張澄撰（《新昌縣志》）。

◎張澄，字鑒水。江西新昌（今宜豐）人。

張崇蘭 讀易一斑 四卷 存

光緒二十三年（1897）刻悔廬全集本

◎張崇蘭，字猗谷，一字守陔，晚號悔廬。江蘇丹徒人。平生家居授徒，專事著述。咸豐癸丑（1853），太平軍至，移家西鄉，居櫃村三年，勤修《宋史》，業未卒，以兵至，奔避致疾卒。著有《悔廬文鈔》五卷首一卷文補一卷、《古文尚書私議》三卷、《中聲集》二卷、《粗才集》（一名《梅廬詩鈔》）二卷、《夢溪棹謳》二卷、《讀易一斑》四卷。

張初旭 大易心鏡 佚

◎咸豐《青州府志》卷三十三《藝文考》：張初旭《大易心鏡》《四書宗旨》（俱見本傳。無卷數）。

◎咸豐《青州府志》卷四十六《人物傳》九：著有《大易心鏡》《四書宗旨》，並刊《勸孝》《寡過》《崇儉》《應感》諸書。

◎光緒《臨朐縣志》卷九上《藝文》：張初旭《大易心鏡》《四書宗旨》（見舊志本傳。《府志》存目）。

◎光緒《臨朐縣志》卷十四之中《人物》二：沉默好學，博通經史，幼承庭訓，從從兄秋試受學，究心濂洛關閩大義，務求實際。晚年優遊林下，益致力於性理諸書。著有《大易心鏡》《四書宗旨》，並刊《勸孝》《寡過》《崇儉》《應感》諸書。

◎孫葆田《山東通志》卷百二十七《藝文志》第十：是書見《府志》。

◎張初旭（1603～1671），字熹若。山東臨朐城頭村人。崇禎九年（1636）舉人。順治三年（1646）傳以漸榜進士。次年選授湖廣辰州府推官，因違限落職。後投洪承疇幕下，授長沙司理，後辭歸。晚年優遊林下，病臥數年，益致力於性理諸書。著有《大易心鏡》、《心法》、《四書集解》《四書宗旨》等。

張楚鍾 易經晬語 佚

◎務實勝窩舊刻各書弁言〔註18〕：又題《易經晬語》，曰：自言易者出，易之義愈衍而愈多，然或騖於遠而忽於近，或求諸微而遺乎顯。石瓠善讀易，能於人人所共見卻人人所未經道者，一為拈出，令人怡然渙然，所以為石瓠之語，而非言易者之剩語，斯其語可以存也。

此題詞同治甲子所作。《易經晬語》即《說經晬語》中之言易者。

◎務實勝窩彙稿凡例（摘一條）：一易圖有至妙之義，是編就所悟編為《易圖瑣解》《易演圖》各一卷，亦不分理話、理畫。

◎張楚鍾，江西泰和人。又著有《說經晬語》、《四書理話》四卷、《羣經理話》二卷、《小學近思理話》一卷、《性理理話》一卷、《史鑑理話》一卷、《管見理話》二卷、《四書理畫》三卷、《羣經理畫》一卷、《小學近思理畫》一卷、《性理理畫》一卷、《史鑑理畫》一卷、《管見理畫》二卷、《理畫括例》四卷、《算學瑣解》五卷、《算學演圖》一卷、《字學韻學》一卷、《五行雜說》一卷。

〔註18〕摘自光緒三年（1877）刻《務實勝窩彙稿》卷首。

張楚鍾 易圖管見 一卷 存

同治十二年（1873）刻求是齋算學四種本

張楚鍾 易圖瑣解 一卷 存

國圖藏光緒三年（1877）刻務實勝窩彙稿本

◎條目：河圖洛書、橫圖、原圖、後天、蓍策、變占、雜術、義例。

張楚鍾 易演圖 一卷 存

國圖藏光緒三年（1877）刻務實勝窩彙稿本

◎條目：八卦配立方圖、蕭顯珏演焦氏雕菰樓易學圖。

張純一 講易舉例 一卷 存

山東藏 1919 年定廬鉛印本

天津華新印刷局 1919 年石印本

◎張純一（1871～1955），字眾如，法名覺義、證理。湖北省漢陽（今武漢蔡甸）興隆鄉馬鞍山人。中國同盟會員。曾任武昌文華書院、浙江溫州師範學堂教習。在上海廣學會任編纂，兼辦《大同報》。辛亥後任西北邊防督辦高等顧問，未幾辭職。先後任教武昌中華大學、文華大學、天津南開大學、北京燕京大學、上海法政大學、國立西北聯合大學、中央政治學校。深研佛學，與章太炎、黃侃、蔡元培、梁啟超、太虛法師、虛雲法師等相善。著有《晏子春秋校注》《老子通釋》《墨子集解》《墨子閑詁箋》《墨學與景教》《墨學分科》《先正典型》《耶教與佛教》《基督教與家庭之關係》《融通各教會相歸元講易舉例》《融通各教皈命基督談道書》《仲如先生弘道書》《課餘覺語》《耶教與佛教》《中國新基督學》《中國基督教》《改造基督教之討論》《佛化基督教》《國學闡微》《福音秘義》《姚秦三藏法師鳩摩羅什譯》《武昌日知會事實紀略》等。

張次仲 周易玩辭困學記 十五卷 首一卷 存

山東藏康熙六年（1667）海昌張訒一經堂刻本

四庫本

美國哈佛、日本東北大學藏康熙八年（1669）海寧劉氏刻本（不分卷）

山東藏 1983 年臺北商務印書館影印國立故宮博物院藏文淵閣四庫全書本

臺灣新文豐出版公司 1983 年大易類聚初集據文淵閣四庫全書本影印本

◎卷末題海宁張次仲元岵習，男袦季和、孫訒無逸仝較。旌邑劉鈇鍾甫書並刊。

◎張氏易記目錄：讀易大意、附尺牘、乾卦鄭康成本、周易上篇、周易下篇、繫辭上傳、繫辭下傳、說卦傳、序卦傳、雜卦傳。

◎卷首一卷為《讀易大意》：諸儒易論、困學私記、附識。

◎附識：

一、鄭樵《通志》謂蔡邕三體石經已不可考。今經中字畫俱倣歐陽詢石經本，中有一二與《本義》異同者，疏釋于本字下，以守同文之義，記內字繁，不及考。

一、《易》原有韻之言，魏了翁論易，以經傳皆韻。魏晉間有為《易音》者，于易學無大關係，故不載。

一、諸儒議論隨經旨敘次，不以人代為先後。

一、詮解有不出一手，繫彙集裁剪而成者，不載；姓氏失考者亦不載。

一、管窺之見，注以私記，不敢溷于諸賢。

◎周易玩辭困學記序：余七歲就外傅，先君子教余經學，擬《春秋》，意徘徊未定，抱著而問筮，人謂儒子於易似有宿因，宜讀易，遂授以文公《本義》。矻矻窮年，不過為帖括應制之事，於潔靜精微之旨了無窺見。一日經師講「潛龍勿用」，胸中憬然若有所觸，如電光石火，隨見隨滅。踰冠以後漸涉人事，遭家多難，日行於凶咎悔吝之塗而莫之悔。老來憂患轉迫，端居深念寡過之道無踰讀易、讀易之道當以夫子十翼為宗，庶幾循流遡源，可以仰窺伏羲、文、周三聖人之意。屏跡蕭寺，晝夜紬繹，有未明了，更撿先輩箋疏傳注諸書反覆參校，非謂有合於四聖，期自慊而後止。蓋風雨晦暝疾病愁苦，二十年如一日也。賦性顓愚，不敢侈譚象數，又雅不信讖緯之說，惟從語言文字中求其諦當，有益身心者輒便疏錄，歲久成帙，總不離經生習氣。謬題之曰《玩辭困學記》。困則困矣，學之一字，吾甚愧之。初意秘之篋衍，其或傳或不傳靜以俟運候之至，偶有因緣，率爾災木。平生寡交遊，不能以卮言剩句乞言玄晏，畧書本末，附載《讀易大意》。書成，或怪其無序，復勉為捉筆弁之簡首。昔虞仲翔讀易士也，其言曰四海有一人知己，足以不恨。蘇子瞻為孫子思作書，餘紙二幅，別寫一柬報子思曰：「留此付與五百年後人作跋。」古人之急於求知、果於自信如此。余之此書未知五百年後尚在人間否？縱在人間，亦未知有一二知己撫卷低徊、展紙和墨為余書數語否也？擲筆慨然。張次仲序。

◎跋：待軒先生《易記》，自經始以至授梓，凡更二十餘年，七易稿乃定。嘉淑任校訂之事亦三四過矣。先生於技藝玩好諸事一無他嗜，獨于書有專至之癖，鈎纂部署，老而不衰。其讀書大約先經而後史、先經史而後羣書。而其於經也，《易》為尤邃。箋疏訓故，琅函緗帙，以至故書舊紙，無不鑽穴貫穿，爬梳辨折，縱橫塗竄，割截連綴，口吟手披。或中夜有得，篝燈疾起；或侵晨闌夕，倚柱就明，矻矻孳孳，專而且勤，未見其少怠也。先生讀易，以為《易》之為書無所不有，淵微要渺，莫破莫載，無從涯涘，獨吾夫子十翼專為學者津梁，知夫子之意然後文周之詞可得而讀、羲皇之畫可得而悟也。故其解易一以夫子為宗：如因重之無十六三十二也，卦變之非某卦自某卦來也，夫子之所不言故也；河出圖洛出書，聖人則之，圖書之外無它圖也，後人因夫子之言而為圖也；卦必有主有應，六爻如主伯亞旅，夫子所謂相攻相取也。皆先生所心得而吾輩讀易之繩準也。嘉淑於先生為從甥，童時即從先君子得侍先生，聞其緒論。今先生開九袠而嘉淑亦艾且老矣。少汩沒於制舉，晚墮廢於疾病，於先生之學嘗鼎一臠而已，獨其耐辛辛苦甘寂寞、百折而不回，嘉淑知之最詳，敬書數語於後。康熙己酉夏五，後學陸嘉淑謹跋。

◎何焆彥《易經遵孔八晢類稿》卷十二《集晢》：張氏次仲《周易玩辭困學記》，自序云：「不敢侈談象數，又雅不信讖緯，惟於語言文字間求其有益於身心者。」持論固頗篤實，其剷除諸圖亦具有廓清之力，惟惜其非文孔之正旨也。

◎摘錄《困學私記》云：《易》乃易簡之學、寡過之書，須心體易直、氣質和平，不可妄生意見、好立異同，故與先儒枘鑿；亦不必株守成說，尊儒而疑聖，舉一而廢百，將聖賢道理、自己聰明無端埋沒。讀者整襟危坐，先看卦畫，次解卦名，次據翼傳而繹彖爻之辭。卦名是一卦時勢，彖則統言時勢之道，爻則值此時勢之人，辭則分言處時勢之事。一卦六爻，異苔同岑，如家之有主、伯亞旅藥之有君臣佐使，分有尊卑，情有親疏，品有賢不肖，而又有得時不得時之辨。故卦各有成卦之主，諸爻之吉凶悔吝皆視為趣避，然亦有權不在主爻而別有所屬者，則皆時為之也，須于六爻中理清線索，貴賤親疏，位置得所，恩怨報施聯屬有情，微彰柔剛處分得宜，合而觀之，如五絃之琴，清濁高下無不中律；如常山之蛇，擊首尾應，擊尾首應，擊其中首尾皆應，斯得之矣。讀易有簡要之法，只是反諸心而安，揆諸理而當，質諸聖言而無大乖謬，令讀者憬然省悟，有冷水澆背之意，便可從孔子而悟文周，從文周而窺皇象。晦庵云：「今之譚經者有四病：本卑也而抗之使高，本淺也而鑿之使深，本近也而推之使遠，本明也而必使至于晦。去此四病，方可從事于易。」

◎摘錄《困學私記》云：羲皇仰觀俯察，遠求近取，見得天地人物不過是這些子，信手作剛柔二畫，此道理文字之祖，機緘一洩，歇手不得，摩而為八，盪而為六十四。俄頃告成，決非擬議揣摹，今日畫一卦明日畫一卦。但既落形象，動手之時必有先後，如《繫辭》所云生儀、生象及一索、再索等。此八卦成列之序，無可疑者也。然究極論之，所云相生、相索者亦是聖人沈酣易學，看出許多妙理。伏羲畫卦時，何曾有是擬議哉。康節「乾一兌二」十六字依倣兩儀生四象而為次序，方圓之圖縱橫錯綜，總不離此十六字，妙極自然，是易中一家之學。然《繫辭》曰因而重之，又曰八卦相盪、八卦相錯，則是八卦之上各加八卦，何嘗有根榦枝葉逐節相生，如八卦生十六十六生三十二之說？且父母男女少長失其倫序，亦有可議者。先儒云兩儀之為八卦可得而知也，八卦之為六十四卦不可得而知也。故康節四圖直以為康節則可，以為伏羲則誣矣。友人汪惕若因重圖說如左（小注云：惕若名學聖，休寧人精于圖學。今僅載其一）。

◎摘錄《困學私記》云：予以幽憂之疾沈冥易學者二十餘年，凡六七脫稿，皆呻吟反側中語，章句腐儒秪求自慊，原無象外繫表之思，豈有通邑大都之志？知其不足當有無也。家在漸江之滸，煮海為業，牢盆數片，倚牆壁間者垂百年。去歲丙午，賈豎以百金相貿，非望之獲，兒輩縱臾，爰付梓人。作此誕妄之事，蓋攻苦有年，未免懷顧影徘徊之意，是亦凡心之未盡也。書成藏諸家塾，以俟後人。東坡謂子雲以艱深之詞文淺陋之意，今以淺陋之辭發艱深之意，寧敢妄跽皐比，或愚者一得，有數行數語闡幽抉微不悖經旨，亦可謬附醬翁篾叟之末，若其臆見妄語，獲罪聖賢，亦令天下後世引繩批根，是正其誤，斯所望于罪我者。時年七十有九，伏枕口占於延恩院之待軒，蓋歲在彊圉洽協之九日也。

◎摘錄所附《與陸與偕》：屠龍之技成而無用，不龜手之藥或以封。弟之《易記》不知于二者何屬？大抵古人著書，止抒胸中所得，至于毀譽，付諸後人。如申韓莊列，一則汪洋自恣，一則刻深次骨，各自成家，絕去模稜，故能與六經並垂。假使有一毫毀譽掛其胸次，豈能自成一家若此痛快哉？弟之於易，實自吾兄啟迪。滄桑之後，復贈以讀殘舊本勉之。學易十餘年來，不敢負教。曉風夜雨，惟以易為事。彙集群言，附以臆見，勒成一書，先以數卦請教。章句腐學，不合時宜，他日論定，或災梨棗，求知身後宇宙內當有兩種人肯讀此書：一者金馬玉堂之上致政歸林，留心易學；一者短簷破屋之下，老生宿儒皓首窮經。此二種人瀏覽之餘當有點頭會心之處，此外秖供覆瓿。弟亦任之而已，豈能執塗人而語之六十四卦三百八十四爻也？

◎摘錄所附《與朱康流》：旦暮之人，皇皇讀易，惟恐不得竣事。幸而近來身無病、家無事，莊誦數周，部署成帙，知無當于經旨。然憂愁困苦之際，竭蹶丹鉛，庶不為飽食終日之人而已。至于晦昧凝滯，日用之間毫不得力。今之讀易者猶昔之讀易者也。搜厥病根，止緣讀上大人時差了念頭，子午一移，遂至萬里。故弟謂易不必讀，只于《語》《孟》《孝經》體認一二字足矣。《易》之外惟《春秋》為聖人特筆，游、夏不能贊一詞。孟子約略言之，至于易則絕口不言，然謂孟子不知易則不可也。《易》與《春秋》相為體用，我翁于《易》既有解悟，《春秋》又復脫稿，以《易》讀《春秋》、以《春秋》讀《易》，此豈訓詁家所能闖其堂奧哉。翁謂閉戶讀經以當五嶽之遊。五嶽之在大地各自作鎮，至于血脈自相流通，雖隔越數千里，猶同堂共室也。何日襆被就教，庶不負一番起誼，不則猶然世人酬酢耳，安在其為益友哉？！

◎摘錄所附《與卓有枚》：去歲蒲月，耑力齎尊先生書奉完鄴架，嗣後每遇滯義輒欲繙閱，決疑難以再懇但有憤悱而已，不揣固陋，妄為纂述，非敢有所揀擇也，譬如入五都之市，萬寶雜陳，各隨所欲，滿願而止，明月夜光，所遺多矣。易自商瞿子木而後，紛紛紜紜未有定論，至輔嗣而一歸義理。有宋諸儒遞為祖述，易學至此如日月中天，人人可出險阻，事事可遊康莊，每見譚經家好為高遠，心竊非之。昔摯虞論文云：「假象太過則類相遠，逸詞過莊則與事相違，辯言過理則與義相失，麗靡過美則與情相悖」，夫詩文之道以富麗為工、馳逞為趣，作者猶斤斤不敢失尺寸。《易》之為書，易簡為宗，親切指示，無過懼以終始其要無咎之語，所以變化多端不可擬議，而出入以度，無容踰越。如陰陽寒暑潛移密運，不能盜其端倪，然氣候所至，刻日限時，無黍縷或爽。曲成萬物，妙用在此。學者但知其變化而不能守其繩尺，何怪乎穿穴附會、失于賊而莫之悟也。

◎摘錄所附《與張西農》：我翁《易詠》古奧幽深，揚子雲之流亞也，囂囂大地，定有知者。弟訓詁之學，三家村中蒙師，齒頰不自揣量，致煩鐵筆。陽明先生云：「使吾學而非也，吾無望于人知也；使吾學而是也，吾安得不望人知也。」既自信其是矣，又惓惓于知不知之間，先生此言，亦可念也。

◎四庫提要：是書前有自序謂：「賦性顓愚，不敢侈談象數，又雅不信讖緯之說，惟於語言文字間求其諦當有益身心者，輒便疏錄，歲久成帙。經二十餘年凡六七易稾而後成，持論最為篤實。於乾卦遵用王弼本以便解詁，而仍列鄭康成本於簡端。前集諸儒之論及己論數十條為讀易大意，其所論辨，如謂八卦因重之法，自十六三十二以至六十四卦，變某卦自某卦而來，皆夫子所不言。河圖洛書之外別無他圖，後人依託夫子之言，而支離蔓衍。」又謂一卦六爻，如主伯亞旅，無此以為君子彼以為小人反背錯綜之理，蓋掃除轇轕之說，獨以義理為宗者，雖盡廢諸家義例未免開臆斷之意，然其盡廢諸圖則實有劃削榛蕪之力，且大旨切於人事，於學者較為有裨，視繪畫連篇徒類算經弈譜而易理轉置不講者勝之遠矣。

◎黃宗羲《南雷文案》卷十《張待軒先生哀辭》：世變後僦居僧舍，著《易記》《詩記》數十萬言，《春秋分傳》及史傳未卒業，年八十有八。辭曰：嗟六經之奧旨兮，猶射者之布鵠。挽一人之矢兮，不如眾人弋獲。自科場之壞學兮，舉一先生以廢百。摩壘壘以自封兮，唯阿不能以咫尺。浙水曲於海昌兮，生罍庵與待軒。穿夫天心月脇兮，窮老於經術之淵。翻漢注唐疏兮，粹語錄以為箋。余訪罍庵於龍山兮，歎經笥之便便。邂逅先生於語水兮，儼衣冠之偉然。雖離群索處兮，時懷想夫二賢。傳罍庵之易簀兮，良愧心於磨鏡。錫予以先生之十日兮，得登堂而將命。星欲墜而忘寒兮，松將摧而韻勁。云求死而不得兮，何吐辭之悲硬。六經在天地而常新兮，先生亦不以一死為究竟。所以慰心吾黨兮，當與宴漢相輝映。嗚呼哀哉！

◎黃宗羲《南雷文定》前集卷七《張元岵先生墓誌銘》：海昌有窮經之士二人，曰朱康流、張元岵，短詹破屋，皆拚數十年之力，曉風夜雨，沉冥其中。二人每相功難，故其成書彼此援引，用張其說。以余所見二先生《詩》《易》言之，康流但究旨要，諸家聽其散殊，不為收拾；元岵錯綜積玉，忘懷彼我。康流于易研尋圖象，盡拔趙幟；元岵宗主王程，以玩辭為本。至於指歸日用，不離當下，因孔子而求文周，因文周而求羲易，則兩家一也。

◎張次仲之孫訒與曾孫貞觀、正觀、永觀皆宗羲子百家之門人，百家有《張待軒先生詩記跋》。

◎張次仲（1589～1676），字元岵，號待軒、浙汜遺農。初名允昌，字孺文。浙江海寧人。明天啟元年（1621）舉人。年十八為諸生，訪周新之（希昌）於五泄，尋胡玉呂（廷試）於螺螄山，相與為忘年交。讀書黃鶴山房，危簷敗壁，旁風上雨，窮寒暑不輟。明亡後隱居鄉里，潛研經學，舉賢良方正不就。又著有《春秋隨筆》、《左傳分國紀事》、《待軒先生遺集》、《瀾堂夕話》一卷、《偶書》一卷、《張待軒先生遺集》十二卷、《待軒遺集鈔》一卷等。

張大心 易象大學通解 二卷 存

山東藏清末鈔本

張岱 大易用 佚

◎張岱序：夫《易》者聖人用世之書也，後之讀易者，亦思用易，而卒不得易之用者，其所蒙蔽者有三：一曰卜筮、二曰訓詁、三曰制科。夫卜筮以象數為主，舉天下之事物皆歸之象數；訓詁以道理為主，舉天下之事物皆歸之道理；制科以時務為主，舉天下之事物皆歸之時務。盲人摸象，得耳者謂象如簸箕，得牙者謂象如槊，得鼻者謂象如杵，隨摸所名，都非真象。則易之不為世用也，亦已久矣。余少讀《易》，為制科所蠱惑者半世矣。今年已六十有六，復究心易理，始知天下之用咸備於易。如屯、如蒙、如訟、如師、如旅、如遯，一卦之用，聖人皆以全副精神注之，曲折細微，曾無罅漏。順此者方為吉祥，悖此者即為患禍。因見古之人雖不學易，其見於行事者必有一端之合，任聖賢之聰明睿知、奸雄之機械變詐，總不能出易之外也。故知易之道全矣，而不可以全用。人雖至聖若文王、箕子之流，僅守其一卦，復於一卦之中守一爻，以終其身足矣。非其餘者，聖人不足以知之，時有所不能，勢有所不可也。故古之成大事者，必審於時勢之當然又察夫己之所履，於是得其一說而執之，可以無患。凡卦之德，雖處極凶，至於險而不至於殺、至於危而不至於亡，其至於殺與亡者每不在於守而在於變。故易之為用不可以不變而又不可以不善變。何也？鷹化為鳩，鳩化為鷹，此以天時變者也；鸜渡汶則死，橘過淮為枳，此以地氣變者也；田鼠之為鴽，腐草之為螢，刺蝟之為蝶，變蠢冥而為文物，此善變者也；雉入大水為蜃，雀入大水為蛤，燕與蟹入山溪而為石，變飛動而為潛植，此不善變者也。善變者乘幾構會，得之足以成大功；不善變者背理傷道，失之足以致大禍。用易而不善於變易，亦無貴於用易者矣。故嘗就學易者而深究之，執之失二：謬也，雜也；變之失一：反也。謬者失時，雜者失勢，反者失幾。李膺、范滂處蒙而執同人，孔融處坎而執離，刁劉處小畜而執中孚，所謂謬也。苻堅處剛行柔，乾坤紊矣；嵇康內文外汙，離遁亂矣；霍光當難忘安，否泰瞀矣，所謂雜也。宋武德在師，急於受命，變而為革；唐德宗志在震，三藩一決，變而為需，所謂反也。嗚呼！成敗之不可以論人也，固矣。審夫易之為用，又豈無說乎？能成天下之務者，愚不可也，智不可也：愚則不知其所操，而智者必亟亟乎屢更其道。夫易如藥也，能生人亦能殺人。不知其病，數易其方，幾何而不死哉！

◎張岱《自為墓誌銘》：好著書，其所成者有《石匱書》、《張氏家譜》、《義烈傳》、《琅嬛文集》、《明易》、《大易用》、《史闕》、《四書遇》、《夢憶》、《說鈴》、《昌穀解》、《快園道古》、《傒囊十集》、《西湖夢尋》一卷、《冰雪文》行世。

◎民國《紹興縣志資料第二輯·書目》著錄。

◎張岱（1597～1679），初字宗子，人稱石公，即字石公，號陶庵。浙江紹興山陰人，僑寓杭州。明亡後隱居著書。著有《石匱書》、《石匱書後集》、《西湖夢尋》、《陶庵夢憶》、《琅嬛文集》、《古今義烈傳》、《傒囊十集》、《快園道古》、《史闕》、《冰雪文》、《明易》、《大易用》、《四書遇》、《昌穀解》、《千字文》、《張氏家譜》、《䳒舌啼血錄》等十數種。

張岱 明易 佚

◎張岱《自為墓誌銘》：好著書，其所成者有《石匱書》、《張氏家譜》、《義烈傳》、《琅嬛文集》、《明易》、《大易用》、《史闕》、《四書遇》、《夢憶》、《說鈴》、《昌穀解》、《快園道古》、《傒囊十集》、《西湖夢尋》一卷、《冰雪文》行世。

張岱坤 時易通占 二卷 存

四川藏同治十年（1871）漢源峽山書院刻本

◎張岱坤，號海山。

張岱坤 易案 一卷 又 二卷 存

國圖、山東藏光緒十三年（1887）雖園刻本

◎馮蕙襟補。

張道緒 周易義傳 十五卷 首一卷 存

上海、中國中醫科學院藏嘉慶十六年（1811）人境軒刻本

◎一名《周易義傳合訂》。

◎總目：卷一乾坤。卷二屯蒙需訟師。卷三比小畜履泰否同人大有。卷四謙豫隨蠱臨觀。卷五噬嗑賁剝復無妄大畜頤。卷六大過坎離。卷七咸恒遁大壯晉明夷。卷八家人睽蹇解損。卷九益夬姤萃升。卷十困井革鼎震艮。卷十一漸歸妹豐旅巽兌。卷十二渙節中孚小過既濟未濟。卷十三繫辭上傳。卷十四繫辭下傳。卷十五說卦傳序卦傳雜卦傳。

◎周按：《中國古籍總目》著錄為張道縉音釋《周易傳義合訂》十五卷首一卷，著者、書名皆誤。

◎張道緒，江蘇溧水人。又著有《春秋氏族圖》不分卷、《文選十三種》四十五卷。

張道義 周易本解 不分卷 存

山東大學、上海藏光緒二十六年（1900）石印本

臺中縣文聽閣圖書有限公司 2010 年晚清四部叢刊第二編影印光緒十年（1884）刻本

◎周憬《惜分陰軒主人述略》光緒三十一年：四月廿四日，張閏吉先生贈《周易本解》一冊，云費三年苦心方成此書，又《德性論》一冊，輔翼聖道，透徹詳明，讀之欽敬。

張德純 孔門易緒 十六卷 首一卷 存

江西藏稿本

國圖藏乾隆五十六年（1791）張松孫清餘堂刻本

◎刻本附張鳳孫撰《松南年譜》一卷。卷八末有識語一行云：雍正戊申二月，送兒頊之任黔東，命麟孫於舟中錄藁，至印江署畢。

◎序：漢興，說經之家箋注訓詁考釋疏解六經既無不備，而惟《易》為難言。《易》者初有三家，數傳而屢變，或偏主於天象人事，而能折衷於不易之易為尤難。約而論之，言數沿于京房，言理祖于王，及有宋諸子起而振之，周子《通書》、程子《易傳》、邵子《皇極經世》、朱子《本義》《啟蒙》，雖深造各殊而道寔一貫，蓋暢義理而不淪於空寂，驗占象而不雜於讖緯，庶幾吉凶消長進退存亡之道燦然而以明。自是而外，學者即覃精研思，如《集解》、

《集傳》、《叢說》、《易解》、《易故》、《玩辭》之類，鮮有不得失參半者。沅外曾祖張松南公，處為通儒，出為循吏，位不過千石而名重天下，仕不逾一紀而澤逮萬人。學博且醇，撰述最富，至今吳人士之推宿德者宗之。《孔門易緒》十六卷，則公平生積理之學，尤萃力于此書者也。其曰緒引者，乃統辨其源流同異之故、諸家純駁之分，以至卦爻彖象占辭之大意，而後析之為《經緒》為《傳緒》，而以《緒餘》終焉。以為易之為道寓于蓍策、顯于象占，謂中古聖人之易也可。若十翼既成之後則又當信為孔氏窮理盡性至命之書，是以于傳之章段分合及夫圖譜諸說不必盡襲于前人，而要必體驗深思而不詭於中正。若其辨卦變之義尤為獨有心得，而足與程朱分羽翼之功。信乎述洙泗之心源而無歉著書之本旨矣。歲在癸甲間，恭逢明詔集錄四庫之書，并飭有司所在諮訪，臣工私集苟備，采擇亦得以時進呈；其無副本者，俾付館別寫，鈐印而還之。猗與休哉！自昔開皇、貞觀聚書之盛固不足言，而學士大夫感千載一時之曠遇，凡遺書手澤，莫不爭先上獻，欲以發揚幽光。而沅于時適奉命持節秦中，下念外氏自出之私恩，仰體聖主右文之至意，緣求伯舅氏少儀先生手錄《易緒》定本，繕寫奏聞，獲邀乙覽，誠儒臣之至榮而世世子孫殆感激而莫知所報者乎？余叔舅氏鶴坪先生出守東都，力學愛民，克紹先志，爰以案牘之暇，將校訂是書而鋟諸木，以之廣布流傳。更命沅推本其作書之意而為之序。沅考公他所著，於《儀禮》《周禮》則有箋解，於《詩》則有《詩經解頤》，於《莊》《騷》則有《莊子箋釋》《離騷節解》，於音韻字學則有《六書統宗》。舅氏言俟當續刊，盖又此書之緒餘而後學經生所願盡讀而窺其窔奧者已。時乾隆五十有六年歲次重光大淵獻，榮祿大夫兵部尚書都察院右都御史總督湖北湖南等處地方軍務兼理糧餉外孫鎮洋畢沅拜手謹撰。

◎孔門易緒序〔註19〕：眾言淆亂折諸聖。漢魏以來說易之家紛起，千塗萬轍，適以疑誤後學，賴孔聖論易較他經獨詳，學者循是為鵠，尚不至昧厥指歸。蓋羲畫無辭，文周遞闡而義旨渾淪隱約未盡明顯〔註20〕，得孔聖贊易，揭作易之要，示人用易之法，亹亹乎言之，三才機緘畢呈露斯人耳目之前。故由《彖／象／繫傳》以求文周卦爻之辭，因以上溯羲畫，其於易也思過半矣。然則易為元化之樞轄，而孔子十翼又學易之權衡也。夫衡誠懸不可欺以重輕，孔子以辭變象占蔽易，理與數寓焉。倚於一以說易，而易之精微廣大

〔註19〕又見於彭維新《墨香閣集》卷一。

〔註20〕「顯」或有標點本作「民」而下讀。

者益不可見。文中子謂「九師興而易亡」，今其書不盡傳，大率如諸家禨祥、讖緯、推步、射匿之小數，否則亦墮于玄理清言、崇虛寂而疎於人事之類耳。由未能折衷於孔子，縱後世有述，君子弗為也。松南張先生問學淵洽，尤覃心于易。其處其出悉能以易道體諸身而措諸政。著《孔門易緒》，淵源洙泗，不為眾流所汩。其為說也，備辭變象占，引而歸諸人事，為目三：曰《經緒》，曰《傳緒》，曰《緒餘》。《經緒》醇乎其醇，其《傳緒》之章段分合與《緒餘》之圖譜諸說間與舊說異同，然皆深思實驗所得，非郢書燕說者比。至復古易，辨卦變，條剖確鑿，總蘄不詭于聖人之意。是編出，將與程《傳》、朱《義》分羽翼遺經之功矣。夫緒之為訓端也、繫也，抽繭而引之不窮，承嫡而續之弗絕，其斯為聖人之徒與？先生有孫曰鳳孫，敦行能文章〔註21〕，亦窮研經學，頻年衣食於奔走，猶收錄斯編至於再三，是又能繩祖武而大恢厥緒者。茶江彭維新頓首拜序。

◎孔門易緒後序：昔人謂不讀盡天下書者不可輕議古人，又謂真能讀盡天下書者乃知古人，不必無待，是以前賢撰著，其義類幾已盡出，而善讀書者說心研慮，從而發其所未始，有以成一家言。此古學者之志也。吾祖松南公以名進士負重望於時，清士宿德，學者宗之。凡所著述不下數十萬言，若《儀禮／周禮箋解》《詩經解頤》《莊子箋釋》《離騷節解》《六書統宗》諸書，皆為士林所推服，而《易緒》一編尤生平根柢之學，見許于識者。而公猶慊然不足，是以未行於世。夫先世之遺編，方其焚膏繼晷、手不停批而或往往皓首成書，汗青無日，不得不有俟後人以完未竟之緒，此又子孫之責也。漢唐以來，治易者群言蜂起，未得所宗。自有宋諸子出而乃集其大成。易亦難言矣哉！公自束髮受書即于是經好之無已，長乃徧咨于當世名儒先生，晚歲家居迄未嘗一日廢釋，于是始得溯其支源窺其堂奧，乃敢別擇而折衷之，其要雖以程朱為宗，而獨闢見解，亦足為功于古人。先大夫霽山公熟聞庭訓，學醇而粹，嘗欲流播之，而負負未遑。先伯兄少儀宦遊四方，又每鈔存行篋中，欲以遠成先志，終亦未果。會聖朝纂輯《四庫全書》，采及儒臣著作，時畢氏甥鎮陝，乃以此書繕呈乙覽。自來臣工私集，幸獲仰荷宸披者蓋鮮，此不惟先臣蒙稽古之榮，而百世子孫感千載一時之曠遇。逾涯寵異，莫知所報也。松孫壯歷仕途，迄今三十餘載，夙夜兢兢，惟以勿辱家聲為念。凡先人手澤所遺，尚未能盡付剞劂以公同好。守東都之三年乃于是書梓而行之。昔曾南

〔註21〕有標點本斷為「先生有孫曰鳳孫、敦行，能文章」，疑誤。

豐為其祖集後序，邵子文亦嘗序《皇極經世》與觀物內外篇，茲豈敢自擬於前賢，蓋誠念吾祖數十年研究之功，幸三世遺留之澤，俾後世子若孫藏而讀之，世守無失云爾。乾隆五十六年辛亥六月，孫男松孫謹跋。曾孫男智瑩、勇�校字。

◎雍正乙卯仲春門年眷弟江陰楊名時（與德純同出石首熊夫子之門）撰《松南先生小傳》：

晚年一意窮經，《儀禮》《周禮》皆有所箋解，著有《詩經解頤》、《孔門易緒》尤殫數年精力而成，至莊、騷、太史，以己意箋釋，不屑屑求附古人。究心音韻字學，著有《六書統宗》一編。君之於經義古學，可謂篤好而勤力矣。余嘗謂學者受遺經於先聖，如畊者受恆產於先人，先人恆產不治而生計就荒，遺經不治而心源懼日就于湮也。君獨矻矻治經，精研易學，參證諸家，抒所心得，有成書以授後人，不亦抗躅儒先而足以不腐矣乎？

◎王昶《春融堂集》卷六十四《張德純傳》：晚年一意窮經，《儀禮》《周禮》皆有箋釋。《詩經解頤》、《孔門易緒》、《離騷節解》尤殫數年精力而成。

◎張鳳孫撰《松南年譜》：（雍正）六年戊申：《孔門易緒》成。（雍正）七年己酉：著《千文隸正》《詩緒》。

◎孔門易緒卷目：卷首引緒。卷弟一經緒：乾、坤、屯、蒙、需、訟、師、比（小畜）、履、泰、否（同人、大有）。卷弟二經緒：謙、豫、隨、蠱、臨、觀、噬嗑、賁、剝、復（無妄、大畜）、頤（大過）、坎、離。卷弟三經緒：咸、恒、遁（大壯）、晉（明夷、家人）、睽、蹇、解、損、益、夬、姤、萃、升、困、井。卷弟四經緒革、鼎、震、艮、漸（歸妹）、豐、旅、巽、兌、渙、節（中孚、小過、既濟、未濟）。卷弟五傳緒：大象、文言。卷弟六傳緒：繫辭傳上。卷弟七傳緒：繫辭傳下。卷弟八傳緒：說卦傳、序卦傳、雜卦傳。卷弟九緒餘：造化渾儀——天地定位、山澤通氣、雷風相薄、水火不相射、八卦相錯、錯綜相成。卷弟十餘緒：流行平局——當期置閏之法、震兌二方歷譜、艮坤二維歷譜、坎離二方歷譜、乾巽二維歷譜、帝歷八方（附廟制圖）、神妙萬物、三索成形。卷弟十一餘緒：卦變本末——立本即該變義、剛本三十、柔本三十四。卷弟十二餘緒：循環因積——三變積成（此大循環）、乾坤祖變、坎離繼變、震艮巽兌學變、小循環之變、循環自分黨類。卷弟十三餘緒：原始反終——卦分九位、九變歸原、分官託位、中爻互體、反約肖經。卷弟十四餘緒：卦爻綱目——卦成十六族、百九十二陽爻等義、百九十二陰爻等義、爻居九等。卷弟十五餘緒：易簡同歸——乾坤闔闢、太極函中。卷弟十六餘緒：圖書合撰——河圖倚數生爻、洛書依方立卦、天生聖則、龍圖數得先天、九疇數符大衍、（附）太乙九宮初式。

◎四庫提要：是書專以十翼解經，其說謂經本無陰陽剛柔之名及天地風雷水火山澤之象，皆夫子所顯示以闡經，故曰《孔門易緒》。為目凡三：曰《經緒》，說上下經也；曰《傳緒》，說《繫辭》、《說卦》、《序卦》、《雜卦》也；曰《緒餘》，則以諸家易圖為未善，而以己意推衍，自立新圖新譜也；別以《引緒》冠於首，則總論也。其說與諸家迥異，蓋易道廣大，隨引一端推衍之，皆可成理耳。

◎張德純，字能一，號天農，別號松南。先世居吳郡之崑山，代稱名宿，依外家黃氏遷於青浦。六七歲已能辨聲韻，時有神童之目。年二十七舉於鄉，康熙庚辰成進士。初授內閣中書舍人，戊子改授浙江常山縣知縣，器量超卓，澹然於榮利得喪，而當官任職，於愛民造士罔不既厥誠心。在官九載，以失察旂人解任。少工詩。晚年一意窮經，《儀禮》、《周禮》《史記》、《莊》、《騷》皆有箋釋。又著有《詩經解頤》、《六書統宗》、《離騷節解》一卷附《離騷本韻與正音》、《松南詩鈔》。

張德湛 易經口義 佚

◎民國《重修新城縣志·藝文》據《府志》著錄，本傳云有是書藏於家。

◎張德湛，字露斯。山東新城人。

張登嵐 周易集腋 佚

◎孫葆田《山東通志》卷百二十七《藝文志》第十：是書見《採訪冊》。大抵主來知德、牛運震之說。

◎張登嵐，字曉山。山東鉅野人，居鄒縣。同治六年諸生。通中西天文算學。

張鼎 讀易日記 二卷 存

南京藏清鈔本

1948 年鉛印春暉樓叢書上集本

山東藏臺北成文出版社 1976 年無求備齋易經集成影印 1948 年鉛印本

臺灣文聽閣圖書有限公司 2009 年林慶彰主編民國時期經學叢書本

◎一名《春暉樓讀易日記》。

◎卷前題：海鹽張鼎銘齋著，紹興楊際春韻琴、海鹽程宗伊學川、海鹽祝穎靜遠校勘。

◎是書條解六十四卦。

◎張鼎，號銘齋。浙江海鹽人。曾任徐州兵備道。又著有《春暉樓禹貢地理舉要》《春暉樓論語說遺》《春暉樓四書說略》諸書，收入《春暉樓叢書》。

張鼎 易漢學訂誤 一卷 存

上海藏清蔣氏別下齋鈔本

續修四庫全書影印上海藏清蔣氏別下齋鈔本

◎目錄：六卦議，六日七分、孟京異法、誤字（經訓堂本）。

張鼎 易漢學舉要 一卷 存

上海藏清蔣氏別下齋鈔本

續修四庫全書影印上海藏清蔣氏別下齋鈔本

◎目錄：孟氏易：消息、六日七分。京氏易：納甲，世應、遊魂、歸魂，六親，飛神、伏神，六日七分。鄭氏易：互卦、爻辰。虞氏易：納甲、旁通、之卦、之正。

張鼎文 墨賓易註 佚

◎民國《萊蕪縣志》卷十五《藝文》：《墨賓易註》，張鼎文著。

◎張鼎文，字墨賓。山東萊蕪人。廩生。於子史百家及秦漢晉魏以還文章辭賦，無不淹貫博通，尤寢饋於九經，集百家說衷諸一是。門下弟子多有成就，名弟子有進士潘紹烈等。

張定賢 安貞堂易義 佚

◎光緒《續修廬州府志》卷五十三《義行傳》二：著有《安貞堂易義》待梓（《採訪冊》）。

◎光緒《續修廬州府志》卷九十《藝文略》上：《安貞堂易義》（合肥張定賢著）。

◎張定賢，安徽合肥人。庠生。咸豐間，曾國藩委辦大通粥賑，以勞績保訓導，歷辦金陵保甲、懷遠／正陽鹽務，皆清廉不苟。

張敦仁 周易口義 佚

◎光緒《臨朐縣志・藝文》、民國《臨朐續志・藝文》著錄。

◎張敦仁，字道譜，私謚文格先生。山東臨朐人。嘉賓子。好古文詞，為諸生與王日升、王紹先齊名，同為知縣何如芩所鑒賞。康熙四十三年舉於鄉，補內閣中書，改德州學正。又著有《白鹿洞規》《義疏謹言訓》及《朐陽耆舊傳》、《臨朐編年錄》。

張爾岐 周易程傳節錄 佚

◎張爾岐《蒿庵集》卷二《周易程傳節錄序》：易學，朱子極推《程傳》，其為《本義》則不多取傳說。以其說理雖精，或非經義，固不得強徇也。然朱子極推之意，正不專在解經；即非經義，不害其精於理。近日學易者主《本義》，間及傳，亦采其合於《本義》者耳。讀程仍以朱律程，而程學微矣。某晚而知慕是書，苦衰病不易竟。乃取而節之，意所欲錄，則錄三百八十四爻，容不備也。或曰：此固宋和靖、上蔡、東萊諸先正所共推而固守之者也，子何人，乃敢妄有簡別乎？曰：《程傳》不易讀，朱子嘗言之矣。某自讀其所能讀，亦自錄其所能錄，諸先正其不許乎？若以簡別為罪，初不敢以是限讀傳者也，況敢議及於傳？

◎張爾岐（1612～1677），字稷若，號蒿菴，又號汗漫道人。山東濟陽西鄉宜約人。又著有《儀禮鄭注句讀》、《夏小正傳注》、《老子說畧》二卷、《弟子職注》、《蒿庵集》三卷附錄一卷、《蒿庵閒話》二卷。

張爾岐 周易說略 八卷 存

國圖、四川、無錫藏康熙五十八年（1719）徐氏真合齋磁版印本〔註22〕

國圖藏康熙刻本（四卷）

北大、遼寧、濟南、山東大學藏乾隆二十七年（1762）吳元祥刻本（四卷）

北京大學、山東、青島、中科院藏嘉慶二年（1797）文源堂刻本（四卷）

北京大學、山東大學藏嘉慶十年（1805）文錦堂刻本三與堂（四卷）

山東藏嘉慶十年（1805）文錦堂刻本

山東藏宣統元年（1909）善成堂刻本（四卷）

〔註22〕周按：杜師《存目標注》謂徐氏係磁版，非磁活字，洵為不刊之論。

光緒十五年（1889）山東書局刻蒿庵全集本

齊魯書社 1993 年山左名賢遺書周立升、喬岳點校本

四庫存目叢書影印康熙五十八年（1719）徐氏真合齋磁版印本

續四庫影印康熙五十八年（1719）泰安徐氏真合齋磁版印本

臺北成文出版社 1976 年無求備齋易經集成影印宣統元年（1909）善成堂刻本

山東文獻集成第一輯影印康熙五十八年（1719）泰安徐氏真合齋磁版印本

◎一名《易經說略》。

◎男孝寬（栗伯），姪孝通（文淹），門人菅發瑞（輯五）、崔文炳（人虎）、吳孔嘉（令儀）仝校。

◎徐志定序：濟陽稷若張氏，性至孝、文篤寔，洞悉天人理數，常恥帖括勦襲之弊。當崇禎癸未間，痛父喪，即棄舉子業，而以羽翼經傳為事任。生平著作甚富，如《儀禮句讀》則勾勒明確而節次了然，《春秋傳義》則矯誣別謬而四傳會歸。至於《蒿庵雜作》、《性命》等篇，又直登理奧而數百年未傳之祕賴以傳焉。及讀易，復病時講之陋，本《本義》而為《說略》，因象析義，銷融偏滯，非不言事而言事之理，非不言理而言理之象，迹其不占，占指事略矣，而理無不包；不斤斤辨理略矣，而象无不該。此其寧為略而不為詳者，正乃所以為詳而恐涉于略也。又何至如時說之言事則掛一漏萬、言理則泛舉失旨者之真為略哉？讀之者誠依以為揲策，可不失宓羲周文孔子之本意；而依以為文章，即天下事物繁賾之狀亦多能核其真，占法制藝庶幾兩得之矣。吳門顧林亭先生閱其書而遺之以詩，有云：「緇帷白室覩風標，為嘆斯人久寂寥」，又曰：「長期六籍傳無絕，能使羣言意自消」，則其操行之卓越、著書之淵源不概可知乎？惟惜什襲已久，未嘗公世。戊戌冬，偶創磁刊，堅緻勝木，因亟為次第校正。逾己亥春而易先成。既喜其書之不終於藏而人與俱傳，且並樂此刻之堪以歷遠久也。遂為一言以識之。康熙己亥四月，泰山後學徐志定書於七十二峰之真合齋。

◎張爾岐序：天下之理，一而已矣，而致用則萬。聖人欲舉一以示人，而一無容示也，萬又不可勝窮。於是乎卦以象之，爻以效之，統於六十四，析為三百八十四，而天下之人皆在其中，天下之物皆在其中，天下人物之成敗盈虧以至一動一息無不在其中，而天下之能事畢矣。夫天下之人、天下之物、

天下人物之成敗盈虧，以至一動一息，其數不可勝窮矣，而舉不出此六十四卦三百八十四爻者，謂其已具天下人物一切動靜之影似也。天下之人物與人物之一切動靜，質言之則不可勝窮。而擬其影似，則六十四卦三百八十四爻而可畢者，質言則專，專則滯，故愈詳而愈多失。擬其影似，則略於事而言理，略於理而言理之象，於是乎事所不得兼者，理得而兼之。此之理不得兼彼之理者，理之象則無不得而兼之也。宓羲之畫、文王周公之辭、孔子之翼無二致也。朱子作《本義》，亦但依貼卦辭，銷釋凝滯，寧為略不為詳者，亦曰求不失其為影似者而已。世之為舉業者，遺天下之人而耑言一二人，遺天下之物而耑言一二物，甚之舉數卦數爻無不屬此一二人一二物，其言此一二人一二物也近於詳，而於天下之人之物則荒矣。夫此六十四卦三百八十四爻者，謂其各指一人各指一物且不可，況舉而屬之一二人一二物？豈四聖之作易耑為一二人一二物設哉？予自四十讀易，時取以授子姪門人，每病俗說之陋而《本義》又不易讀，乃本其說稍為敷衍，名曰《說略》，以便童蒙。倘讀者因此以得朱子之說，復因朱子之說以求四聖人之說，庶幾見聖人設卦繫辭待用于無窮者，果非質言之所能詳，而依其影似、隨事擬議以盡變焉，將不容言之旨亦依稀可睹矣乎！康熙六年九月朔，濟陽張爾岐序。

◎錢載《蘀石齋文集》卷二十四《處士張蒿庵墓表》：聖朝天地之德之大，物物涵煦，以生長成遂，其閒之以處士自見者，類如江南之顧絳、山西之傅山。康熙己未以博學宏詞薦，而一辭一不至，臃腫拳曲之木，實霑雨露以遂其山澤之生。山東濟陽張爾岐，蓋其闇然者。爾岐諱字稷若，號蒿庵，以明諸生入本朝。順治庚寅當貢太學，以病不行。其病既困，乃口授墓誌。生旃萬應壬子七月二十二日，歿於康熙丁巳十二月二十八日。其所著《儀禮鄭註句讀》十七卷，顧氏謂使朱子見之，必不僅謝監獄之稱許。至今江浙閒為《儀禮》之學者稱蒿庵張先生。先生之學，深於漢儒之經而不沿訓詁，邃於宋儒之理而不襲語錄。其《答論學書》云：「士生今日，欲倡正學于天下，不必多所著述，當以篤志力行為先。」蓋闇然君子之自得者也。惜其《學辨》五篇僅存《辨志》一篇，然已足以見其學之正。其所為文，《處士前川府君墓表》《將仕佐郎龍溪府君墓表》《亡室朱氏權厝志》，雙字必謹，而皆得於經之意。南豐之作開朱子先，其亦何必不近之矣。前川府君，其祖也，諱蘭；龍溪府君，考也，諱行素，為石首驛丞。曾祖諱信，其還祖諱大倫，明初徙自棗強。其子孝寬，諸生。孫瑞源，曾孫昭木，元孫本碩，來孫克敬、克明。克敬今轉徙山海關外以傭耕，克明為農於濟陽，年過三十而未娶。嗚呼！崇禎己卯，以石首之罹兵難也，欲蹈水死，欲著道士服入山，以有母之待養也，自抑自制而不敢，遂蒿庵者自題其居者也，養其母三十四年。《龍溪墓表》云「康熙壬子，郭孺人以正月十三曰歿」，及門艾尚書諷之仕。卒以病自廢，教授其鄉里，守其道，立其言，蓋後其母六年以歿。嗚呼，是則可謂處士也已！其他所著《易經說略》八卷、《詩經說略》五卷、《夏小正注》一卷、《弟子職注》一卷、《老子說略》二卷、《蒿庵集》三卷、《蒿庵閒話》二卷、《濟陽縣志》九卷、《吳氏儀禮注訂誤》一卷，《春秋傳義》未成。山東按察使陸燿既立蒿庵書院於濟南，而復屬載文以表諸墓。嗚呼！濟陽人士，縣城南二十里荒草寒流杈椏古樹者，大清處士張蒿庵之墓。

◎陸燿《切問齋集》卷十《蒿庵書院碑》：齊魯自伏生、轅固而還，至東京之末，康成鄭氏始為諸經箋注，號為經師。爰及北宋，乃有泰山孫明復、徂徠石守道特起為人倫師表。越六百餘年而復有濟陽蒿庵張先生。先生名爾岐，字稷若，生於明季際會興朝，當正學昌明之日，博綜載籍，篤志躬行。當是時，孫鍾元講學於蘇門、李中孚標宗於盩厔，類沿明人餘論，出入白沙、陽明、心齋、近溪之間，先生獨守程朱說不少變。海內君子如桐鄉張考夫、太倉陸道威，各以韋布力行，任斯道之重。先生縞紵不通，而風期合轍，隱然有以開陸清獻、張清恪之先。故崑山顧寧人亦每以康成、泰山、徂徠三先生相勉。嗚呼，若先生者，其庶幾人師也已！

◎四庫提要：篤守朱子之學，因作此書以發明《本義》之旨。內惟第四卷分為二，故亦作五卷。李煥章作爾岐傳云八卷者，誤也。

張鋒 易繫 佚

◎張耒、封作梅《張澤志》：張鋒《易繫》。

◎張鋒，上海松江張澤人。著有《易繫》。

張鳳鳴 周易彙參 十八卷 佚

◎光緒《黃岡縣志》卷二十三《藝文志》：張鳳鳴《周易彙參》十八卷。張鳳鳴《周易註說》。

◎光緒《黃州府志》卷三十二《藝文志》：《周易彙參》十八卷（《通志》）。《周易註說》，黃岡張鳳鳴撰（《縣志》）。

◎張鳳鳴，湖北黃岡人。著有《周易彙參》十八卷、《周易註說》。

張鳳鳴 周易註說 佚

◎光緒《黃岡縣志》卷二十三《藝文志》：張鳳鳴《周易彙參》十八卷。張鳳鳴《周易註說》。

◎光緒《黃州府志》卷三十二《藝文志》：《周易彙參》十八卷（《通志》）。《周易註說》，黃岡張鳳鳴撰（《縣志》）。

張拱 易經貫解 佚

◎道光《續修桐城縣志》卷二十一《藝文志》：《易經貫解》（張拱撰）。

◎張拱，安徽桐城人。

張拱北 周易約註依講合鈔 存

同治十二年（1873）新化城南文元堂刻本

◎開平關培鈞序〔註23〕：同治戊辰，余捧檄之湘，謁見上游，皆示以新化多文士。既晉謁學使溫味秋先生，盛稱新化人才為寶郡冠。余以是知邑人士能文章，而不知皓首窮經，不求聞達，各挾所得以自樂，其樂者殆不乏人。辛未春，康君伯卿以所輯《詩經字同韻異考》請序於余。余口詳叶韻之說以示之。夏，鍾明經翰臣又以張生極垣所著《周易約註依講合鈔》一書丐余弁言。余以易之為道，微之包羅造化，顯之夫婦與知，《易繫》所謂人謀鬼謀、百姓與能也。四聖作易，示人吉凶，亮於指掌，奧如河洛。吾儒讀書數十年猶未盡徹，況百姓耶？何與能之足云？河出圖洛出書，聖人則之，不過言其託始，與倉聖見鳥跡而作字、軒帝見蓬轉而製車，皆有觸而興，設無圖書八卦，亦可由聖心獨剏，況《易繫》所云天生神物、天地變化、天垂象，皆作易所由始，豈獨圖書耶？《春秋傳》論占易多奇驗，不聞推及河洛。自陳圖南發之，邵子衍之，說遂大興。若以之推運會、定吉凶，皆包於洛書之數。邵子《皇極經世》以六十四卦參錯排算，其實由洛書推衍而出，以卦爻為指點耳。天地萬物不外一數，易之數與洛書之數本無異轍，故謂易與河洛相通則可，謂不識河洛、不知六十四卦則不可。先正嘗言以河洛論易，此陳仙邵子之易，而非伏羲、文王、周公、孔子之易，非無故也。余考註易之易，採入《四庫》者一百五十餘家，其他汗牛充棟，不可殫述。張生宗胡滄曉先生《函書約註》，覃精研思，擷其要旨，復參諸說，訂為講章，簡而有要，明而且清，能自成一

〔註23〕錄自同治《新化縣志》卷第三十五《藝文》三補遺。

家言以嘉惠後學。嗚呼！士不通經，果不足用，世之持帖括以博巍科者，其於經學果何如？若生之沈浸易義，鬯然在胸，毋亦今之所稀也夫！

◎大谷杜瑞聯序〔註 24〕：班固因《史記》而作《漢書》，歐陽永叔與宋子京因《舊唐書》而修《新唐書》，四部並存宇宙，瑕瑜不掩，後世尚論，無少假怨。肇自庖犧氏興，作者之謂聖，述者之謂明，易教昭垂天壤。秦漢而降，傳易者不乏人，類多因其性之所近，與夫家授師說，先入者以為宗。求其一成而不可變者絕少。經學之盛，莫如國朝。張生拱北此書，以《周易函書》為本。《周易函書》者，胡氏煦之遺稿也。《簡明目錄》云：「原書一百十八卷，藁本浩繁，漸有散佚。其已刻亦編次無緒，此本乃其子季堂以其論易之語分為《原圖》《原卦》《原爻》《原占》者，編為《約存》以其依經釋義者編為《約註》，而以《篝燈約旨》《易解辨異》《易學須知》編為《別集》。其持論酌於漢學宋學之間，與朱子頗有異同。」今刊行者五十卷而已。胡氏之書皆從《彖／象／繫傳》玩索而有得，非橫空結撰者比。至其乾坤與六子兩圖，體陰體陽用九用六諸義，率以震坎艮而包巽離兌，尤足徵陽統陰、陰成陽之象，粗閱之似為奇刱，細思之竟屬尋常日用習見之理。世儒為沿襲成慣者所封，乃遂不之察也。夫道陰陽之書不啻汗牛充棟，譬如鑿山採玉、入海探珠，所出雖殊，均稱世寶。張生因《約註》而作《依講》，擇取之精、守處之固，知其稟姿與問學者，自是不侔矣。昔唐李鼎祚《周易集解》，傳引《子夏易傳》以下三十五家之說，自序偁刊輔嗣之野文，補康成之逸象，間亦參以己見。尚矣，爾時先天之說未有萌芽。胡氏則專主先天，雖徵引漢學，大都從宋學而化。即張生此本閱之，亦足見吉光片羽云。

◎奉新任啟運序〔註 25〕：高平夙多好古通經之士。戊辰春，攝篆斯邑，公餘延見諸生，每以植學相策勵，諸生亦間以文字就質。冬孟既望，邑紳羅君寶垣袖一編進曰：「此吾邑張子極垣手輯《易解》數十卷，將付剞劂氏，丐一言為之序。」予取其書閱之。專宗胡氏《函書約註》，附鈔諸說而撰以為辭。夫易之為教，義出河洛。秦漢而後，解易者不乏專家。然或穿鑿傅會，泥於一是；其才高意廣者，又或矜奇嗜異，炫為誕妄而不自知。胡氏之學以先天為主，雖與朱子偶有異同，而其折衷於漢學宋學之間，確有見解，不假依傍，義奇而正，旨簡而賅，誠善本已。但初學見聞未擴，遽以奧旨微言示之，

〔註 24〕錄自同治《新化縣志》卷第三十五《藝文》三補遺。
〔註 25〕錄自同治《新化縣志》卷第三十五《藝文》三補遺。

無由循途以尋其緒。故能由散而聚、由博而約之功，益豈淺哉？俗薄風澆，佔畢儒生往往專攻帖括，置經義於罔顧，甚有皓首窮經，茫無所得。張生乃於課徒之暇，潛心經解，至老不衰，且復條分縷晰，俾學者一覽了然，其不厭不倦之心為何如哉！余故因其請，爰贅數語於簡端，為務浮詞而荒經學者勖。是為序。

◎同治《新化縣志》卷第三十五《藝文》三：《周易約註依講合鈔》（張拱北撰）。

◎張拱北，湖南新化人。著有《周易約註依講合鈔》。

張觀曾 周易指掌圖 一卷 佚

◎宣統《建德縣志》卷十五《人物志·文苑》：著有《木石軒詩文集》十二卷，並輯《春秋大事表摘要》二卷、《周易指掌圖》一卷、《柳蘇古文合選》二卷、《唐宋五律正宗詩選》二卷。《名文春華／秋實》二集均擬付梓，惜年三十六卒，藏稿盈篋，後被兵燹。

◎張觀曾，字少芝，號柘圃。安徽建德人。優廩生。與弟觀美相為師友。

張官德 學易門徑 一卷 佚

◎光緒《武昌縣志》卷十《藝文》：《周易集注》六卷，張官德撰。《學易門徑》一卷，張官德撰。《周易補注》一卷，張官德撰。

◎張官德，字次功。湖北武昌人。道光二十九年（1849）舉人。年十六得劉宗周《人譜類記》，瞿然曰：「學也者，學為人也」，因益發奮攻苦，凡日夜所讀所為必記之以自考驗。從學於麻城袁銑，潛於經義而益有心得。主講安康興賢書院，教人以朱子《小學》、《近思錄》為主，從學者日眾。一時名士多出其門，翰林雷鐘德其尤著者。同治元年（1862），太平軍陷興安城，乃歸。晚尤好易不釋手。享年七十八。又著有《禮記約選》六卷、《學思錄》三卷、《六壬辨疑》四卷、《六壬畢法案錄》一卷、《課蒙易曉》一卷、《課士題解》一卷。

張官德 周易補註 一卷 存

北師大藏光緒二年（1876）養源堂刻本

◎周易補注自序〔註26〕：夫《易》之為書，其道至大，其義至精，其為

〔註26〕又見於光緒《武昌縣志》卷十《藝文》。

用也至神。而其言要皆切於日用倫常之事，非鑿險縋幽以成隱怪之書者比。諸經之作意有專屬，其詞各指所之，唯《易》包括天地人物古今事變。言之不盡而立象以盡其意，象者。髣髴近似而不可以一人一事泥。即三畫卦中，一卦之象，所該甚廣，《說卦》何能盡；六十四卦大象又豈八卦可拘？況三百八十四爻，爻爻各有實義，各有定象。本卦上下且不可通移，無論錯綜難礙。即求錯中綜中之錯，遁而又遁，勢有必窮。間能附會一二，亦膚而不切、麤而寡當，甚至與經文大相悖謬。官德自成童後，見有錯綜解易之書，甚喜其新而創也。但言易長夜二千餘年，竊嘆鄙夷一切而猶未知其鑿。及讀御纂所解象義，皆從本卦本爻體會而出，無一語及錯綜，而實能發揮前聖之旨。於是專意揣摩孔子《彖傳》《文言》《大小象》及《繫辭傳》作易、說易之法，恍然有悟。其所謂參伍以變錯綜其數者，不過借古成語以明揲筮變化之義，而非觀象玩辭之方。近來帖括家尤而效之，又增飾其詞。竟以一奇為太極、一耦為兩儀。如此悖謬，指不勝屈。余竊憂焉，而自反見道不明，何敢輕議。遲之數十年，復經亂離奔走衣食，無暇晷。同治十一年春，以事赴皖，適吳竹莊方伯聘延西席。見藏書甲於東南，而又好傳遺稿，慫恿卒業。數月間，初稿甫脫而方伯作古。嗣後自皖之粵、之豫章，課讀稍餘寸晷，時加斟酌，四載五易其稿。注中雖未敢贊一詞，而捨末崇本，去繁就簡，自知僭妄無所逃罪。然而衛道之苦衷，願天下後世諸君子共諒之。光緒二年丙子春月。

◎光緒《武昌縣志》卷十《藝文》:《周易集注》六卷，張官德撰。《學易門徑》一卷，張官德撰。《周易補注》一卷，張官德撰。

張官德 周易集注 六卷 首一卷 存

北師大藏光緒二年（1876）養源堂刻本

◎光緒《武昌縣志》卷十《藝文》:《周易集注》六卷，張官德撰。《學易門徑》一卷，張官德撰。《周易補注》一卷，張官德撰。

張光漢 周易原本 佚

◎道光《滕縣志》卷八《人物志》:居近奚公山，讀書山之白雲洞，有所書，每識白雲，學者由是稱白雲先生……說經不滯章句，務闡明義理，以適於用。尤邃於易，謂聖人作易，開物成務，為人事也。易之理即日用之理，日用之理弗明，即與時消息之義終不可識。古來說易者多，而出處語默惟程、邵、朱子為與易合，學易者不可舍是而他適也。時同邑孔吾門亦善易，著《周易述翼》，力排朱子以占言易，非易之本義；濂溪《太極圖說》添入無極、五行，與易不合，以動靜分屬陰陽，與靜專動直、靜翕動闢，陰陽皆有動靜之旨不合；堯夫以天地定位三章鑿分先天後天，亦係懸揣。與先生反復辨論。先生力守程朱舊說不少變，論者嘉吾門能進取，而服先生之篤信焉……卒年八十有二。著有《周易原本鈔》《春秋三傳述》《禹貢山水考》《養正編》《朱子近思錄》等書。

◎宣統《滕縣續志稿》卷四《藝文》著錄。

◎孫葆田《山東通志》卷百二十七《藝文志》第十：光漢邃於易，其言曰：「易之理即日用之理。日用之理弗明，則與時消息之義終不可識。古來說易者多，而出處語默，惟程、邵、朱子為與易合，學易者不可舍是而他適也。」見《王文直公遺集》。

◎張光漢（？～1811），字倬章，號毅齋，一號定齋。山東滕縣西倉人。乾隆丁酉舉人。又著有《禹貢山水考》《春秋三傳述》《養正編》《朱子近思錄》《日省集》《暗修條約》《修志論略》。

張光浩 大易註疏 佚

◎光緒《撫州府志》卷七十六：《四書疑慮錄》《大易註疏》《麟經蠡測》（俱張光浩撰）。

◎張光浩，又著有《四書疑慮錄》《麟經蠡測》。

張國華 易源約編 二卷 佚

◎咸豐《興義府志》卷三十九《藝文志》：《易源約編》二卷、《讀書求問錄》二卷、《誦詩多識錄》一卷、《貴州竹枝詞》一卷、《蔚齋詩鈔》三卷、《詠雪詩》一卷、《紅葉詩》一卷、《詠物詩》一卷、《春秋試律》二卷、《蔚齋賦鈔》二卷，國朝副貢生張國華撰。

◎張國華（1808～1871），字蔚斋。貴州興義（今黔西南布依族苗族自治州安龍縣）人。道光五年（1825）副貢生。張之洞啟蒙師。少年勤學，屢試不中，遂絕意仕進，曾主講貴陽貴山書院。又著有《回變紀略》一卷、《貴陽雜詠》一卷、《虎口餘生吟草》一卷、《讀書求間錄》二卷、《誦詩多識錄》一卷、《貴州竹枝詞》一卷、《蔚齋詩鈔》三卷、《詠雪詩》一卷、《紅葉詩》一卷、《詠物詩》一卷、《春秋試律》二卷、《蔚齋試律》二卷、《蔚齋賦鈔》二卷、《禹甸吟編》。

張含章 原易篇 佚

◎道光己亥孟夏既望何廷椿《通易西遊正旨序》〔註 27〕：先師張逢源，諱含章，蜀之成都人也。家貧自力於學，不求聞達於時。學尚簡默，潛心性理，嘗得異人淵源之授，由是造詣益深。復取周、邵請書及河洛圖解，日夜討求，務晰其理。固厭城市囂煩，非可托足，乃徙於峨山下，搆斗室居焉，顏其額曰與善堂，環堵蕭然，優遊自得，一時慕道之士，多從之遊，平生博涉群籍，探源溯流，以為聖賢仙釋，教本貫通。故自六經以至黃老，無不篤志研究，而尤邃於《易》。所著有《原易篇》、《遵經易注》。又以道經龐雜，學者罔識所歸，故為手輯《道學薪傳》四卷，並梓於世。他如遁甲、堪輿、術數諸學，靡不實獲於心，每示人趨避輒多奇驗。然其潔身自隱，不妄干人，以故道學粹然，而當時鮮有識者。

◎張含章，字應泰，號逢源。四川成都人。師事趙廷棟。又著有《通易西遊正旨》、《通易西遊正旨分章注釋》、《道學薪傳》四卷、《梅花合稿》一卷。

張含章 遵經易注 十二卷 存

四川藏道光元年（1821）四川張氏香葉亭刻本

張鴻儀 周易匯解 佚

◎光緒《諸暨縣志・經籍志》著錄。

◎《紹興府志》卷五十四《人物志》十四《文苑補遺》：所著有《易經匯解》《芥舟文航》《古今見聞》。

◎張鴻儀，字羽文，號芥舟。浙江紹興諸暨人。副貢。博學強記，生平篤於孝友。

張鋐 易經解 佚

◎同治《常寧志》卷九《藝文・經類・國朝》：張鋐《易經解》。

◎張鋐，湖南常寧江村人。著有《易經解》、《大六壬説約》三卷。

張瑚 易解詳略 佚

◎同治《新喻縣志》卷之九《宦業》：著《易解詳略》《省其錄》《拙鳩小草世家》《嚶鳴集》。

〔註 27〕摘自道光刻《通易西遊記正旨分章注釋》卷首。

◎光緒《江西通志》卷九十九《藝文略》一《國朝》：《易解詳略》，張瑚撰（《新喻縣志》）。

◎張瑚，字禹（愚）錫。江西新喻（今新餘）社頭人。順治辛卯歲貢，以明經訓府庠。順治戊戌陞奉新教諭，轉瑞州府教授，辭歸。

張華嶽 易悟 八卷 佚

◎同治《長沙縣志》卷之三十五：《易悟》八卷（初名《易象管窺》）。

◎張華嶽，字蓀亭。湖南長沙人。舉人。嘉慶十五年（1810）任桂陽縣訓導。又著有《薌山詩草》一卷。

張恢 周易觀象玩辭 佚

◎民國《重修洪洞縣志》卷十二《人物志》上：晚年尤精易理，玩索數十年，屢易稿而成書。年五十有五卒。所著有《周易觀象玩辭》《聖廟全書》《困學一得》《察習隨筆》《十三經傳授圖》《綽亭校正等韻》《兩所當軒文稿》《綽亭詩草》《廬山詩草》所輯有《蒙養編》《本務篇》《天文指掌》歷代地輿沿革等書行世。

◎張恢，字充軒。山西洪洞人。道光甲午歲貢生。道光丁酉任潞城縣訓導。幼有至性，甫讀書，即以古聖賢自期許。遊泮後，時文帖括即決然捨去，一潛心於先儒語錄。尤私淑邑前輩范鄗鼎徵君所著《理學備考》數十卷，年久版多殘缺，捐貲補刊之。事親尤孝。居恆嘗以分所當為、職所當盡自勖，故名其齋曰兩所當軒。更參稽羣書，作配享從祀圖位次考、世次考，且各為之傳。在任三年，致仕歸，不預外事，教授生徒，邑人士多出其門。

張惠言 讀易禮記 二卷 未見

◎劉聲木《桐城文學撰述考》卷三「張惠言撰述」（摘錄）：《虞氏易義》九卷、《虞氏消息》二卷、《虞氏易候》一卷、《虞氏易言》二卷、《周易鄭氏義》三卷、《周易鄭荀義》三卷、《周易孫氏九家義》一卷、《易義別錄》十四卷、《易緯略義》三卷、《易圖條辨》三卷、《虞氏易禮》二卷、《虞氏易事》二卷、《儀禮詞》一卷、《讀儀禮記》二卷、《茗柯文》五卷、《茗柯詞》一卷、《周易荀氏九家義》一卷、《荀氏九家注》三卷、《虞氏易變動表》、《讀易禮記》二卷、《續儀禮雜記》二卷、《儀禮圖》六卷。

◎張惠言（1761～1802），原名一鳴，字皋文。江蘇武進人。嘉慶四年

（1799）進士，選庶吉士，授翰林院編修。早歲治經學，精《周易》《儀禮》。少孤，年十四即為童子師。鄉、會兩試皆出朱珪門。著有《虞氏義》九卷、《虞氏消息》二卷、《虞氏易禮》二卷、《虞氏易候》一卷、《虞氏易言》二卷、《周易鄭氏義》三卷、《周易荀氏九家義》一卷、《周易鄭荀義》三卷、《易義別錄》十四卷、《易緯略義》三卷、《易圖條辨》二卷、《儀禮詞》一卷、《讀儀禮記》二卷、《茗柯文》五卷、《茗柯詞》一卷諸書。

張惠言 爻辰易義 不分卷 存

北大藏稿本

◎卷首云：康成以爻辰說易，其書已亡，間見於唐人《正義》者，採以備考。

張惠言 易圖條辨 一卷 存

道光元年（1821）合河康氏刻本

嘉慶道光刻張皐文箋易詮全集·易義別錄本

山東藏光緒十四年（1888）南菁書院皇清經解續編本

復旦藏清鈔本

山東藏臺北成文出版社 1976 年無求備齋易經集成影印光緒十四年（1888）刻皇清經解續編本

山東藏臺灣新文豐出版公司 1983 年大易類聚初集影印皇清經解續編本

◎蔣彤《武進李先生年譜》卷二道光元年：先生年五十有三，在廣東校刊皐文先生所著《虞氏易禮》二卷、《周易鄭荀義》三卷、《易義別錄》十四卷、《虞氏易變動表》一卷、《易圖條辨》一卷，并臧在東所著《孔子年表》《孟子年略》等書。皐文《周易虞氏義》《虞氏消息》《儀禮圖說》阮公元既已刊行之，先生復刊其各種，由是皐文一家之學備矣。

◎劉聲木《桐城文學撰述考》卷三「張惠言撰述」（摘錄）：《虞氏易義》九卷、《虞氏消息》二卷、《虞氏易候》一卷、《虞氏易言》二卷、《周易鄭氏義》三卷、《周易鄭荀義》三卷、《周易孫氏九家義》一卷、《易義別錄》十四卷、《易緯略義》三卷、《易圖條辨》三卷、《虞氏易禮》二卷、《虞氏易事》二卷、《儀禮詞》一卷、《讀儀禮記》二卷、《茗柯文》五卷、《茗柯詞》一卷、《周易荀氏九家義》一卷、《荀氏九家注》三卷、《虞氏易變動表》、《讀易禮記》二卷、《續儀禮雜記》二卷、《儀禮圖》六卷。

張惠言 易緯略義 三卷 存

復旦藏嘉慶十九年（1814）張成孫傳鈔校本

嘉慶十九年（1814）張成孫刻本

嘉慶道光刻張皐文箋易詮全集本

嘉慶劉翊宸校刻本

道光元年（1821）合河康氏刻本

光緒九年（1883）重刻道光元年（1821）康氏刻本

皇清經解本（道光刻、咸豐補刻、鴻寶齋石印、點石齋石印）

湖北藏嘉慶刻巾箱本

山東藏光緒中廣雅書局刻 1920 年番禺徐紹啟彙編重印廣雅書局叢書本

南京藏嘉慶琅嬛仙館刻本（一卷。與易圖條辨一卷合刻）

山東藏臺北成文出版社 1976 年無求備齋易經集成影印光緒十七年（1891）廣雅書局刻本

◎目錄：卷一：易三義、易數一七九、上下經、六位、八卦用事、六日七分、七十二候、六十四卦主歲。卷二：卦軌，卦氣，風雨，雷，霜、水旱，雜異。卷三：通卦驗八卦候、六十四卦候、二十四氣候、圖書。

◎自序〔註 28〕：緯者，其原出于七十子之徒相與傳夫子之微言，因以識陰陽五行之序、災異之本也。蓋夫子五十學易而知天命，子贛曰「夫子之言性與天道，不可得而聞」，是以其可言者六藝之文著之，其難言者游、夏之徒或口受其傳恉，益增附推闡以相傳授。秦漢之間，師儒第而錄之，其亦有技術之士以其所能推說于篇，參錯間出，故其書雜而不能醕。劉歆之于緯，精矣，當其時，河洛之文大備而《七略》不著錄，將以符命之學出于其中，在所禁祕耶？（張衡《請禁圖讖疏》云：「河洛六藝，篇錄已定，後人皮傅，無所容篡。」注引衡集上事云：「河洛五九、六藝四九，謂八十一篇也」，』則知所謂不占之書者，謂後人所傳，非槩指緯書也。）鄭康成氏，漢之大儒，博通古文，甄錄而為之注，則緯之出于聖門而說經者之不可廢也，審矣。至隋而六經之緯焚滅，唯《易》獨存。《後漢書》注載其目，曰《稽覽圖》、《乾鑿度》、《坤靈圖》、《通卦驗》、《是類謀》、《辨終備》。宋而更有《乾元序制記》、《乾坤鑿度》，宋之諸儒，排而擯之。訖于元明，無傳于世。存者獨明《永樂大典》所編，而緯

〔註 28〕又見於《茗柯文編》二編卷上，題《易緯略義序》。

無完書矣。竊嘗以為《乾坤鑿度》偽書也，不足論；《乾元序制記》宋人鈔撮者為之；《坤靈圖》、《是類謀》、《辨終備》亡佚既多，不可指說，其近完存若《稽覽圖》、《乾鑿度》、《通卦驗》。《稽覽圖》論六日七分之候，《通卦驗》言八卦晷氣之應，此孟、京氏陰陽之學；《乾鑿度》論乾坤消息始于一、變而七、進而九，一陰一陽相竝而合于十五、統于一元、正于六位，通天意、理人倫、明王度，蓋易之大義條理畢貫，自諸儒莫能外之。其為夫子之緒論，田、楊以來先師所傳習，較然無疑。至其命圖書、考符應、算世軌，則其傳湮絕，文闕不具，不可得而通，亦非達士之所欲說也。故就三書而求其醕者，《通卦驗》十三、《稽覽圖》十五、《乾鑿度》十八。易學蕪絕，漢人之書皆已亡闕，其僅而存于今、足以考古師說如此三書者，治易者蓋可忽乎哉？故條而次之，以類相說，通其可知者，闕其不可知者，存其義略焉爾。張惠言。

◎卷末識語：嘉慶十九年四月依江承之鈔本錄，復依江蘇校刊聚珍四庫本校並以所疑者謹注。男成孫謹識。

◎光緒《武陽志餘》卷七《經籍》:《易緯略義》三卷，張惠言撰。自序略曰：緯者，其原出于七十子之徒相與傳夫子之微言，因以識陰陽五行之序、災異之本也。劉歆之于緯，精矣，當其時，河洛之文大備而《七略》不著錄，將以符命之學在所禁祕耶？鄭康成甄錄而為之注，至隋而六經之緯焚滅，唯《易》獨存。《後漢書》注載其目，曰《稽覽圖》、《乾鑿度》、《坤靈圖》、《通卦驗》、《是類謀》、《辨終備》。宋有《乾元序制記》、《乾坤鑿度》，宋之諸儒，排而擯之。訖于元明，無傳于世。存者獨明《永樂大典》所編，而緯無完書矣。竊以為《乾坤鑿度》偽書也，不足論；《乾元序制記》宋人鈔撮者為之；《坤靈圖》、《是類謀》、《辨終備》亡佚既多，不可指說，其近完存若《稽覽圖》、《乾鑿度》、《通卦驗》。《稽覽圖》論六日七分之候，《通卦驗》言八卦晷氣之應，此孟／京氏陰陽之學；《乾鑿度》論乾坤消息始于一、變而七、進而九，一陰一陽相竝而合于十五、統于一元、正于六位，通天意、理人倫、明王度，蓋易之大義條理畢貫，自諸儒莫能外之。其為夫子之緒論，田、楊以來先師所傳習，較然無疑。至其命圖書、考符應、算世軌，則其傳湮絕，文闕不具，不可得而通，亦非達士之所欲說也。故就三書而求其醕者，《通卦驗》十三、《稽覽圖》十五、《乾鑿度》十八，條而次之，以類相說，通其可知，闕其不可知，存其義略云爾。

張惠言 易義別錄 十四卷 存

復旦藏道光元年（1821）張成孫傳鈔稿本

國圖藏道光元年（1821）合河康氏刻本

山東藏光緒九年（1883）重刻道光元年（1821）康氏刻本

山東藏道光九年（1829）廣東學海堂刻皇清經解本

嘉慶道光刻張皐文箋易詮全集本

嘉慶劉翊宸校刻本

山東藏臺北成文出版社 1976 年無求備齋易經集成影印道光九年（1829）刻皇清經解本

山東藏臺灣新文豐出版公司 1983 年大易類聚初集影印皇清經本

◎子目（十五種）：周易孟氏一卷，漢孟喜撰。周易姚氏一卷，三國吳姚信撰。周易翟氏一卷，題翟元撰。周易蜀才氏一卷，三國蜀范長生撰。周易京氏一卷，漢京房撰。周易陸氏一卷，三國吳陸績撰。周易干氏二卷，晉干寶撰。周易馬氏一卷，漢馬融撰。周易宋氏，漢宋衷撰。周易劉景升，漢劉表撰。周易王子雍氏一卷，三國魏王肅撰。周易董氏一卷，三國魏董遇撰。周易王世將氏，今王廙撰。周易劉子珪氏，南朝劉瓛撰。周易子夏傳一卷，春秋卜商撰。

◎張惠言《易義別錄序》〔註 29〕：孔子曰：天下同歸而殊途，一致而百慮。水之為川也，源有大小流有長短，而皆可以至於海，則斷港絕潢莫得而擬焉者，其途通也。吳秦人之生也同聲，及其長而不相通，然累譯而皆得相喻者，其意同也。聖人之道著之于經，傳之其人，師弟子相與守之。然夫子沒而微言絕，二百餘年之間以至漢興，《詩》分為四、《春秋》分為三，此皆七十子所親受，世世傳業，口授而筆記，猶尚如此，源遠末分，非秦火之禍也。況乎去聖久遠，經簡廢絕，承學之士各自為宗，差若毫釐謬以千里，可勝道耶？然揆其本原，罔不依經附傳，承師論法，雖汎濫殊等，其歸不同者尟矣。故規矩之所出，非一木之材也，皆成器焉。器不足以盡規矩，則有之矣。求之於規矩之外而得之者，未之有也。易之傳自商瞿子以至田生，惟一家。焦氏後出，及費氏為古文，而漢之易有三家。自是之後，田氏之易，楊、施、孟、梁邱、高氏而五，惟孟氏久行。焦氏之易為京氏，費氏興而孟、京微焉。夫以傳述之

〔註 29〕錄自《茗柯文編》二編卷上。

統，田生、丁將軍之授受，則孟氏為易宗無疑，而其行不及費氏者，以傳受者少，而費氏之經與古文同，馬融、鄭康成為之傳注故也。王弼注行而古師說廢，孔穎達《正義》行而古易書亡。其見於《釋文敘錄》者，自晉以前三十有二家，李鼎祚《集解》所引二十有三焉。皆微文碎義，多不貫串。蓋易學掃地盡矣，可不惜哉！夫不盡見其辭而欲論其是非，猶以偏言決獄也；不盡通各家而欲處其優劣，猶援白而嘲黑也。余于易取虞氏，既已推明其義，以鄭、荀二家注文略備，故條而次之，自餘諸家雖條理不具，然先士之所述，大義要旨往往而有，不可得而略也。乃輯《釋文》《集解》及他書所見，各為別錄，義有可通，附著于篇，因以得其源流同異。若夫是非優劣亦可考焉。凡孟氏四家：孟氏、姚信、翟元、蜀才，京氏三家：京氏、陸績、干寶，費氏七家：馬融、宋衷、劉表、王肅、董遇、王廙、劉瓛。子夏傳非漢師說，別為一家。

◎阮元《揅經室續集》卷二《擬儒林傳稿》：所著有《周易虞氏易》九卷、《虞氏消息》二卷。昔惠棟作《周易述》，大旨遵虞翻，補以鄭、荀諸儒，學者以未能專一少之（《虞氏易義序》）。漢人之易，孟、費諸家各有師承，勢不能合，惠言傳虞氏易，即傳漢孟氏易矣。孤經絕學也（《定香亭筆談》）。惠言虞氏易序曰：自漢成帝時劉向校書考易說，以為諸易家說皆祖田何，楊叔、丁將軍大義略同，惟京氏為異，而孟喜受易家陰陽，其說易本于氣，而後以人事明之。八卦、六十四象、四正、七十二候，變通消息，諸儒皆祖述之，莫能具當。漢之季年，扶風馬融作《易傳》授鄭康成，作《易注》而荊州牧劉表、會稽太守王朗、潁川荀爽、南陽宋忠皆以易名家，各有所述。唯翻傳孟氏學，既作《易注》，奏上之獻帝。翻之言易，以陰陽、消息、六爻、發揮、旁通、升降、上下歸於乾元用九而天下治，依物取類，貫穿比附，始若瑣碎，及其沈深，解剝離根散葉，暢茂條理，遂於大道，後儒罕能通之。自魏王弼以虛空之言解易，唐立之學官，而漢世諸儒之說微。獨資州李鼎祚作《周易集解》，頗采古易家言，而翻注為多。其後古書盡亡。而宋道士陳摶，以意造為龍圖，其徒劉牧以為易之河圖洛書也。河南邵雍又為先天後天之圖，宋之說易者翕然宗之，以至于今，牢不可拔，而易陰陽之大義蓋盡晦矣。大清有天下，元和徵士惠棟，始考古義孟／京／荀／鄭／虞氏，作《易漢學》，又自為解釋曰《周易述》。然掇拾于亡廢之後，左右採獲，十無二三，其所自述，大抵祖禰虞氏而未能盡通，則旁徵他說以合之，蓋從唐五代宋元明朽壞散亂千有餘年，區區修補收拾，欲一旦而其道復明，斯固難也。翻之學既世，又具見馬、鄭、虞、宋氏書，考其是否，故其義為精。又古書亡而漢魏師說略可見者十餘家，然唯荀／鄭／虞氏三家略有梗槩可指說，而虞又較備。然則求七十子之微言，田何、楊叔、丁將軍之所傳者，舍虞氏之注何所自焉？故求其條貫，明其統例，釋其疑滯，信其亡闕，為《虞氏義》九卷。又表其大恉為《消息》二卷，庶欲探賾索隱，以存一家之學。其所未寤，俟有道正焉耳（見本序）。惠言又撰《虞氏易禮／易事／易候／易言》《周易鄭荀義》《讀易別錄》《易圖條辨》《儀禮圖》《說文諧聲譜》《茗柯文集》共數十卷。惠言修學立行，敦禮自守，人皆稱敬之（見《儀禮圖序》）。鄉會兩試皆出朱珪門，未嘗以所能自異，默然隨羣弟子進退而已。珪潛察得之，則大嘉。故屢進達之，而惠言亦斷斷相諍不敢隱。

◎光緒《武陽志餘》卷七《經籍》：《易義別錄》十四卷，張惠言撰。

自序畧曰：「《易》之傳自商瞿子以至田生，惟一家。焦氏後出，及費氏為古文，而漢之易有三。自是之後，田氏之易，楊、施、孟、梁邱、高氏而五，惟孟氏久行。焦氏之易為京氏，費氏興而孟、京微焉。夫以傳述之統，田生、丁將軍之授受，則孟氏為易宗無疑，而其行不及費氏者，以傳受者少，而費氏之經與古文同，馬融、鄭康成為之傳注故也。王弼注行而古師說廢，孔穎達《正義》行而古易書亡。其見于《釋文敘錄》者，自晉以前三十有二家，李鼎祚《集解》所引二十有三焉。皆微文碎義，多不貫串。蓋易學埽地盡矣，可不惜哉！夫不盡見其辭而欲論其是非，猶以偏言決獄也；不盡通各家而欲處其優劣，猶援白而嘲黑也。余于易取虞氏，既已推明其義，以鄭、荀二家注文略備，故條而次之，自餘諸家雖條理不具，然先士之所述，大義要旨往往而有，不可得而略也。乃輯《釋文》、《集解》及他書所見，各為別錄，義有可通，附著于篇，因以得其源流同異。若夫是非優劣亦可考焉。凡孟氏四家：孟氏、姚信、翟元、蜀才，京氏三家：京氏、陸績、干寶，費氏七家：馬融、宋衷、劉表、王肅、董遇、王廙、劉瓛。子夏傳非漢師說，別為一家。」凡易書，五代之季盡亡，宋人所著書如《太平御覽》、晁以道《古周易》、呂祖謙《音訓》、朱震《漢上易傳》《叢說》，往往猶有古義，蓋取之他書所徵引，時有譌謬，然或有今人所不逮見，故據而存之。若李衡《義海撮要》、項安世《玩辭》、李心傳《丙子學易編》，愈遠愈譌，無取焉耳。

《經籍錄》：是書孟氏一卷、姚氏一卷、翟氏一卷、蜀才氏一卷、京氏一卷、陸氏一卷、干氏二卷、馬氏一卷、宋氏劉氏合一卷、王子雍氏一卷、董氏一卷、王世將氏劉子珪氏合一卷，子夏傳一卷，共十四卷。首孟氏四家，以與虞氏翻同源也；次京氏三家，與虞氏相出入者也；次費氏七家，與虞氏異義者也；子夏傳附于末，以非漢師之學也。

張惠言 虞氏易變動表 一卷 佚

◎蔣彤《武進李先生年譜》卷二道光元年：先生年五十有三，在廣東校刊皐文先生所著《虞氏易禮》二卷、《周易鄭荀義》三卷、《易義別錄》十四卷、《虞氏易變動表》一卷、《易圖條辨》一卷，并臧在東所著《孔子年表》《孟子年略》等書。

◎劉聲木《桐城文學撰述考》卷三「張惠言撰述」（摘錄）：《虞氏易義》九卷、《虞氏消息》二卷、《虞氏易候》一卷、《虞氏易言》二卷、《周易鄭氏義》三卷、《周易鄭荀義》三卷、《周易孫氏九家義》一卷、《易義別錄》十四卷、《易緯略義》三卷、《易圖條辨》三卷、《虞氏易禮》二卷、《虞氏易事》二卷、《儀禮詞》一卷、《讀儀禮記》二卷、《茗柯文》五卷、《茗柯詞》一卷、《周易荀氏九家義》一卷、《荀氏九家注》三卷、《虞氏易變動表》、《讀易禮記》二卷、《續儀禮雜記》二卷、《儀禮圖》六卷。

張惠言 虞氏易候 一卷 存

嘉慶道光刻張皐文箋易詮全集本

國圖藏道光元年（1821）合河康氏刻本

國圖藏道光十二年（1832）王懷佩閩中刻本

山東藏道光九年（1829）廣東學海堂刻皇清經解續編本

山東藏清鈔本（李兆洛等校）

山東藏光緒十四年（1888）南菁書院刻皇清經解續編本

山東藏臺北成文出版社 1976 年無求備齋易經集成影印光緒十四年（1888）刻皇清經解續編本

山東藏臺灣新文豐出版公司 1983 年大易類聚初集影印光緒十四年（1888）刻皇清經解續編本

◎卷首云：易氣應卦必以其象，今據消息以推時訓焉。

張惠言 虞氏易禮 二卷 存

嘉慶道光刻張皐文箋易詮全集本

國圖藏道光元年（1821）合河康氏刻本

國圖藏道光十二年（1832）王懷佩閩中刻本

復旦藏光緒九年（1883）重刻道光元年（1821）康氏刻本

光緒十一年（1885）上海點石齋石印本（一卷）

光緒十四年（1888）上海書局據道光九年（1829）國圖藏刻本影印本

光緒十七年（1891）上海鴻寶齋石印本（一卷）

山東藏清鈔本

山東藏光緒九年（1883）張氏花雨樓刻花雨樓叢鈔本

山東藏臺北成文出版社 1976 年影印無求備齋易經集成光緒十年（1884）刻花雨樓叢鈔本

山東藏臺灣新文豐出版公司 1983 年大易類聚初集影印道光九年（1829）刻皇清經解本

◎自序〔註 30〕：韓宣子見《易象》與《魯春秋》，曰：「周禮盡在魯矣。」《記》曰：「夫禮必本於太一，轉而為陰陽，變而為四時，其降曰命。」故知易者禮象也。易家言禮者惟鄭氏，惜其殘缺不盡存，又其取象用爻辰。爻辰者遠而少變，未足以究天地消息。至于原文本質，使周家一代之制，損益具備，後有王者，監儀在時，不可得而廢也。虞氏于禮蓋已略矣，然以其所及揆諸鄭氏，原流本末蓋有同焉。何者？其異者所用之象也，而所以為象者不殊，故以虞氏之註推禮以補鄭氏之缺，其有不當則闕如，一以消息為本。張惠言。

◎跋：漢儒說易，言禮者惟鄭氏一家，虞氏則間及焉，然注皆殘闕，無能復見。武進張皋文由虞氏之注推究消息，明以周家一代之制用補其說。蓋易也而通以禮，義亦精深矣。茲為繕寫授梓，俾知鉅典煌煌，取象有在，庶無事玄虛以說易也已。光緒壬午仲夏，鎮海張壽榮識。

◎閻鎮珩《虞氏易禮辨惑上》〔註 31〕：張惠言撰《虞氏易禮》，引據讖文，附會不經。其謂文王受命稱王及蒙難而不諱伐紂，皆誣聖害道、賊亂經術之尤者，不可不辨。凡言文王之事，必以《詩》、《書》為據而折衷於孔子。孔子稱三分服事，而《詩》《書》無受命改元之文，自漢世儒者始有之。「天無二日，地無二王」。聖人者人倫之極，萬世所準則也。武王觀兵孟津，八百諸侯

〔註 30〕又見於《茗柯文編》二編卷上。

〔註 31〕錄自閻鎮珩《北嶽山房詩文集》卷一。

皆曰紂可伐矣，武王曰：「爾未知天意。」遂還師。王者之取天下非有意於必取也，待其時而動耳。苟時之未可，雖聖人不能必有成功。文王之時何時乎？自成湯至於武丁，賢聖之君六七作。紂之去武丁未遠也，流風善政猶在人心。文王百里小侯耳，無故柴望郊天，播告諸國，天下孰許之而孰聽之？武王崩，成王幼，管叔挾錄父作亂，洛邑頑民與三叛並起。當文王時，紂之惡未稔也，六州而外皆彼黨與，其為頑民者寧直一洛邑而已哉？王莽、曹操，漢之篡賊也，其視孱主幼君，贅旒之不啻。然漢祚一日未終，二人者猶不敢僭號改制，以身冒天下之不韙，孰謂文王之聖而有是乎？毛萇傳《詩》、孔安國傳《書》，皆謂文王受殷征伐之命而為牧伯，至劉歆造三統曆，追考上世帝王，乃云文王受命九年而崩。其後班固、馬融、賈逵、韋昭、王肅之徒繼而和之，而篤信其說者康成也。唐宋諸儒用是曉然聚訟者千餘年矣。今張氏乃謂後人不敢道文王受命，致俾大義湮晦。彼其所謂義者，何與諸侯矯稱天子而謂之義？則是吳楚之僭王不當見絕於春秋也。古者天子頒朔，諸侯受而告之於廟。周之先公奉殷正朔者十餘世，紂雖無道，大物未改，文王豈敢自異焉？而康成《易》臨之八月，謂文王改用周正以著革命之漸，「文明柔順」。文王以之令輕改本朝之正朔，大書不諱，是做逆不臣者爾，柔順何有焉？向使崇侯虎、飛廉、惡來之儔騰其書於朝而益之以讒，吾恐獨夫震怒，桎梏未脫於身而脯醢之誅已至矣。張氏又論明夷之爻，初如伯夷，二如太公。文王將往伐紂，諮訪於二老，故曰「攸往有言」。予竊以《孟子》正之。伯夷、太公始皆避紂，居於海濱，聞文王作曰：「盍歸乎來假？」而文王及身稱王，二老安肯來歸？即歸，又肯久立於其廷乎？陳涉之王也，張耳、陳餘猶謂不可，惟趙佗、公孫述亟於自帝自王，其下莫敢進議，彼盜賊夷狄之國無人焉故也。信如張氏之論，是伯夷、太公之謀人國，與王舜、賈充無以異，其得為賢聖乎？張氏譏干令升不當託言成王祿父，以易為讖數之書。及其自為，正復蹈之，所謂目見千里而不能自見其眉睫者也。

◎閻鎮珩《虞氏易禮辨惑下》〔註32〕：虞氏解益六二以震為帝、乾為王。荀公解升六四以巽為岐、艮為山。鄭氏注微略，亦未嘗泥文王而言〔註33〕。至張氏始創為受命封禪及南郊祀感生帝之說，以謂周祖后稷本自高辛，高辛以木德王，故周郊蒼帝而肇祀后稷焉。援據《詩》、《禮》，橫翔捷出，可謂

〔註32〕錄自閻鎮珩《北嶽山房詩文集》卷一。
〔註33〕《湖湘文庫》本「而言」二字屬下讀，疑誤。

曲而辨矣。予考古封禪七十二家，六經闕佚不著，漢以來儒者難言之。《文中子》曰：「封禪非古也，其秦漢之侈心乎？」太史公序《封禪書》，歷著春秋諸侯陪臣僭竊之罪，又曰：「紂在位，文王政不及泰山。」言不得豫行封禪之禮也。紂雖無君人之德，然一怒而醢九侯、脯鄂侯，天下莫敢枝梧，是其綱紀猶未盡失也。文王嘗三舉事而紂惡之，文王懼焉，乃請獻洛西之地以自解。使文王是時果修禋祀望秩之儀，是謂干犯不祥以傲天子，紂之惡不滋甚乎？且齊桓公嘗欲行封禪矣，聞管仲之諫而止，當時閎、散、二虢諸臣，寧獨無知禮如管仲者與？五帝六天著自讖書，康成推而演之，以為三代王者各感太微五德之精而生。自王肅指正其謬，後雖有善辨者，莫能為之解也。鄭氏於《禮經》貫穿通博，信為有功，然而雜舉秦漢祠畤之典，好引乖異不經見之說，則大義為所蔽者亦多矣。張氏徒偉其功而不察其蔽，且置唐宋諸儒之辯於罔聞，而屑屑然株守一家之旨，豈非惑之大者乎？鄭氏《詩》「婚期盡仲夏以前」，茲臆說耳。而張氏從而實之曰：「歸妹九四爻辰在午，其時當五月中，過是則愆期也。」鄭氏注《乾鑿度》「文王受洛書為天子」，於他書未有徵，而張氏以晉六二證之曰：「受福者，天命河圖也。王母者，先妣姜嫄也。」凡此之類，義皆委曲難通，而必欲文致以求其合。噫！治經以明道也，道不明而務售其師說以求勝，甚至得罪聖人而不恤，豈非治經而適以亂經者與？

◎光緒《武陽志餘》卷七《經籍》：《虞氏易禮》二卷，張惠言撰。

自序略曰：易家言禮者惟鄭氏，惜其殘缺不盡存，又其取象用爻辰，遠而少變，未足以究天地消息。至其原文本質，使周家一代之制，損益具備，後有王者，監儀在時，不可得而廢也。虞氏于禮，蓋已略矣，然以其所及，揆諸鄭氏，原流本末，蓋有同焉。何者？其異者所用之象也，而所以為象者不殊，故以虞氏之注推禮以補鄭氏之缺，其有不當則闕如，一以消息為本。

沈豫《皇清經解提要續編》：易之言禮者，如錫馬南狩享帝盥薦之類，各以虞氏義為之解說。

《經籍錄》：是書皆剌取易文之可與禮經相比傅者說之，凡四十五條。蓋本鄭氏以禮言易之指，而更以虞氏易例說之。如益六二享于帝，據《乾鑿度》益正月卦，謂三王之郊用夏小正之類，致為精確。

◎《易順鼎詩文集》卷二十三《國朝文苑傳》：年十四即為童子師，通虞氏易、鄭氏禮，博聞強識，精思絕人。

張惠言 虞氏易事 二卷 存

嘉慶道光刻張臯文箋易詮全集本

道光元年（1821）合河康氏刻本

山東藏光緒中會稽趙氏刻仰視千七百二十九鶴齋叢書本

叢書集成初編本

道光十二年（1900）王懷佩閩中刻本

光緒九年（1883）重刻道光元年（1821）康氏刻本

光緒十一年（1885）上海點石齋石印本（一卷）

山東藏光緒十四年（1888）南菁書院刻皇清經解續編本

山東藏光緒十四年（1888）上海書局據道光九年（1829）國圖藏刻本影印本

光緒十七年（1891）上海鴻寶齋石印本（一卷）

光緒刻花雨樓叢鈔本

山東藏清鈔本（李兆洛等校）

山東藏上海商務印書館 1937 年王雲五主編叢書集成初編本

山東藏臺北成文出版社 1976 年影印無求備齋易經集成影印光緒十年（1884）刻皇清經解續編本

山東藏臺灣新文豐出版公司 1983 年大易類聚初集影印光緒十年（1884）刻皇清經解續編本

◎目錄：乾、坤、屯、蒙、需、訟、師（見禮篇）、比、小畜（凡卦不取消息別取變來者，蓋文王序卦之義。小畜於消息息豫，而辭取需來，以豫象太平則小畜不得象畜斂，故取需養以待制作也）、履（消息息謙而取訟來，義在制禮以定爭訟）、泰否、同人、大有、謙、豫、隨、蠱、臨、觀（取反臨者，大觀在上，君子德也，乾九五也）、噬嗑（見禮篇）、賁、剝、復、无妄、大畜（消息通萃，爻例取大壯。大壯陽傷，陽傷而復，故民不從化也）、頤（消息天地，合非王者得位之象，故取晉來）、大過（取大壯來，傷而死，皆以失位也）、坎（取觀來，大過之後，復觀乾五）、離（見禮篇。取遯來者，下經有父子之象也）、咸、恒、遯、大壯、晉（見禮篇）、明夷（見禮篇）、家人、睽（取大壯來者，陽失正而傷，故有睽，與家人正家義相次）、蹇（取觀來者，九五正位，故能濟蹇）、解、損、益、夬、遘、萃（見禮篇。有觀來者，大觀在上）、升（見禮篇）、困、井、革（取遯來，救亂也）、鼎（取大壯來，革命之後又陽傷，所以妾子為君也）、震、艮、漸、歸妹（見禮篇）、豐、旅、巽、兌、渙（見禮篇）、節、中孚（取訟來者，以陽訟陽，節而信之也）、小過（取晉來，臣輔君子義）、既濟未濟、繫辭上傳、繫辭下傳、文言傳、說卦傳、序卦傳、雜卦傳。

◎自序〔註 34〕：孟氏說易本於氣，而後以人事明之。然虞氏之論象備矣，皆氣也；人事雖具說，然略不貫穿。匪獨虞耳，鄭、荀號為說人事者，爻象亦往往錯雜，後學不得其通，乃始苦其支窒而不能騁，于是悉舉而廢之，而相辯以浮言，日以益眾。夫理者無迹而象者有依，舍象而言理，雖姬孔靡所據以辯言正辭，而況多歧之說哉。設使漢之師儒，比事合象、推爻附卦明示後之學者，有所依逐。至于今曲學之響，千喙一沸，或不至此。雖然，夫易廣矣大矣，象無所不具而事著于一端，則吾未見漢儒之言之略也，述《易事》云爾。

◎跋：皋聞張先生治虞氏易，《易事》刻最後，印本行世最尠。或謂此書當時有遺議，遂去之。妄也！《易事》如蠱、大畜、訟三卦，先生因弟子江安甫條記而復改，見《安甫遺學》，是先生此書亦最後定，世儒以學海刻《經解》不及此，疑而為此言耳。之謙所得先生書，此書具在，重為校栞，以存一家之學，毋使未見者有異詞也。光緒辛巳八月，會稽趙之謙記。

◎光緒《武陽志餘》卷七《經籍》:《虞氏易事》二卷，張惠言撰。

張惠言 虞氏易言 二卷 存

國圖藏稿本（俞樾跋）

山東藏嘉慶道光刻張皐文箋易詮全集本

道光元年（1821）合河康氏刻本

山東藏緒十四年（1888）南菁書院刻皇清經解續編本

續四庫本

山東藏臺北成文出版社 1976 年影印無求備齋易經集成影印光緒十年（1884）刻皇清經解續編本

山東藏臺灣新文豐出版公司 1983 年大易類聚初集影印光緒十年（1884）刻皇清經解續編本

張惠言 張皐文箋易詮全集 六十卷 存

上海藏嘉慶道光刻本

〔註 34〕又見於《茗柯文編》二編卷上，題《虞氏易事序》。

◎十八種。

◎子目：周易虞氏義九卷，張惠言撰，嘉慶八年（1803）揚州阮氏琅嬛仙館刻。周易虞氏消息二卷，張惠言撰，嘉慶八年（1803）揚州阮氏琅嬛仙館刻。虞氏易禮二卷，張惠言撰，道光元年（1821）合河康氏刻。虞氏易候一卷，張惠言撰。虞氏易言二卷，張惠言撰。周易鄭氏注三卷，漢鄭玄撰，宋王應麟輯，清丁杰後定，清張惠言訂正。周易荀氏九家三卷，清張惠言輯。周易鄭荀義三卷，張惠言撰，道光元年（1821）合河康氏刻。周易鄭氏義二卷，張惠言撰。周易荀氏九家義一卷，張惠言撰。易義別錄十四卷，清張惠言輯，道光元年（1821）合河康氏刻。易緯略義三卷，張惠言撰。易圖條辨一卷，張惠言撰。讀儀禮記二卷，張惠言撰。茗柯文初編一卷二編二卷三編一卷四編一卷，嘉慶十四年（1809）李生甫張雲藻刻。茗柯詞一卷，張惠言撰。擬名家制藝一卷，張惠言撰，道光八年（1828）張琦刻。詞選二卷附錄一卷（附錄清鄭善長輯），張惠言撰。續詞選二卷，張惠言撰，董毅輯，道光十年（1830）張琦刻。

張惠言 周易審義 四卷 存

國圖、上海、南京、湖北藏咸豐七年（1857）文選樓刻本

嘉慶道光刻張皋文箋易詮全集·易義別錄本

道光刻、道光張成孫抄、光緒重刻易義別錄本

皇清經解·易義別錄本（道光刻、咸豐補刻、鴻寶齋石印、點石齋石印）

張惠言 周易孫氏九家義 一卷 佚

◎劉聲木《桐城文學撰述考》卷三「張惠言撰述」（摘錄）：《虞氏易義》九卷、《虞氏消息》二卷、《虞氏易候》一卷、《虞氏易言》二卷、《周易鄭氏義》三卷、《周易鄭荀義》三卷、《周易孫氏九家義》一卷、《易義別錄》十四卷、《易緯略義》三卷、《易圖條辨》三卷、《虞氏易禮》二卷、《虞氏易事》二卷、《儀禮詞》一卷、《讀儀禮記》二卷、《茗柯文》五卷、《茗柯詞》一卷、《周易荀氏九家義》一卷、《荀氏九家注》三卷、《虞氏易變動表》、《讀易禮記》二卷、《續儀禮雜記》二卷、《儀禮圖》六卷。

張惠言 周易荀氏九家義 一卷 存

山東藏清鈔本（李兆洛等校）

嘉慶道光刻張皐文箋易詮全集．易義別錄本

山東藏道光九年（1829）廣東學海堂刻皇清經解．易義別錄本

山東光緒九年（1883）刻周易鄭荀義本

山東藏臺北成文出版社 1976 年無求備齋易經集成影印咸豐十年（I860）刻皇清經解本

山東藏臺灣新文豐出版公司 1983 年大易類聚初集影印道光九年（1829）年刻皇清經解本

張惠言 周易荀氏九家注 三卷 未見

◎光緒《武陽志餘》卷七《經籍》:《周易荀氏九家注》三卷，張惠言撰。

是書經籍志不箸錄。編修撰述易學之書，類多自序。而《茗柯集》無是書序，或編輯時偶脫之。

《皇清經解提要續編》載「《周易荀氏九家義》一卷，張惠言撰」，與舊志異，或傳鈔之誤。今仍從舊志，《提要續編》云:「九家，或云及淮南九師，或云荀爽集古易凡九家。」惠定宇云:六朝人說荀氏易者，其書久佚，此從諸集中採掇為之，闡發其義例。

◎劉聲木《桐城文學撰述考》卷三「張惠言撰述」(摘錄):《虞氏易義》九卷、《虞氏消息》二卷、《虞氏易候》一卷、《虞氏易言》二卷、《周易鄭氏義》三卷、《周易鄭荀義》三卷、《周易孫氏九家義》一卷、《易義別錄》十四卷、《易緯略義》三卷、《易圖條辨》三卷、《虞氏易禮》二卷、《虞氏易事》二卷、《儀禮詞》一卷、《讀儀禮記》二卷、《茗柯文》五卷、《茗柯詞》一卷、《周易荀氏九家義》一卷、《荀氏九家注》三卷、《虞氏易變動表》、《讀易禮記》二卷、《續儀禮雜記》二卷、《儀禮圖》六卷。

張惠言 周易虞氏消息 二卷 存

遼寧藏稿本（羅振玉跋）

北大藏稿本（不分卷）

稿本（題周易虞氏消息正續義）

上海藏清鈔本（不分卷）

山東藏嘉慶八年（1803）揚州阮氏琅嬛仙館刻張皋文箋易詮全集本

山東藏道光九年（1829）廣東學海堂皇清經解刻本

同治十三年（1874）刻本（題周易虞氏消息正續義）

山東藏臺北成文出版社 1976 年無求備齋易經集成影印咸豐十年（1860）刻皇清經解本

山東藏臺灣新文豐出版公司 1983 年大易類聚初集影印道光九年（1829）年刻皇清經解本

◎稿本李善蘭後識：武進張皋文先生貫通易學，精究有素，所著有《周易虞氏義》九卷、《消息》二卷、《易禮》《易事》《易候》《易言》各二卷，舉見《茗柯全集》中，惟學海堂中無《易事》《易言》《易候》。此其手錄稿本。而有《續消息》一稿，更未見傳本。同治十三年二月初八，李善蘭識。

◎譚宗浚《希古堂集》乙集卷六《擬虞仲翔祠碑》：國朝樸學重興，真儒輩出。近時元和惠氏、武進張氏鑽掔虞義，輯有成書。

張惠言 周易虞氏義 九卷 存

上海藏稿本

遼寧藏稿本（羅振玉跋）

山東藏嘉慶八年（1803）揚州阮氏琅環仙館刻張皋文箋易詮全集本

山東藏道光九年（1829）廣東學海堂皇清經解刻本

山東藏臺北成文出版社 1976 年無求備齋易經集成影印咸豐十年（I860）刻皇清經解本

山東藏臺灣新文豐出版公司 1983 年大易類聚初集影印道光九年（1829）年刻皇清經解本

北京大學出版社 2012 年清代經學著作叢刊劉大鈞點校本

儒藏精華編點校本

◎周易虞氏義序：昔伏羲作十言之教，曰乾、坤、震、巽、坎、離、艮、兌、消、息。《易緯》曰：「聖人因陰陽起消息，立乾坤以統天地。」易曰：「君子尚消息盈虛，天行也。」漢時說易者皆明消息，今遺文可考者鄭、荀、虞最著，而虞氏仲翔世傳《孟氏易》，又博考鄭、荀諸儒之書，故其書參消長於日月、驗變動於爻象，升降上下，發揮旁通，聖人消息之教更大明焉，惜後通之者少。五代時姚氏、翟氏、蜀才氏能傳之，亦未大顯。唐初以王注列學官而師說亡，迨宋圖書之說興而易義更晦。幸李鼎祚撰《集解》，採虞注獨詳。國朝惠徵士棟據之作《易漢學》，推闡納甲於消息變化之道，稍啟端緒。後作《周易述》，大旨宗虞，而義有未通，補以鄭、荀諸儒。讀者以未能專壹少之，蓋虞學之晦久矣。武進張編脩惠言，承惠徵士之緒，恢而張之，約而精之，闡其疑滯，補其亡闕，糾其訛舛，成《虞氏義》九卷。又標其綱領，成《虞氏消息》二卷。其大要，明乾元以立消息之本，正六位以定消息之體，敘六十四卦以明消息之次，推九六變化以盡消息之用。始於幽贊神明，終於乾元用九而天下治。蓋自仲翔以來，緜緜延延千四百餘載，至今日而昭然復明。嗚呼，可謂盛矣。余學易愧未能卒業，而是書之可傳於後，固學者所共知，而予所深服者也。編脩不幸早卒，其弟子陳生善，得最後定本，思廣傳之而未得。余素重編脩書，因命之校付梓人。夫古之立言者，非徒華其言而已，必將有以用之。編脩由人事以推天道，由天道以準人事，往來盈縮之理、禮樂刑政之具，瞭然於胸，惜未竟其用，而於化裁通變之道，僅以空言傳也。然書存則其道存，推而行之，是在善學者。則是書之足以傳編脩者，又何如哉。嘉慶八年六月立秋日，揚州阮元序。

◎周易虞氏義後序：右《周易虞氏義》九卷、《虞氏消息》二卷，武進張皋文先生著。先生初為鄭氏禮學於歙金脩撰榜，既復學易，乃博求眾家易說，於唐李鼎祚《周易集解》中得虞氏仲翔注，善之。潛心探索三年，乃通其要領，成《虞氏消息》。又章解句釋，成《虞氏義》。壬戌春，善赴禮部試，侍先生於京邸講席，先生授以最後定本。未幾善赴河南，距數月而先生歿，今兵部侍郎浙江巡撫儀徵阮公，先生座主也，將刊先生遺書。適善自河南旋里，公索先生書於善，為序其《虞氏易》並《消息》，命善校刊。乃與先生之甥武進董君士錫及武進李君兆洛、劉君逢祿參校。始於癸亥春二月，及九月而工竣。其書原例則經文皆依李氏、陸氏本，間有從眾家者（如師貞丈人作師貞大人、履不晊人亨無利貞二字之類），亦有依注改者（如輿說腹作車說腹、戚差若作戚嗟若之類），以有《釋文》及注可證不著所出，從簡也。注文或分彖入卦辭（如需利涉大川注、比不寧方來後夫凶注之類），或分象入爻辭（如屯六四求婚媾往吉無不利注、泰初九九二注之類），省讀也。宋人易說所引（如漢易所引虎眎眈眈注、林至德碑傳外篇所引六爻之動注之類），概置不錄，傳信也。近時易說，於惠氏棟外，附載江承之說。承之為先生弟子，早卒。先生輯其遺學，因採其說於書，同善也。《繫辭》分章，有師說可考者大書，無可考而以文義分者細書，謙也。音義有讀為、讀如而無反切，依經注立義也。注文隱奧者句讀之，錯脫者補之，譌謬者正之。蓋古人為學，非苟為稱述而已，必會通其條例，糾正其譌脫，信之至，亦好之至也。至虞學宗恉，先生之序盡之。序曰：翻之言易，以陰陽消息，依物取類，暢茂條理，遂於大道。由是言之，君子之參消息也，為明道也。彖三言消息，陽息於臨，而即戒其消，思患豫防之道備；陰消於剝，而因知其息，研幾存義之道備。至明動成豐而已伏昃食之機，則安不忘危、存不忘亡，其憂深、其思遠矣。夫君子明憂患與故、與時偕行而無須臾離道，此所以能正性命而保太和也。然非虞氏無以知消息之恉，非先生亦無以知虞氏之恉，虞氏恉明而四聖人以易傳道之功益顯於後。先生諱惠言，嘉慶己未進士，終翰林院編脩。所著又有《虞氏易禮》二卷、《虞氏易事》二卷、《虞氏易候》一卷、《周易鄭荀義》三卷、《鄭氏易注》一卷、《荀氏九家易注》一卷、《易義別錄》十七卷、《易緯略義》三卷、《易圖條辯》一卷、《儀禮圖》十八卷、《雜記》一卷、《墨子經解》一卷、《握奇經正義》一卷、《青囊天玉通解》五卷、《說文諧聲譜》二十卷、文集四卷、詞一卷、《七十家賦鈔》六卷，皆未刻。《虞氏易言》、《太元述虞》皆未成。其已刻者，唯《詞選》二卷。嘉慶八年九月癸巳朔，門人仁和陳善謹識。

◎自序〔註 35〕：虞翻《周易注》，《釋文敘錄》〔註 36〕云十卷，《隋書·經籍志》云九卷。翻字仲翔，會稽餘姚人，少好學，有高〔註 37〕氣，又善矛。太守王朗命為功曹。朗之敗於孫策〔註 38〕，翻時居父喪〔註 39〕，追隨營護到東部侯官，說其長迎朗〔註 40〕。朗遣翻還策，復以為功曹，待以交友之禮。多所匡諫，策嘗納之。策攻黃祖，翻從說華歆下豫章還至吳，策曰：「孤有征討事，未得還府。卿復以功曹為吾蕭何守會稽。」其見委重如此。出為當春長。漢徵為侍御史，不就〔註 41〕。曹操為司空，辟之。笑〔註 42〕曰：「盜跖欲以餘財污良家耶？」策薨，孫權以為騎都尉，數犯顏諫爭，權不能說。又性疏直，數有酒失，權因醉手劍欲繫之，大司農劉基固爭得免。其後權與張昭論神仙事，翻指昭曰：「彼皆死人而語神仙，世豈有仙人也？」權遂怒。左右多毀翻，乃徙翻交州十餘年，卒于交州。翻博學洽聞，雖處罪放，而講學不倦，門徒常數百人。為《周易》《論語》《國語》《老子》《參同契》注解，《周

〔註 35〕又見於《茗柯文編》二編卷上。
〔註 36〕《茗柯文編》二編卷上「《釋文敘錄》」作「《釋文》」。
〔註 37〕《茗柯文編》二編卷上「高」作「豪」。
〔註 38〕《茗柯文編》二編卷上「朗之敗於孫策」作「朗為孫策所敗」。
〔註 39〕《茗柯文編》二編卷上無「時居父喪」四字。
〔註 40〕《茗柯文編》二編卷上無「說其長迎朗」五字。
〔註 41〕《茗柯文編》二編卷上「就」作「赴」。
〔註 42〕《茗柯文編》二編卷上「笑」作「翻」。

易集林》《律歷太元明楊釋宋》，其書皆亡，目錄在《三國志》傳及隋唐書志。自漢成帝時劉向校書考易說，以為諸易家說皆祖田何，楊叔、丁將軍大義略同，惟京氏為異，而孟喜傳易家陰陽，其說易本于氣，而後以人事明之。八卦、六十四象、四正、七十二候，變通消息，諸儒皆祖述之，莫能具當。漢之季年，扶風馬融作《易傳》授鄭康成，康成作《易注》而荊州牧劉表、會稽太守王朗、潁川荀爽、南陽宋衷皆以易名家，各有所述。唯翻傳孟氏學，既作《易注》，奏上之獻帝，曰：「臣聞六經之始莫大陰陽，是以伏羲仰天縣象而建八卦，觀變動六爻為六十四，以通神明，以類萬物。臣高祖父故零陵太守光，少治孟氏易，曾祖父故平輿令成纘述其業。至臣祖父鳳，為之最密，臣亡考，故日南太守歆受本於鳳，〔註 43〕最有舊書，世傳其業。至臣五世，前人通講多玩章句，雖有祕說，於經疏闊。臣生遇世亂，長於軍旅，習經於枹鼓之閒，講論於戎馬之上，蒙先師之說，依經立注，所覽諸家解不離流俗，義有不當，則悉改定以就其正。」又奏曰：「經之大者莫過易，自漢初以來，海內英才，其讀易者，解之率少。至孝、靈之際，潁川荀諝號為知易。臣得其注，有愈俗儒。至所說『西南得朋，東北喪朋』顛倒反逆，了不可知。孔子歎易曰：『知變化之道者，其知神之所為乎？』以美大衍四象之作，而上為章首，尤可怪笑。又南郡太守馬融，名有俊才，其所解釋，復不及諸諝。孔子曰：『可與其學，未可與適道。』豈不其然？若乃北海鄭元、南陽宋衷，雖各立注，衷小差元，而皆未得其門，難以示世。荀諝者，荀爽也。是時少府孔融善其書，與翻書曰：「自商瞿以來，舛錯多矣。去聖彌遠，眾說騁辭。曩聞延陵之理樂，今觀吾子之治易，知東南之美者，非徒會稽之竹箭也。又觀象雲物，察應寒溫，原其禍福，與神合契，可謂探索旁通者已。」翻之言易，以陰陽、消息、六爻、發揮、旁通、升降、上下歸於乾元用九，而天下治。依物取類，貫穿比附，始若瑣碎，及其沈深解剝，離根散葉，鬯茂條理，遂於大道，後儒罕能通之。自魏王弼以虛空之言解易，唐立之〔註 44〕學官，而漢世諸儒之說微。獨〔註 45〕資州李鼎祚作《周易集解》，頗采古易家言，而翻注為多。其後古書盡亡。而宋道士陳摶，以意造為龍圖，其徒劉牧以為易之河圖洛書也。河南邵雍又為先天後天之圖，宋之說易者翕然宗之，以至于今，牢不可

〔註 43〕《茗柯文編》二編卷上無「為之最密，臣亡考，故日南太守歆受本於鳳」等字。
〔註 44〕《茗柯文編》二編卷上「之」作「于」。
〔註 45〕《茗柯文編》二編卷上無「獨」字。

拔〔註 46〕，而易陰陽之大義蓋盡晦矣。清〔註 47〕之有天下百年，元和徵士惠棟，始考古義孟／京／荀／鄭／虞氏，作《易漢學》，又自為解釋曰《周易述》。然掇拾于亡廢之後，左右採獲，十無二三，其所自述，大抵祖禰虞氏而未能盡通，則旁徵他說以合之，蓋從唐五代宋元明朽壞散亂千有餘年，區區修補收拾，欲一旦而其道復明，斯固難也。翻之學既世，又具見馬、鄭、虞、宋氏書，考其是否，故其義為精。又古書亡而漢魏師說略可見者十餘家，然唯荀／鄭／虞氏三家略有梗槩可指說，而虞又較備。然則求七十子之微言，田何、楊叔、丁將軍之所傳者，舍虞氏之注何所自焉？故求其條貫，明其統例，釋其疑滯，信其亡闕，為《虞氏義》九卷。又表其大恉為《消息》二卷，庶欲探賾索隱，以存一家之學。其所未寤，俟有道正焉耳〔註 48〕。嘉慶二年月日，張惠言。

凡經文，《釋文》可考者從《釋文》，餘悉依《集解》。其有用他讀，則注出之。《彖》《象》《文言》分附各卦，以《集解》注文往往通屬，貴使相次，非虞本然。注文采自《集解》，其有自他書者則言其書〔註 49〕。

◎惲敬《張皋文墓誌銘》〔註 50〕：言易主虞氏翻。

◎錢維喬《答張皋文書》〔註 51〕：足下斥魏伯陽、陳摶之易，儕之於異端。夫希夷先後天圖宋儒所從出，未可輕訾。足下好虞氏學，日月為易，其義本於《參同契》，是已祖之矣。考亭垂沒，猶加研究；國朝名儒如安溪，曾作注解。會二公而岐趨于異端耶？夫內葆身心與外淑斯世本無二道，視所處何如耳。

◎紀磊《書張皋文虞氏易義消息後》〔註 52〕：唐李鼎祚綜三十餘家易說，著《集解》一書，使後之人猶得窺漢人門戶者，李氏之功也。其序謂「刊輔嗣之野文，補康成之逸象」，然其所取于鄭止十之一，于虞反十之五。則虞氏之在當日，又集漢儒之成也。虞自謂傳其家五世孟氏之學，又參攷荀、馬、宋、鄭諸儒說，宜其所得有深焉者矣。然其為說近于支離瑣碎，非沈潛深思、探

〔註 46〕《茗柯文編》二編卷上「拔」作「破」。
〔註 47〕《茗柯文編》二編卷上「清」上有「我皇」二字。
〔註 48〕《茗柯文編》二編卷上此下無。
〔註 49〕此段原低一格。
〔註 50〕錄自《大雲山房文稿》初集卷四。
〔註 51〕錄自《竹初文鈔》卷三。
〔註 52〕紀磊《九家易象辨證》後附。

賾索隱，幾不得其用意之所在。故自唐迄今，梗概雖存，而解之者率少。張氏皋文獨能于數千載後批窾導窽，補殘訂譌，成《虞氏易說》九卷，使虞氏之書復還舊觀。又總其大旨，著《消息》二卷，俾後之讀其書者有所持循，可不謂虞氏功臣乎？然虞注既殘缺不備，不得不采他說以補之。而他氏之說有與虞合，亦間有與虞未合者，使不決擇精審，則雖曰虞氏，而實非虞氏本然矣。且人莫不各有得力之處，如鄭所主者爻辰，其得力在《乾鑿度》，故易注之外復注《乾鑿度》；虞所著者納甲，其得力在《參同契》，故易注之外復注《參同契》，各不相蒙也。今虞氏之書具在，其可得而指者，曰卦氣，出於孟氏，此家學也；曰納甲，出于京氏，即《參同契》所本也；曰卦變，即荀氏之升降也；曰互體，即左氏之遺說也；曰旁通；曰反；曰爻變，皆所自得以明消息者也。唯絕無一字出《乾鑿度》者（「易有太極，是生兩儀」虞注：「太極，太乙也。分而為天地，故生兩儀也」，此二句出《禮運》，亦非《乾鑿度》文）。蓋鄭氏之說，虞所謂「未得其門，難以示世」者。今張氏于荀、馬諸儒外，每引《乾鑿度》文，則非虞氏本然矣。故太乙下行九宮、乾坤相並俱生諸說，皆虞易之所本無。學者苟能于此復加甄別而棄取之，則虞氏之說愈明，而又為張氏功臣矣。世亦以我言為然乎哉？！

◎董士錫《張氏易說後敘》〔註53〕：凡先生所箸易說，《周易虞氏義》九卷、《周易虞氏消息》二卷、《虞氏易禮》二卷、《虞氏易事》二卷、《虞氏易候》一卷、《虞氏易言》二卷、《周易鄭荀義》三卷、《鄭荀易注集錄》五卷、《易義別錄》十七卷、《易緯略義》三卷、《易圖條辯》一卷。其自敘《虞氏義消息》曰：「自魏王弼㠯虛空之言解易，而漢儒之說微。其後古書亡而漢魏師說略可見者十餘家，然惟鄭、荀、虞氏三家略有梗概可指說，而虞又較備。」又曰：「虞翻之言易㠯陰陽消息、六爻發揮、旁通升降上下歸于乾元用九而天下治，依物取類，遂于大道。」其敘《易禮》曰：「《記》曰：夫禮必本於太一，分而為天地，轉而為陰陽，其降曰命。故知易者禮象也。竊嘗論之，易曰『君子尚消息盈虛，天行也。』又曰：『乾道變化，各正性命，保合太和，乃利貞。』蓋天之道主陽，獨陽不能生，故易一陰一陽㠯窮消息之變，變而皆陽。人之道主治，盈治不可久，故易一治一亂㠯寓世運之變，變而皆治，治亂相循，天道也，復、遘是也。㠯治救亂，人道也，泰、否是也。元亨利貞者，貞變之用，而聖人之所㠯治天下也。古之君子其自命皆有㠯天下為任之志，其為學

〔註53〕錄自董士錫《齊物論齋文集》卷一。

皆有目禮樂為治之心。雖漢之儒師若董仲舒、伏生、京房、毛公、何休、鄭康成、荀爽、虞翻之徒，或耑治一經，旁祛佗說，意亦欲明其所學周公仲尼之道目措諸天下，故往往詁訓不備則箸目己意，博取典禮，張而翼之，六經皆然，豈獨易哉。」先生初學為詞，賤古文，既成，目為空言未足目明道，乃進求諸六經，取漢諸儒傳注讀之。無善鄭氏禮，盡求鄭氏書，得其《易注》，善其目易說禮而其注殘闕不備，乃更求諸易家言于唐李鼎祚《周易集解》，得所引虞氏注文稍完具，遂深思天人之際、性命之理，求其義例，三年乃通，述《虞氏易義消息》。又推衍其義，依象比事，述《易禮／事／候／言》。又旁及漢魏諸家說，究其根氐，辭而闢之，述《鄭荀義別錄》。又通論緯書之得失、後儒之蔽偽，述《易緯略義》《易圖條辯》凡四十二卷，非苟為其多也，蓋不通乎天道則禮樂法度猶器也，習之而不可目損益也。不明乎人事，則日月寒暑之數猶術也，知之而不可目守執也。先生既思著書目致天下之用，而又目為天人之道莫備于易，故其言禮雖廑偁述周制，發明文王所目變禮改法之意，而百王不易之道皆目由此而皆可推說。然則後之有志於古，當必有所取法于是。又無疑也。先生入翰林四年而目目疫卒，其舉進士，聖主今巡撫浙江阮公悲先生之身不獲行其所學，徵其遺書，將刊木而傳之。先生固不藉沒沒目傳其書，然可目時使天下皆知先生之學也。故敘其後，俾讀者知其恉焉。先生姓張氏，諱惠言，字臯文。武進人，官翰林院編修。序其書者，其甥董士錫，嘗受易于先生者也。

◎同治八年十月曾國藩《茗柯文編序》（摘錄）：自考據家之道既昌，說經者專宗漢儒，厭薄宋世義理、心性等語，甚者詆毀洛閩、披索疵瑕，枝之蒐而忘其本，流之逐而遺其源，臨文則繁徵博引，考一字辨一物累數千萬言不能休，名曰漢學。前者自矜創獲，後者附和偏詖而不知返，君子病之。先生求陰陽消息於易虞氏，求前聖制作於《禮》鄭氏，辨《說文》之諧聲，剖析豪芒，固亦循漢學之軌轍。而虛衷研究，絕無陵駕先賢之意。萌於至隱，文詞溫潤，亦無考證辨駁之風，盡取古人之長而退然若無一長可恃。其蘊蓄者厚遏而蔽之，能焉而不伐，斂焉而愈光，殆天下之神勇，古之所謂大雅者。

◎阮元《茗柯文編序》：武進張臯文編修以經術為古文，於是求天地陰陽消息於易虞氏，求古先聖王禮樂制度於離鄭氏，豈託於古以自尊其文歟？又豈迂回其學而好為難歟？聖人之道在六經，而易究其原、禮窮其變，知扶陽抑陰之旨，然後交際之必辨其類、議論之必防其流，失也。知經上下定民志之旨，然後措施必求其實有裨於治、許與必衷於彝典也。下及《騷》《選》，其支流也。近時易學推惠氏棟，禮學推江氏永，而二家之文無傳。蓋義之附於經者內也，義之微於文者外也。由內及外，而發揮天人之際、推闡制數之精，其所藴更宏，其所就更大。惜乎編修之不究其用而遽沒也。編修所著書，元為刊其《周易虞氏義》《虞氏消息》《儀禮圖》。今其友李生甫、張雲藻又為刊其編年文集為四卷，而屬序於元。因闡編修之素所持論，俾後之學為文者決擇焉。若其文之不遁於虛無、不溺於華藻、不傷於支離，則又知言者所共喻也。嘉慶十四年夏，阮元序。

◎張惠言《茗柯文編》三編《文稾自序》：余少學為時文，窮日夜力，屏他務為之，十餘年迺往往知其利病。其後好文選辭賦，為之又如為時文者三四年。余友王海生見余《黃山賦》而善之，勸余為古文，語余以所受于其師劉海峯者，為之一二年，稍稍得規榘。已而思古之以文傳者，雖于聖人有合有否，要就其所得莫不足以立身行義施天下，致一切之治。荀卿、賈誼、董仲舒、揚雄以儒，老聃、莊周、管夷吾以術，司馬遷、班固以事，韓愈、李翺、歐陽修、曾鞏以學，柳宗元、蘇洵、軾、轍、王安石，雖不逮，猶各有所執持，操其一以應于世而不窮。故其言必曰道，道成而所得之淺深醇雜見乎其文，無其道而有其文者，則未有也。故迺退而考之于經，求天地陰陽消息于易虞氏，求古先聖王禮樂制度于《禮》鄭氏，庶窺微言奧義以究本原，已而更先太孺人憂，學中廢。嘉慶之初，問鄭學於歙金先生，三年，圖《儀禮》十卷，而易義三十九卷亦成。犄以述其迹象、闢其戶牖。若乃微顯闡幽、開物成務，昭古今之統，合天人之紀，若涉淵海，其無涯涘。

◎光緒《武陽志餘》卷七《經籍》：《周易虞氏義》九卷附《消息》二卷（存），國朝翰林院編修張惠言皐聞撰。

自序略曰：自劉向校書考易說，以為諸家皆祖田何，楊叔、丁將軍大義略同，惟京氏為異，而孟喜受易家陰陽，其說易本于氣，而后以人事明之。八卦、六十四象、四正、七十二候，變通消息，諸儒祖述之，莫能具。馬融作《易傳》授鄭康成，作《易注》而劉表、王朗、荀爽、宋衷皆以易名家，各有所述。唯虞翻傳孟氏學，作《易注》，言易以陰陽、消息、六爻、發揮、旁通、升降、上下歸于乾元用九，而天下治。依物取類，貫穿比附，始若瑣碎。及其沈深解剝，離根散葉，鬯茂條理，遂于大道，後儒罕能通之。自魏王弼以虛空之言解易，唐列之學官，而漢世諸儒之說微。獨資州李鼎祚作《周易集解》，頗采古易家言，而翻注為多。其後古書盡亡，而宋道士陳摶，以意造為龍圖，其徒劉牧以為易之河圖洛書也。邵雍又為先天後天之圖，宋之說易者翕然宗之，以至于今，牢不可拔，而易陰陽之大義蓋盡晦矣。國朝元和惠徵士棟，始考古義孟／京／荀／鄭／虞氏，作《易漢學》，又自為解釋曰《周易述》。然掇拾于亡廢之後，左右採獲，十無二三，其所述，大抵宗禰虞氏而未能盡通，則旁徵佗說以合之。蓋古書亡而漢魏師說略可見者十餘家，然唯荀／鄭／虞氏三家略有梗槩，而虞又較備。然則求七十子微言，田何、楊叔、丁將軍之所傳者，舍虞氏之注何所自焉？故求其條貫，明其統例，釋其疑滯，信其亡闕，為《虞氏義》九卷。又表其大恉為《消息》二卷，庶欲探賾索隱，存一家之學。

陳善序略曰：原例則經文皆依李氏、陸氏本，間有從眾家者，亦有依注改者，以有《釋文》及注可證。不著所出，從簡也。注文或分彖入卦辭，或分象入爻辭，省讀也。宋人易說所引，概置不錄，傳信也。近時易說，於惠氏棟外，附載江承之說。承之為先生弟子，早卒。先生輯其遺學，因采其說於書，同善也。《繫辭》分章，有師說可考者大書，無可考而以文義分者細書，謙也。音義有讀為、讀如而無反切，依經注立義也。注文隱奧者句讀之，錯脫者補之，譌謬者正之。蓋古人為學，非苟為稱述而已，必會通其條例，糾正其譌脫，信之至，亦好之至也。

◎袁長江主編、王開學輯校《郭象升藏書題跋》：《周易虞氏義》九卷，清張惠言撰。清嘉慶八年揚州阮氏琅環仙館刻本。戊午（1918）臘月收此書於北平隆福寺街。晉城郭象升甲戌（1934）補記。瑞安方成圭謂晉干寶之易亡於北宋，寶之學原本孟、京輔翼，奉六情十二律風角之占，而證諸人事則專以殷周之世水衰土旺為說，蓋易之興本在殷周之世，當文王與紂之事，聖言足徵，確有據依。於是捃摭逸文，詳為疏釋，撰《干常侍易注疏證》二卷，此皋文虞易之後又一發明也。第一流學者無不喜甄微索解，味於人所不味。通州雷學淇《竹書紀年》，學之名家也，自言費九年心血於此。吾嘗語人：「一部全史僅夠九年討論，皇皇明白大文，豈不有用於《竹書紀年》之叢雜禿屑？」然而，世界固有作此計度之人，大抵官場中略辨之無者耳。使其果能伏首讀史，又未必不能研索《竹書》。若論人才，終屬此一方面。固未見一人焉能以九年看一部全史，傲睨雷瞻叔也。有清一代，研索《竹書》者不下十餘家，皆博古通明之士，則此事之分限可知矣。今世士務經世而好學深思者，仍出於墨子經說、河南甲骨文一流，方東樹所云檢唾渣、尋遺灰，終古不變，何得稱翁方綱、姚鼐之說逼天下高流、不讀人間未讀書耶？（扉頁）

張惠言 周易鄭氏義 二卷 存

嘉慶道光刻張皐文箋易詮全集·易義別錄本

道光刻、道光張成孫抄、光緒重刻易義別錄本

山東藏道光九年（1829）廣東學海堂刻皇清經解·易義別錄本

山東藏光緒九年（1883）刻周易鄭荀義本

山東藏清鈔本（李兆洛等校）

上海藏稿本

山東藏臺北商務印書館 1983 年景印文淵閣四庫全書影印國立故宮博物院藏本

山東藏臺灣新文豐出版公司 1983 年大易類聚初集影印道光九年（1829）刻皇清經解本

山東藏臺北成文出版社 1976 年無求備齋易經集成影印咸豐十年（1860）補刻印皇清經解本

◎三國吳姚信原撰。

張惠言 周易鄭荀義 三卷 存

嘉慶道光刻張皐文箋易詮全集本

道光元年（1821）合河康氏刻本

復旦藏光緒九年（1883）重刻本

續四庫本

◎目錄：

卷上：周易鄭氏義卷上：略例：易三義、彖辭、用九用六、往來上下、互體、卦消息氣、八卦十二位上值二十八宿、爻體、爻辰、三才六位、中、得位失位、應、據承乘、太極兩儀四象、元亨利貞、圖書、神農重卦文王繫辭、十翼、彖象附經、逸象。

卷中：周易鄭氏義卷下：禮象：中春嫁娶、三十而娶二十而嫁、天子之女、后無出道、郊禘、時祭、祭禮、盥而不薦、二簋用享、長子主器、亨西山、時會而盟、尊酒簋二用缶、朝覲、聘、侯封、貢賜、中國七千里、大夫有

地、軍賦、賓士、世子不孝之刑、劇誅、圜土。

卷下：周易荀氏九家義：乾坤升降，泰否始終，卦變，消息，世、伏，兩象對合，乾初勿用，初在應外，據、承、應、取、往來、徵、貞、求、乘、同功，中和、中正，爻位，財官。

◎自序〔註54〕：敘曰：漢儒說易，大恉可見者三家：鄭氏、荀氏、虞氏。鄭、荀，費氏易也；虞，孟氏易也。鄭氏言禮，荀氏言升降，虞氏言消息。昔者虙羲作十言之教，曰乾坤震巽坎離艮兌消息。鄭氏贊易，實述之。至其說經則以卦爻無變動謂之彖辭。夫七八者彖，九六者變，經稱用九用六，而辭皆七八，名與實不相應，非虙羲氏之旨也。爻象之區既隘，則乃求之于天。乾坤六爻上繫二十八宿，依氣應宿〔註55〕謂之爻辰。若此則三百八十四爻，其象十二而止，殆猶滕焉，此又未得消息之用也。然其列貴賤之位、辯小大之序、正不易之倫，經綸創制，吉凶損益，與《詩》《書》《禮》《樂》相表裏，則諸儒未存及之者也。荀氏之說消息，以乾升坤降，萬物始乎泰終乎否。夫陰陽之在天地，出入上下，故理有易有節、位有進有退、道有經有權，歸于正而已。而荀氏言陽常宜升而不降、陰常宜降而不升，則是姤遯否之義大于既濟也。然其推乾坤之本合于一元，雲行雨施，陰陽和均而天地成位，則可謂得易之大義者也。虞氏考日月之行以正乾元，原七九之氣以定六位，運始終之際以敘六十四卦，要變化之居以明吉凶悔吝。六爻發揮旁通，乾元用九則天下治。以則四德，蓋與荀同原而閎大遠矣。王弼之說多本鄭氏而棄其精微，後之學者習聞之，則以為費氏之義如此而已，其盈虛消長之次、周流變動之用，不詳于繫辭彖象者，概以為不經。若觀鄭、荀所傳卦氣十二辰、八方之風、六位世應、爻互卦變，莫不彰著。劉向有言：易家皆祖田何，大義略同。豈特楊叔、丁將軍哉？治易者如傳《春秋》，一條之義，各以其例，時若可比，究則迥殊。李鼎祚、朱震合諸家而為說，是知日之圓而不知其不可以為規也。余既述虞氏之注為《消息》以發其義，故為鄭、荀各通其要，以俟治古文者正焉。張惠言〔註56〕。

◎摘錄卷下《周易荀氏九家義》卷首：九家，或云即淮南九師，或云荀爽集古易家凡九，皆非也。惠徵士云六朝人說荀氏易者，為得其實。

〔註54〕又見於《茗柯文編》二編卷上。

〔註55〕《茗柯文編》二編卷上「應宿」作「而應」。

〔註56〕《茗柯文編》二編卷上無「張惠言」三字。

◎光緒《武陽志餘》卷七《經籍》:《周易鄭荀義》三卷，張惠言撰。

張惠言輯 周易王子雍氏 一卷 存

嘉慶道光刻張皐文箋易詮全集・易義別錄本
道光刻、道光張成孫抄、光緒重刻易義別錄本
皇清經解・易義別錄本（道光刻、咸豐補刻、鴻寶齋石印、點石齋石印）
◎三國魏王肅原撰。

張惠言輯 周王世將氏 一卷 存

嘉慶道光刻張皐文箋易詮全集・易義別錄本
道光刻、道光張成孫抄、光緒重刻易義別錄本
皇清經解・易義別錄本（道光刻、咸豐補刻、鴻寶齋石印、點石齋石印）
◎晉王廙原撰。

張惠言輯 周易董氏 一卷 存

嘉慶道光刻張皐文箋易詮全集・易義別錄本
道光刻、道光張成孫抄、光緒重刻易義別錄本
皇清經解・易義別錄本（道光刻、咸豐補刻、鴻寶齋石印、點石齋石印）
◎三國魏董遇原撰。

張惠言輯 周易干氏 二卷 存

嘉慶道光刻張皐文箋易詮全集・易義別錄本
道光刻、道光張成孫抄、光緒重刻易義別錄本
皇清經解・易義別錄本（道光刻、咸豐補刻、鴻寶齋石印、點石齋石印）
◎晉干寶原撰。

張惠言輯 周易京氏 一卷 存

嘉慶道光刻張皐文箋易詮全集・易義別錄本
道光刻、道光張成孫抄、光緒重刻易義別錄本
皇清經解・易義別錄本（道光刻、咸豐補刻、鴻寶齋石印、點石齋石印）
◎漢京房原撰。

張惠言輯 周易劉景升氏 一卷 存

嘉慶道光刻張皐文箋易詮全集·易義別錄本

道光刻、道光張成孫抄、光緒重刻易義別錄本

皇清經解·易義別錄本（道光刻、咸豐補刻、鴻寶齋石印、點石齋石印）

◎漢劉表原撰。

張惠言輯 周易劉子珪氏 一卷 存

嘉慶道光刻張皐文箋易詮全集·易義別錄本

道光刻、道光張成孫抄、光緒重刻易義別錄本

皇清經解·易義別錄本（道光刻、咸豐補刻、鴻寶齋石印、點石齋石印）

◎南朝齊劉瓛原撰。

張惠言輯 周易陸氏 一卷 存

嘉慶道光刻張皐文箋易詮全集·易義別錄本

道光刻、道光張成孫抄、光緒重刻易義別錄本

皇清經解·易義別錄本（道光刻、咸豐補刻、鴻寶齋石印、點石齋石印）

◎三國吳陸績原撰。

張惠言輯 周易馬氏 一卷 存

嘉慶道光刻張皐文箋易詮全集·易義別錄本

道光刻、道光張成孫抄、光緒重刻易義別錄本

皇清經解·易義別錄本（道光刻、咸豐補刻、鴻寶齋石印、點石齋石印）

◎漢馬融原撰。

張惠言輯 周易孟氏 一卷 存

嘉慶道光刻張皐文孟氏箋易詮全集·易義別錄本

道光刻、道光張成孫抄、光緒重刻易義別錄本

皇清經解·易義別錄本（道光刻、咸豐補刻、鴻寶齋石印、點石齋石印）

◎漢孟喜原撰。

張惠言輯 周易蜀才氏 一卷 存

嘉慶道光刻張皐文箋易詮全集·易義別錄本

道光刻、道光張成孫抄、光緒重刻易義別錄本

皇清經解・易義別錄本（道光刻、咸豐補刻、鴻寶齋石印、點石齋石印）
◎三國蜀范長生原撰。

張惠言輯 周易宋氏 一卷 存

嘉慶道光刻張皐文箋易詮全集・易義別錄本
道光刻、道光張成孫抄、光緒重刻易義別錄本
皇清經解・易義別錄本（道光刻、咸豐補刻、鴻寶齋石印、點石齋石印）
◎漢宋衷原撰。

張惠言輯 周易荀氏九家 三卷 存

嘉慶道光刻張皐文箋易詮全集・易義別錄本
◎漢荀爽等原撰。

張惠言輯 周易姚氏 一卷 存

嘉慶道光刻張皐文箋易詮全集・易義別錄本
道光刻、道光張成孫抄、光緒重刻易義別錄本
皇清經解・易義別錄本（道光刻、咸豐補刻、鴻寶齋石印、點石齋石印）
◎三國吳姚信原撰。

張惠言輯 周易翟氏 一卷 存

嘉慶道光刻張皐文箋易詮全集・易義別錄本
道光刻、道光張成孫抄、光緒重刻易義別錄本
皇清經解・易義別錄本（道光刻、咸豐補刻、鴻寶齋石印、點石齋石印）
◎題翟玄原撰。

張惠言輯 周易子夏傳 一卷 存

嘉慶道光刻張皐文箋易詮全集・易義別錄本
道光刻、道光張成孫鈔、光緒重刻易義別錄本
皇清經解・易義別錄本（道光刻、咸豐補刻、鴻寶齋石印、點石齋石印）
◎題周卜商原撰。

張惠言書 張惠言手鈔易經 二卷 存

國圖藏清鈔本

張繼元 萬象一原 無卷數 存

山東藏刻本

◎光緒二十八年（1902）錢塘夏鸞翔（紫笙）亦撰有《萬象一原》，為算學著作。

張繼祖 連山類語 佚

◎民國《增修膠志》卷四十二《清人物傳·文苑》：著有《連山類語》、《詩》《易》各解、《說文解字》諸種。

◎張繼祖，字述堂。山東膠州人。貢生。

張繼祖 易解 佚

◎民國《增修膠志》卷四十二《清人物傳·文苑》著錄。

張建初 中山易經草案 存

廣東省中山圖書館藏 1935 年鉛印本

張建範 周易補疏 佚

◎光緒《諸暨縣志》卷四十六《經籍志》：書載乾隆《府志》，今未見。

◎張建範，字洪九。浙江諸暨人。廩生。又著有《史記平衡》。

張節 周易溯原 一卷 佚

◎道光《徽州府志》卷十五《藝文志·歙》：張節《周易溯原》一卷。

◎道光《徽州府志》卷十一之四《人物志·文苑》：著有《周易溯原》《春秋獻疑》《寱忠恕錄》《顏瘤子》《六書會指》《松滋餘業》《張氏醫參》《寱畹詩文集》。

◎民國《歙縣志·儒林》卷七《人物志·文苑》：著有《周易溯源》三卷、《春秋獻疑》十二卷、《寱忠恕錄》一卷、《顏瘤子》二卷、《松滋餘業》十卷、《六書會指》四卷、《寱畹詩文集》五十八卷、《張氏醫參》十卷。又著《詩韻存音》，並選同時人詩曰《嚶嚶集》。

◎民國《歙縣志》卷十五《藝文志·書目》：《周易溯原》一卷、《春秋獻疑》一卷、《六書會旨》四卷、《醫參》一卷、《張氏醫案》一卷、《顏瘤子》二卷、《寱畹詩文集》、《嚶嚶集》《忠恕錄》（俱張節）。

◎張節，字心在。安徽歙縣紹村人。歲貢生。諸子百家及音韻、岐黃之書無不淹貫，講經尤多心得，每發前人所未發。晚年究心忠恕義蘊。

張介臣 圖説管窺 佚

◎張爾岐《蒿庵集》卷二《圖説管窺序》：河洛卦位諸圖，其説莫詳於邵朱兩先生。學者於此因圖測象、因象識意，與僅索之語言文字間者當有異。自良知標幟以後，人始侈然敢以宋儒為詬病。舉業家愈趨便捷，傳義且廢，況有寓目於《經世》《啟蒙》諸篇者！溼沃宗弟介臣，以善易聞。一日過示所著《圖説管窺》。伏讀累日，見其檃括眾説申以己見，稱言不煩而大義犁然。私怪介臣方將揣摩簡練就試禮部，而所業乃及此，其與俗學有間矣。嘗歎儒術不振已百有餘年，以往復之理求之，當有大儒挺生其間。人能不逐流俗，問津伊洛闚閩而趨洙嶧，所至當不可量也。介臣勖哉，安知不即所謂其人者歟！

◎張介臣，山東溼沃（今濱城區）人。

張金鏡 易經合參 佚

◎嘉慶《泰興縣志》卷八《藝文志·著述·經類》：張金鏡《易經合參》《詩經集注》《四書説約》。

◎張金鏡，江蘇泰興人。又著有《詩經集注》《四書説約》。

張覲丹 易學蔣針考原解義 不分卷 存

山東藏 1919 年平民工廠石印本

◎張覲丹，又著有《蔣平階羅經考原解義》。

張鏡心 易經增注 十卷 存

光緒五年（1879）定州王氏謙德堂刻畿輔叢書本

山東藏 1935 年上海商務印書館叢書集成初編據畿輔叢書本鉛印本

國圖、天津藏清雲隱堂刻本

臺北成文出版社 1976 年無求備齋易經集成影印光緒五年（1879）刻畿輔叢書本

◎一名《雲隱堂易註》。

◎謙德堂《畿輔叢書》總目：《易經增注》十卷考一卷（明磁州張鏡心撰。其子潛編訂，有述言、康熙己巳孫奇逢序）。

◎張湛虛先生易註敘〔註 57〕：前大司馬湛虛先生，自甲申後里歸杜門讀易，著有《易註》十卷。逾卒之八年甲辰，余拜其祠，先生賢嗣庶常君尚若出其藏本見示，謂余辱知最深，索一言弁首簡。余念庚寅過里第，先生即告以大易之旨，嗣後幾相過從，輒得讀其《易註》。其中手為訂竄已數易其稿矣。先生學易之功與年俱進，余烏能測其微哉？粵稽羲畫創道而三易迭興，夏曰《連山》、商曰《龜藏》、周曰《周易》，名不同而變通趨時無兩義也。《連山》首艮，艮，止也，天下事不日新於止，惟其時止則止，所以時行則行也，成終成始之義也。《龜藏》首坤，坤以藏之，天下事不竭於發而竭於藏，退藏不密，生趣所以日枯也。故藏者養也，坤元所以資生也。《周易》首乾坤，道陰陽也。而陰陽之大惟天地，君子觀象於天地而示效法之權於君臣，故八八之卦多以君臣之義發陰陽之蘊，以陰陽之消息著君臣之治亂。苟君臣之道立，因而父子之情親、長幼之序順，而治於門內，倡隨麗焉；孚於聲氣，應非通焉。君臣之道不立，則皇帝王霸之業廢、人心壞而彝倫斁，邵子所謂人消物盡時也。故君臣者，萬事萬化之原也。先生讀易而翼之以註，意蓋存君臣也。夫君臣曷以存也？說在孔子之對景公矣，曰君君臣臣。蓋謂君之於臣，不但存於名與分也，存於義與道焉耳。時有否泰，道無隆污。時乎道存各盡，則后克艱厥后，臣克艱厥臣；時乎道存交儆，則臣都君俞，君吁臣咈。或時君焉蒙難，臣焉匪躬，而靖獻不隕於顛隮；或時君務含章，臣遇曲巷，而天澤不倒於屯蹇。其分與義，天地雖剝而不受剝於天地，人事雖否而不受否於人事，則翼註之功大也。然而猶未盡也。謂存於名與分焉，盤古而後，治亂不同候，而世統未之或絕也。謂存於道與義焉，則《詩》《書》所紀，已揭日月而行之矣，復安取夫註？且箋疏傳義發微旨者數十百家，何更煩先生之註而且欲假註以植天常、存人紀也？其將能乎？夫子之作《春秋》也，曰：「吾徒託之空言，不若見諸行事之深切著明也。」然則是註也，假筆舌以與人共明之，不若著明於身使天下儀刑之，則先生於名與分，反之心而無慚者，止於義與道。得之性者厚，而修之身者固也，故發而為言，德言也。豈徒滕夫口說哉？何以明其然也？先生敘余《日譜》嘗言之矣，曰「數能奪鬼

〔註 57〕又見於孫奇逢《夏峯先生集》卷四，題《雲隱堂易註序》，無末「庶常君家學有本，於易註之成必有以見夫天道人事之原。余追維先生註易苦心，恐當世無知者，典型頓喪，斯道奚歸。三復斯編，益令人重人琴之感矣。清康熙乙巳立冬前三日歲寒居士容城孫奇逢拜題時年八十二歲」等字句。

神而不能奪匹夫之身，惟其見身者重，故不苟其身」，曰「天地人相維而世天地，何事？事天地者人也，惟其視人有禮，故鄭重其人。則易之大本已立，故在易亦有之」，曰「有命无咎，猶是天人參半之論」，曰「勿恤其孚，于食有福，便消息生心、造化在手矣」，夫學易而至是焉，斯達易之道也已，斯可與註易也已。庶常君家學有本，於易註之成必有以見夫天道人事之原。余追維先生註易苦心，恐當世無知者，典型頓喪，斯道奚歸。三復斯編，益令人重人琴之感矣。清康熙乙巳立冬前三日，歲寒居士容城孫奇逢拜題，時年八十二歲。

◎述言：先君子生平喜讀易，自丁丑建牙兩粵，比佐樞居憂，先後七載，未嘗少輟。或日閱一卦，或數日一卦，或月餘一卦，第從經文領取，凡有所得，隨時標記。甲申國變，棄家行遯，播越江海間。故廬幾經劫火，舊編軼散。乙酉冬歸里，閉關謝客，取諸前賢易注及己所見，參伍折衷以求其是。手自鈔集，凡三四易稿，始於丙戌正月，迄孟冬望後乃成。陰陽之推移、今昔之遷變、吉凶之乘除，泊然無所動於中。小子溍受而藏之，益歎先君子無在不學夫易也。歷遡疇昔，正色梧垣，可謂坎之用缶；宣猷嶺表，可謂習之受福；浮氣楚服，可謂師之懷邦；弭變南交，可謂泰之包荒；乘桴東海，可謂否之辟難。惟學之也篤，故體之也精；惟體之也精，故言之也切。舉凡經生傅會、術士穿鑿之論一切芟除，獨能觀象玩辭，深思靜悟，以求合於天道人事之宜，而後大易本旨昭然若揭。溍昕夕盥誦，尠所窺測。第恐先人手澤久或殘失，謹用較錄，什襲珍藏，以識不忘。友人陳子起哉閱而好之，謂可與伊川、晦菴傳注並垂天壤，捐俸壽梓。則陳子尊經學古之意過人遠矣。康熙丁未菊月十七日，子溍薰沐頓首敬書。

◎四庫提要：是編用《注疏》之本，隨文闡發，多釋義理，無弔詭之詞亦無深微之論，說易家之墨守宋儒者也。

◎湯斌《前明兵部尚書湛虛張公墓誌銘》：晚年閉戶註易，究極性命之旨。與孫鍾元先生往復商搉，逍遙泉石，自稱雲隱居士。

◎張鏡心（1590～1656），字孝仲〔註58〕，號湛虛，晚號晦臣，自號雲隱居士。河北磁州（今磁縣）人。天啟二年（1622）進士。歷任知縣、禮科給事中、太常寺少卿、大理寺少卿、南京光祿寺卿、兵部右侍郎兼右副都御史總督兩廣軍務、兵部左侍郎總督薊遼軍務、兵部尚書。生平重氣節，沉毅有決

〔註58〕《提要》謂字用晦。

斷。事親孝，家法嚴，謹視子弟才質，使各有成立。入清不仕。晚年閉戶注易，究極性命之旨，與孫奇逢往復商榷，逍遙泉石。又著有《雲隱堂集》《馭交紀》。

張鏡心 易考 一卷 存

光緒五年（1879）定州王氏謙德堂刻畿輔叢書本

山東藏 1935 年上海商務印書館叢書集成初編據畿輔叢書本鉛印本

國圖、天津藏清雲隱堂刻本

山東藏臺北成文出版社 1976 年無求備齋易經集成影印光緒五年（1879）刻畿輔叢書本

◎一名《易經增注考》，附刻於其《易經增注》十卷後。

張九鐔 十翼餘聞集 佚

◎自序略謂：余所為易解說論辨十餘篇，益以今《易鈔考定》十則、雜撰若干條，題曰《十翼餘聞集》。平生發憤，獨在《說卦傳》一篇。

◎張九鐔（1718～1784，一說 1721～1787），字竹南，號吾溪，一號蓉湖。湖南湘潭人。張坊長子。乾隆二十四年（1759）舉人、四十三年（1778）進士，選庶吉士，官翰林院編修，為《四庫全書》繕書處分校官，館中以耆宿推之。留心正學，以貢選郴州學正。年六十七乞歸，子世浣任曲沃知縣，迎養，遂卒於河津。工詩文，與從兄張九鉞齊名。力治經學，於時人抨擊朱熹注疏常加辨正。著有《古文尚書考》一卷、《笙雅堂全集》五種二十一卷（《易通》一卷、《竹書紀年考證》一卷、《文集》四卷，《詩集》十四卷、《竹南賦略》一卷）、《孝經考證》、《左傳筮法考》、《孫子評》、《先儒文略》十六卷、《興寧縣志》十二卷首一卷。《湖南文徵》卷二十七收錄其《費氏古文易論》一篇、卷八十八收錄其《書左氏筮法後》一篇、別《跋參同契》一篇。

張九鐔 易通 一卷 存

湖南省中山圖書館藏嘉慶十七年（1812）湘潭張世濂賜錦樓刻笙雅堂全集本

光緒十三年（1887）重印賜錦樓刻笙雅堂全集本

◎李元度《國朝先正事略》卷四十三《文苑》：尤邃於經學，於羣經多所辨證。

張菊如 菊如先生手鈔易經及雜作 不分卷 存

山東藏張菊如松竹齋鈔本

◎書名據《山東藏易學書目》擬題。

張矩 易解簡要 六卷 存

山東、中科院、上海社科院、宜春藏嘉慶二十三年（1814）文光堂刻本

四庫未收書輯刊影印嘉慶二十三年（1814）文光堂刻本

◎一名《周易解簡要》。

◎總目：卷之一上經乾坤屯蒙需訟師比小畜履泰否同人大有。卷之二謙豫隨蠱臨觀噬嗑賁剝復無妄大畜頤大過坎離。卷之三下經咸恒遁大壯晉明夷家人睽蹇解損益夬姤萃升困。卷之四井革鼎震艮漸歸妹豐旅巽兌渙節中孚小過既濟未濟。卷之五繫辭上傳繫辭下傳。卷之六說卦傳序卦傳雜卦傳。

◎凡例：

一、易學以朱子《本義》為主，茲解奉為準繩，罔參異論。其象傳未註之處則本《程傳》及諸儒論說為解，仍與《本義》爻辭之義相符，不至岐出。

一、卦爻先明卦主，提綱挈領則餘爻之義皆有所歸。茲解謹遵御纂《折中》首卷臚列卦主分揭於各卦之首，提綱挈領，全卦大旨已明。又輯合解於六爻之後，於爻義之孰輕孰重、孰得孰失最為分曉便閱。

一、《朱子語類》云：「某作《本義》，欲將文王卦辭只大概依文王本意略說。至其所以然之故，卻於孔子《彖傳》中發之。如此則不失文王本意，又可見孔子之意。但今未暇整頓云。」茲解略述彖辭，詳發彖傳，遵《語類》也。

一、《彖傳》中有言剛柔往來上下者，先儒多指卦變而言，《本義》主之。謹按御纂依王孔註疏謂剛柔往來上下為虛象，不論卦變。茲解只損益二卦就卦變說，餘俱作虛象解，於初學尤為簡便易閱。

一、是解文義不拘一律，或就經傳串講，或註釋字義，或徵引典故，或解本爻旁引他爻，總期訓釋明晰，俾閱者一目瞭然。

一、易義包含萬象，引伸其說，連篇累牘而莫窮，要約其詞、舉例發凡而已。寓茲解義歸簡要，講章敷衍之辭無關要義，俱不採入。至上下《繫傳》，講章尤多繁碎，茲解概刪繁就簡以便初學。

一、易註先儒論說不一，皆有指趣可思。茲摘其要論，與《本義》符合者編輯為解，不能標識書目姓氏，非敢掠美也。

是稿成於嘉慶戊辰己巳，時寓京邸，館銅仁徐春帆先生家。先生世治是經，家學相傳，研究精確。稿中多所質正焉。南旋後重加釐定，藏之篋笥，因同人頗多借閱，乃付剞劂。嘉慶丙子季秋張矩濂方謹識。男逵盛青勤聚文校輯，胞姪綬用寬儁誠裕仝校，孫永初傚元分校。

◎劉彬士序：《易》之為書，難言哉。惟朱子兼邵、程之奧，學者宗之。我朝御纂《周易折中》首列朱義，明其獨得經傳之本義，發聖人之精蘊。至哉，莫能易矣！巴陵張君廉方，考究羣籍，每得精言，欣然抄錄。向在京師館徐春帆先生家，課讀之餘，手錄御纂，闡述《本義》。其詞簡而不漏，要而不支，春帆先生極稱之，名之曰《易解簡要》。今將付梓人以公同好，學易者由此問津，可以不迷於所向矣。張君官耒陽學博，職在課士，相與講習討論，從容涵泳，俾俊髦之彥審乎得失之幾而適於中正之路，不於是書大有望哉！嘉慶二十一年歲在丙子九月既望，黃陂劉彬士序。

◎常慶序：秦漢以來以術數言易者陋矣，以義理解易自王弼始，而其說略近老、莊。迨《程傳》出而潔靜精微之教始昭然於天下。朱子謂因時立教，不同於法而同於道者，惟伊川先生之書而已。顧程子言易謂得其義，則象數在其中。朱子以為先見象數方說得理，不然事無實證則虛理易差，此《本義》一書所以本象數以明義理，允協夫聖人立象盡意之旨，而後世學易之準繩，莫能外也。巴陵沙溪張君，潛心經學，研究有年，秉鐸耒邑。予宰斯土，交好甚歡，公暇則共為討論。張君出其所著《易解簡要》相釐定。其書專主《本義》，芟講章之繁蕪，採儒先之經義，以發明《本義》之意，於學易誠便。我朝敦崇經術，聖天子雅化覃敷，多士涵濡其閒，自無不蒸蒸向風，以通經致用為務。昔班固稱《易》為五經之原，學者欲窮易理以通於諸經，莫如熟讀《本義》。讀《本義》而參閱是書，則朱子之兼象數以釋經傳之意，莫不開卷了然。則以是書為初學之階梯也可。嘉慶二十一年丙子季秋，長白常慶序。

◎曾清賢序：《易》之為書，廣大精微，包孕眾理，統括萬事。古之解說紛然，求其揭四聖之精蘊、足使通志成務之學昭示來世，則莫如朱子《本義》一書，祖邵而參程，兼象數理義以立說，故後世解易者必宗之。沙溪張五兄學問博洽，於易書苦心孤詣，歷有年所。據其得於《本義》者作為《簡要》。簡要者非務省也，得其宗旨而無事詳述、求之正大而不必雜陳也。指歸有定，擇取諸說之有符於《本義》者，約其辭理而編輯之，則統宗會元得其書而益彰彰矣。將所謂廣大精微之蘊不由此而可尋繹歟？余與五兄同鄉同寅，相得甚密時取所作稿本紬繹玩索，屢為嘆賞。茲付梨棗，公其書以垂不朽，其有志學易，嘗苦道義之深、論說之繁而莫尋其根柢畔岸者，讀此當瞭如指掌矣。是為序。嘉慶二十一年季秋下澣，昌江曾清賢序。

◎張矩，字廉方。湖南巴陵人。乾隆六十年（1795）舉人。任耒陽縣學訓導。教學者必先治生，通知稼穡之務，不一意於科名官祿，然後可以為學。

張矩 周易直解 佚

◎光緒《巴陵縣志》卷之三十一《人物志》三：著有《周易直解》行於世。

張雋 象數 佚

◎《南潯鎮志》卷九《流寓》：張雋《易序測象》《古今經傳序略》《三部略》《象數》《與斯集》《西廬詩文集》。

◎張雋（1590～1663），一名僧願，字非仲，一字文通，別號西廬。嘗任塾師於南潯多年，順治十一年（1654）遂遷居於江蘇吳江（今蘇州）。諸生。少有學行，有經師人師之譽。與董誦孫、潘檉樟、吳炎稱吳江四子，又與閔聲、張道岸、沈皇玉稱苕溪四隱。入清後潛隱，與歸莊、徐枋、徐樹丕、金俊明、楊補唱和，與陳忱、吳楚等結東池詩社並編《東池詩集》，又為復社社員。應莊廷鑨聘修《明史輯略》，撰《明理學諸儒傳》，後結集另錄為《與斯集》。順治十八年（1661），莊案發後逮至杭州，康熙二年（1663）與潘檉樟、吳炎等人被凌遲處死於杭州弼教坊，一說投水自盡。著有《西廬詩草》、《西廬文集》、《石船詩稿》、《三部略》、《易序測象》一卷、《古今經傳序略》。

張雋 易序測象 一卷 存

上海藏稿本

◎同治《蘇州府志》卷第一百三十八《藝文》三：張雋《三部略》、《象曆》、《易序測象》、《與斯集》六十卷、《西廬詩草》四卷。

◎光緒《重刻震澤縣志》卷三十一《書目》：《與斯集》六十卷、《三部略》、《象曆》、《易序測象》（張雋）。

張克肇 彙補敲爻歌 一卷 佚

◎道光《阜陽縣志》卷十三《人物志》三《方技》：著有《萬錦集》一卷、《彙補敲爻歌》一卷。

◎張克肇，安徽阜陽縣西裴家埠人。善醫。年八十餘卒。

張堃 客中一得 三卷 存

山東藏光緒二十三年（1897）梯雲山人書屋刻本

◎張燦然輯。

◎民國《三續高郵州志》卷六：《客中一得》，張堃撰。

◎民國《三續高郵州志》卷六：《醒齋詩》（張堃撰。著《客中一得》者又是一人）。

◎張堃，江蘇高郵人。

張孔蘊 易經家課 佚

◎道光《續修桐城縣志》卷之十六《人物志·文苑》：讀書自好，晚年著《易經家課》《禮記簡要》《古文抄》，皆研極理奧，發前人所未發。詩學李長吉，間發穠艷。

◎張孔蘊，字柱臣，號月塘。安徽桐城人。

張蘭皋 周易析疑 十五卷 前圖一卷 存

南京藏乾隆九年（1744）梅花書屋刻本

乾隆十四年（1749）刻本

四庫存目叢書影印乾隆九年（1744）梅花書屋刻本

◎一名《補訂讀易隨鈔》《重訂讀易隨鈔》。

◎目錄：上經分卷：一卷乾坤，二卷屯蒙需訟，三卷師比小畜履泰否，四卷同人大有謙豫隨蠱。五卷臨觀噬嗑賁剝復。六卷無妄大畜頤大過坎離。下經分卷：七卷咸恒遁大壯晉明夷。八卷家人睽蹇解損益。九卷夬姤萃升困井。十卷革鼎震艮。十一卷漸歸妹豐旅巽兌。十二卷渙節中孚小過既濟未濟。十三卷繫辭上傳。十四卷繫辭下傳。十五卷說卦傳序卦傳雜卦傳。

◎周易析疑前圖目錄：河圖、洛書、河圖洛書合一圖、始畫八卦圖、重為六十四卦圖、八宮八卦圖、又六十四卦黑白圖、先天八卦方位圖、先天六十四卦方圓圖、後天八卦方位圖、先天後天合一圖、周易卦序圖、蕭氏讀易攷原（以其論上下經篇義至精，故全錄）、論卦變、論卦主、互體圖、卦數圖、卦位圖、納甲圖、讀易十字樞、讀易三大義、蓍卦變占圖說、十三卦取象說。

◎凡例：

蔣紫真先生《讀易隨抄》未有刻本，所傳寫者不過三十部。每於兩卦之前明聖人立卦之意，辭旨深奧，然其間亦有未易明者，故從程子用序卦。

蕭漢中坎為嫡子之說非聖人之意，刪去。

《讀易隨抄》未有圖說，茲編悉從孔子《大傳》所言者列為前圖。

凡引用先儒釋經之意義，則必明其所自來，不敢沒其善。若不合於《彖傳》《象傳》者，則不敢取。

《讀易隨抄》或紫真先生融會先儒之意而言者，或先生之自言者。其先未曾別白，亦從其舊，若不合於《彖傳》《象傳》者，則亦不敢取。

凡辨難析疑之處，或取先儒之意而參以愚意者，亦從《隨抄》之例，不敢過為別白也。

◎自序：儒者之於學也，必折衷於五經。五經以《易》為本，經四聖人而成。伏羲畫卦本三才之道，類萬物之情，盡天下之變，其義無所不包，歷代因之制器占筮。逮文王身歷事變，羈於羑里，乃演易繫以彖辭，所言進退存亡吉凶消長之理，必歸於正，而非徒以倖免苟得為能。周公遭流言之謗，東都遜避，繫象辭於六爻之下以盡卦義。向非吾夫子生知至聖、韋編三絕之功，何以能發明易簡之理，通於道德性命之奧、切於倫常日用之中若是其大彰明較著者乎？自秦漢以來，方伎諸家五行卦氣以之經緯天地災異禍福之學以斷吉凶，雖無所不驗，而去聖人因占示教之意遠矣。惟宋周程邵張朱諸大儒出，推本道學，切實踐履，必歸於義理之占，而易道乃明。然其間每有以一爻之義礙全卦者。細攷其由，多因於前儒之舊且有未合於夫子之《彖傳》者。伊川程子晚年始出《易傳》以授門人張思叔尹彥明，且囑曰：「《易傳》只說得七分，學者更須自體究。」晦庵朱子以其雖言理而未有合於象，因作《本義》推本聖人尚占之意。門人有以疑義為問者，如虎視眈眈、其欲逐逐之類，亦曰終難理會無暇整頓。是程朱之精於義理尤多有未愜也。今去程朱幾六百年，宋末元明以來，諸儒之研究，或三十年二十年之苦功，或父未卒業傳之於子，或師有未愜授之門人，其闡發聖人之微意、講求疑義之未明，何可聽其湮沒而不傳？一是昔年承紫真先生指示，於先儒講說之外，多聞妙義，因從臾成書為《讀易隨抄》。先生於徐氏傳是樓見易解數百家，閱歷至廣。至是凡三易稿，猶以為未竟之業。時先生年九十有三。越二年而先生棄世，自後無從質問。然不敢虛負先生期望之意。反復玩味，廣收博採，彙集頗多，惟求感發以合聖人之旨，為補訂《析疑》，心之所求，思有可通，不得不為剖析。其於先生原本，不可輕為攙越，因更輯為一編。竊謂讀易之要必陰陽之大分明而乾坤之理得，乾坤之理得而易之精蘊探討無窮，其取之有所從，其推之有所用。學者欲求聞道，易不可不講。欲求講易，必潛心於夫子之十翼，庶可得其門而入也。或謂夏有《連山》、商有《歸藏》，《連山》首艮，《歸藏》首坤，用各不同，四聖之易似各有其意。夫易之卦象固無不可通，雖皆用以占筮，而《周易・繫辭》則義理之占，乃禍福之原，內聖外王之學也。得吾夫子贊易，而伏羲、文王、周公之意顯然可見，易道大明，如日月之經天，其施於實用，功在生民，德侔天地，故曰自生民以來未有孔子。孔子之謂集大成，苟不體察於修齊治平之大道，而僅僅求之術數推測之間，非吾夫子之所言，非聖人作易前民用之意也。乾隆甲子初秋，張蘭臯一是謹識。

◎四庫提要〔註59〕：是書初刻於乾隆甲子，至己巳又改訂八十頁而重刻之，是為今本。大旨以程子《易傳》、朱子《本義》為宗而佐證以宋元諸說。其謂卦必先分而後序，不用古文十二篇之說。蓋從蕭漢中《讀易考原》。其《繫辭》以下略不置解，則用王弼例也。

◎唐鑑《國朝學案小識》卷十三：大旨以程子《易傳》、朱子《本義》為宗，而佐證以宋元諸說。其謂卦必先分而後序，不用古文十二篇之說。蓋從蕭漢中《讀易考原》。其《繫辭》以下略不置解，則用王弼例也。

◎光緒《武陽志餘》卷六之三：《周易析疑》十五卷（見四庫書存目），國朝處士張蘭臯天隨撰。《經籍錄》：是書初刻名《重訂讀易隨鈔》，蓋天隨嘗學易于紫真蔣氏，蔣氏有《讀易隨鈔》，天隨重加校訂刻之。至既桀始名《周易析疑》。卷首列前圖凡八十二頁，其中全錄蕭氏《讀易考原》，以為至道妙義精蘊所在。而《說卦傳》注則仍取諸家之說而不及蕭氏，蓋傳注仍紫真之舊，而前圖則洪武間歙人朱升所作，天隨取以增入者也。又案《讀易隨鈔》及是書初刻本今竝存，其所異者，《隨鈔》無圖說，是書有之；《隨鈔》有不與圖說相合者，是書去之；《隨鈔》卦主反對，故竝列乾坤二卦于乾彖前而坤彖前不更畫卦，倒書蒙字于屯卦下而蒙彖前不更畫卦，是書則畫一大卦于各

〔註59〕誤題《周易析義》，楊家駱《四庫全書大辭典》襲之。

卦前，分而注爻義于各爻之間；《隨鈔》卦畫後各繫以說，是書無之；《隨鈔·繫辭傳》有注，是書無之；《隨鈔·雜卦傳》大過以下依蔡氏改本，是書仍從原本。初刻本有凡例一頁，是本無之。餘雖互有詳略，大旨相同，特損益其辭句耳。

◎張蘭皋，原名一是，字天隨。江蘇武進人。

張立綱 易經臆解 佚

◎光緒《嘉定縣志》卷二十四：《易經臆解》張立綱著。

◎張立綱，字惇五。江蘇崑山人。諸生。寓嘉定（今屬上海）南翔。

張亮 易經貫解 佚

◎道光《續修桐城縣志》卷之十一《人物志·孝友》：著有《易經貫解》。

◎張亮，字臥南。貢生。積學勵行，尤專於易。主講席六十年，受業成名者甚眾。乾隆初奉部檄當謁選，以母年高辭不赴。卒年八十九。

張烈 讀易日鈔 八卷 存

國圖、山東、南京藏康熙二十六年（1687）刻本（題順天張太史讀易日鈔）

四庫本

山東藏 1983 年臺北商務印書館景印文淵閣四庫全書影印國立故宮博物院藏本

山東藏 1983 年臺北新文豐出版公司大易類聚初集影印文淵閣四庫全書本

◎目錄：卷一上經一。卷二上經二。卷三上經三。卷四下經一。卷五下經二。卷六下經三。卷七繫辭上。卷八繫辭下、說卦傳、序卦傳、雜卦傳。

◎提要（題六卷，庫書提要題八卷）：是書一以朱子《本義》為宗，謂：「易者象也，言有盡，象無窮。伏羲畫為奇偶，再倍而三，因重而六。文、周逐卦系彖逐畫系爻，全是假物取象，不言理不指事而萬事萬理畢具。」大旨在因象設事就事陳理，猶說易家之不支蔓者。前有其子益孫、升孫紀實云：「此稾已刪潤四十餘過，至易簀前數日尚合《蒙引》、《通典存疑》諸書考訂『知來』、『藏往』二義，旋加改補」云云，則其用力亦可謂勤矣！烈之沒也，門人私諡曰「志道先生」，楊允長作《私諡議》一篇冠於此書之首。昔宋儒張載之沒，門人欲為作私諡，司馬光力言其非，當時手帖猶載《張子全書》之首。古人以禮處人，不欲妄相尊重，干國家易名之典，其謹嚴如是，允長等未之聞乎？今錄是書而削除是議，用杜標榜之漸焉。

◎何熠彥《易經遵孔八晳類稿》卷十二《集晳》：張氏烈《讀易日鈔》，一以朱子為宗，因象設事，就事陳理，猶宋學中易說之不枝蔓者。

◎《清史稿》志一百二十著錄六卷。

◎張烈（1622～1685），字武承。順天大興人。康熙九年（1670）進士，授內閣中書。旋召試鴻博，改編修，累遷左春坊左贊善。治理學以程朱為宗，治經深於易。又著有《王學質疑》、《孜堂文集》。

張麟 大易鎔註 八卷 佚

◎乾隆《杭州府志》卷五十七《藝文》一：《大易鎔註》八卷（國朝錢塘張麟撰）。

◎張麟，浙江錢塘（今杭州）人。著有《大易鎔註》八卷。

張鏐 周易晚學編 佚

◎孫葆田《山東通志》卷百二十七《藝文志》第十：是書見《武定詩續鈔》。

◎張鏐，字紫峯，號心陽。山東樂陵人。乾隆甲子舉人，官臨清學正。

張六圖 樂道堂周易三種 七卷 存

國圖藏乾隆二十五年（1760）曲沃張六圖清瑞軒刻本

◎子目：《易心存古》二卷、《周易清明》四卷、《周易卜式》一卷。

◎張六圖，字師孔。山西曲沃人。

張六圖 易心存古 二卷 存

山東大學藏乾隆二十五年（1760）曲沃張六圖金陵清瑞軒刻樂道堂周易三種本

四庫未收書輯刊影印乾隆二十五年（1760）清瑞軒刻樂道堂周易三種本

◎乾隆二十五年（1760）曲沃張六圖清瑞軒刻《樂道堂周易三種·易心存古》封面一行鐫云：《周易存古》嗣出；兩行鐫云：山西曲沃張六圖師孔氏著，介休李璵東彝氏參；又三行鐫云：此《周易》經解也，卷分上下，紙僅百張。惟撮其大要通部汪洋可讀，且與二《論》、《學》、《庸》語句最為神切源流故也。

◎目錄〔註60〕：

上卷：伏羲八卦方位（附先天神道）、伏羲八卦次序、伏羲河圖、伏羲六十四卦方位、伏羲六十四卦次序、周易口訣附圖、大禹洛書、文王八卦方位、文王八卦次序、周公六爻動應之圖附說、併舉六十四卦第三爻以見周易口訣也。

下卷：六十四卦次序彖意、六十四卦總一乾坤變化、繫辭上傳首章、說卦傳六章、雜卦傳全說、文王八卦所以方位說、周子太極論四節以見羲圖次序也。

◎序：有天地天生神物也，越千萬載見於羲禹，又越千百載見於文、周、孔子。孔子後百家叢出，惜乎偏而不全也。惟至我聖祖仁皇帝，纂以《折中》，集為大成，神物之全體又見矣。張子晉沃人也，能融會貫通經解大要，體驗切實，發所未發，究其得力之處，皆自《折中》。太極即乾坤，一本出，出不窮也。張子可謂善讀《折中》者。六十四卦出自諸圖，人易知也。而六十四卦次序諸圖，人罕知也。六十四卦次序諸圖猶可知也，而六十四卦三百八十四爻合觀之統具一圖，分言之各具一圖，變動不居，周流六虛，上下無常，剛柔相易，人不知也。張子祗一太極圖即乾坤而會通之，將見易之廣大精微，胥得之矣。探原之論，不可不亟亟講也。周子云：「五行一陰陽，陰陽一太極」，予亦云後天天生神物，先天物生天地。乾隆歲次庚辰仲夏之月，姑蘇繆遵義書。

◎序：張子師孔攜所著《易心存古》一書而問序於予。予思《易》之為書廣大精微，烏可妄以序也。及讀一過，見分上下兩卷，羲文之卦、周孔之辭辨之綦詳，於乾坤二卦尤加考定。又通其理於圖書太極之微，而知《周易》之精詳必先易心之簡要。遠之極經綸參贊之能，近亦不離誠正格致之義。或懼慎獨者易之功用也，中和位育者易之本體也。其理即陰陽五行、卦象圖書，無別意解。張子能融會《折中》，一一體驗，間有創論，並非臆說。能發前人所未發，殆羲文之功臣、周孔之高弟也。予與張子居隔數百里外，素有所識，遠道而來請，義所難辭。雖其文字不加雕飾，而說理甚圓，見解獨透，實於《周易》探其全而於易心示其要也。敢質世之精易者。乾隆歲丁丑仲春三月，又郫居士楊二酉題於種月山亭。

〔註60〕周按：目錄與正文偶有歧異。

◎自序：竊惟聖人設教，道維天下。凡有不道者，思其所以善導之。天下之大、萬類之賾，各正性命，保合太和也。《易經》者，道之原、文字祖也。其為書也，廣大精微，若弗撮其大要，則汪洋無涯，令人無可從違。是以融會折中，先以易心舉首尾、該始終而為一家言，于易旨更明列於易心十詳焉。雖其文辭固陋，然於古道或有存也。易與天地準，我皇上旋乾轉坤，扶抑得神，有孚在道，共天地同遊者也。享國家百餘年有道深恩，余小民亦有慶賀之心焉。此書刊刻之所由來也。是序。時乾隆二十五年歲次庚辰仲春日，山西曲沃張六圖師孔氏書於清瑞軒。

◎焦循《易廣記》卷三：《易心存古》上下二卷，山西曲沃張六圖師孔著。序於乾隆二十五年。依宋人太極、河圖為說，最重三爻，合六十四卦之第三爻而詳說之。

張六圖　周易卜式　一卷　存

乾隆二十五年（1760）曲沃張六圖金陵清瑞軒刻樂道堂周易三種本

張六圖　周易清明　四卷　存

乾隆二十五年（1760）曲沃張六圖金陵清瑞軒刻樂道堂周易三種本

張履祥　讀易筆記　一卷　存

同治十年（1871）江蘇書局刻姚璉原輯、萬斛泉編次楊園先生全集本

◎蘇惇元《清張楊園先生履祥年譜》三年丙戌年三十六歲條：是年有《讀易筆記》。

◎方東樹《攷槃集文錄》卷四：近代真儒，惟陸清獻公及張楊園先生為得洛閩正傳。自陳、湛不主敬，高、顧不識性，山陰不主致知，故所趨無不差，而清獻與先生實為迷途之明燭矣。先生嘗師山陰，故不敢誦言其失，然其為學之明辨審諦，所以補救彌縫之者亦至矣。先生實開清獻之先，清獻尤服膺先生之粹。顧清獻宦成而功顯，名德加於海內；先生行誼著述，前輩論說雖備，而終不著。則以其迹既隱，而其書又不克盛行於世，學者罕見故也。

◎周按：方宗誠亦有《讀易筆記》二卷存世。

◎張履祥（1611～1674），字考夫，號念芝，號楊園。浙江桐鄉清風鄉爐鎮楊園村人。著有《讀易筆記》、《經正錄》、《願學記》、《問目》、《備忘錄》、《初學備忘》，《訓子語》、《言行見聞錄》、《近鑒》、《補農書》等。後人輯為

《楊園先生全集》五十四卷。

張明象 周易酌傳 二卷 佚

◎乾隆《太平府志》卷二十六《人物志・文學》：著《九經晰疑》八卷、《周易酌傳》上下卷行世。

◎乾隆《太平府志》卷四十三《藝文志・郡屬書籍目》：《九經晰疑》八卷、《周易酌傳》二卷（歲貢明象著）。

◎民國《蕪湖縣志》卷五十《人物志・文學》：精易理，年七十三卒。著《九經晰疑》八卷、《周易酌傳》上下卷行世。

◎民國《蕪湖縣志》卷五十六《藝文志・經部》：《周易酌傳》上下卷（清張明象著）。

◎張明象，字懸湛，別號尊菴。安徽蕪湖人。康熙元年歲貢。以奉文停止未仕。博通經史，兼工詩賦，晚年益究心程朱，精易理，年七十三卒。

張鳴岐 易經卦義 二卷 未見

◎《中州藝文錄》著錄鈔本。

◎《河南通志藝文志稿》亦著錄是書。

◎張鳴岐（1853～1913），字鳳山。河南盧氏人。光緒二十年（1894）舉人。宣統元年赴部揀選，以知縣用，分發江蘇，未補官歸。

張鳴岐 月卦圖記 一卷 佚

◎《中州藝文錄》卷二十五著錄。

◎自序略謂：《易》月卦，朱子《本義》但云某月之卦，其義則引而未發，故閱者率不經意，以為紙上虛象而已。十年，晤王獲雁同學，或疑四月純陽之月，氣候不熱之故。時座上有敢為妄談者，誕漫可笑，因取朱子月卦，竭三日思，忽然有悟，遂繪此圓圖取以示予。其法以下半球象地，上半球象天，取乾坤二卦對列，而左旋之，左半球為用事之卦，右半球為退位之爻。予披閱一過，不禁拍案叫奇，繞床大走，曰：朱子月卦之說，從未有講解及之者，得先生此圖，則《豳風》所謂一之日至四之日皆有著落矣。是真發昔賢所未發，即起朱子於今日，似不能易也。丙午，予忝列師範傳習所教習，因三八講易，遂追憶前圖，衍為十三圖說，以償夙願。

張沐 周易疏略 四卷 存

山西大學藏康熙十九年（1680）陳如升敦臨堂刻本

續四庫影印中國科學院藏康熙十九年（1680）陳如升刻本

四庫存目叢書影印康熙刻五經四書疏略本

康熙刻、同治印張仲誠遺書本

◎上下經各二卷。

◎趙御眾周易疏略小序：憶昔超化山中，側聆仲誠先生教益年餘，凡飲食言笑以及杖屨所至，在在提撕。曾讀所梳《周易》，出自先生心得，一遵尼山大旨，即卦即爻，以理解象數，盡洗牽合附會之習。覺自韋編以來，易學久晦，得先生《疏畧》，使日用動靜森列卦爻，庶幾乎吉凶與民同患者矣。乃知尼山十翼是從三絕後抉前聖之精微、顯萬世之民用，象數互開，當身實體，而索隱於變互之交、探賾於老少之數，或支或誣，或泥或肆，自為懸解，究無益生民毫芒之用，則亦何必嘵嘵焉強誣易哉！惟先生身闢堂奧，獨掃塵蕪，得而讀之，莫不心服豁然。蓋大易現前，本無疑似，但非先生之睿思，故率不得其平實耳。御眾佩服久深，以舌耕滏水，未能抄藏箸奉。且先生虛懷不自滿足，攜稿遊止，尚多所增改，務期刻符尼山。以是不能追隨身承口受者，蓋寤寐式瞻於茲四年矣。歲庚申仲冬，御眾過林林慮，訪吾鄉龍昭使君，幸得睹其梓成此書。浣手捧讀，宛然超化山中親承先生色笑時也。然則使君為功於先生，即為功於前聖，即為功於天下後世之學者。使君固知先生，與徵君先師為老友。又知御眾久服先生之教，因囑以序。是以不敢自外，又仰體先生誨人不倦之意，聊贅數言如此。康熙歲在庚申仲冬望後二日，石城後學趙御眾拜識於林慮公署東廡。

◎陳如升周易疏畧序：易為天地鬼神之奧，此至言也。而學者或泥象，或測數，或拘理，往往得其半而失其半，故註疏多家而實證者少也。然即三家以求，得理為本，而象數皆在其中。又或托之談論揣測，則亦並其理而失之矣。升也積疑有年，無從請質。庚申，上蔡仲誠張先生來遊林慮，升以地主之義，得聆謦咳。其講學簡易平實，言言皆出自躬行深造，不蹈襲前人支辭，而精思妙解，每立一論，使孔孟之旨躍然。幸不即鄙夷升，因示以所著《易疏》。卒業之餘，乃知學易真傳，確乎在此。於是謀梓以廣其學，使後人有所依歸。梓成，聊述敬受之義以序之曰：易以變易從道，而象也、數也、占也，無非道也。但六位生乎時，時存乎幾，幾則微矣。介乎吉凶悔吝之間，占之者奉四聖人之教，叩其神而體之於身，無非從道以用易而已矣。善乎先生之說易也，專以孔訓為主，使羲、文象數當體呈露。有云：「乾行健須要行，豈是不行便謂健？」又曰：「行此四德，故曰乾元亨利貞；若不行此四德，則亦何可曰乾元亨利貞乎？」一部《易疏》，雖各卦各爻皆有所發明，而要以此為統宗會元之門，故居則觀象玩辭，動則觀變玩占，乃孔子教人學易之大旨。而孰知以一行字為終身之服膺也？知此一行，則象者擬此行也，數者絛此行也，占者決此行也。時也，幾也，則行之豫也。吉凶悔吝一準諸道，術數不得而亂之。三百八十四爻盡圖書之變化，盡日用之酬酢，所謂天地鬼神之奧，蓋寓諸庸德庸行焉耳。昔先生曾宰內黃，迄今召杜之頌不衰。升來治林邑，方切請益，而乃更聞其談易也。高山景行，敢不自勉。然後學末識，何敢云序先生之書，抑以志其歲時而無敢忘也云爾。石城後學陳如升拜撰。

◎王渭序：西漢易有六家，施氏、孟氏、京氏、梁丘氏、費氏、高氏，獨費氏之易以《彖》《象》《文言》《繫辭》解上下經，而其書不傳矣。明季有孫北海著《孔易》，頗聞其說，仍是時人講章之意，而強牽以異其名耳。近年上蔡張先生有《周易疏畧》，悉本孔子十翼之說以解經，文王彖辭即以彖傳之文釋之，周公象辭即以象傳之文釋之，彖象傳之所釋有未盡，則合參于《繫辭》《說卦》《序卦》《雜卦》諸傳以釋之，務使孔子十翼之言無一不可為訓經之語，務令羲、文、周六十四卦三百八十四爻以及經首諸卦圖并河圖洛書之義無不符合于孔子之言，于是孔子贊易之功益彰，而程朱《易傳》《本義》所未盡者，至此益備焉。自朱以前，治易者或拘于象數流于讖緯，至宋儒出而微言大義始得夫四聖之心傳。然宋儒以前為象數之易，猶從羲、文、周、孔之易而說之，不離乎卜筮之用也。宋儒以後為講章之易，則從宋儒之易而說之，特以為應舉之用而已。前此之弊固舉末而遺本，後此之弊遂循流而忘源。今張先生之易則直從孔子之易以說之，孔《傳》所無不敢妄增，孔《傳》所有不敢稍畧。如謂孔子之說有不可易，則張先生之說亦為不可易。愚非阿所好也，其書具在，是非終不能揜，好學深思之士，試潛玩之可乎！蘭陵後學王渭謹譔。

◎張沐易序：易畫於包羲，衍於文王，發揮於周公，訓傳於孔子，至於孔子，易大昭矣。自生民以來，未有聖於孔子。韋編三絕，然後十翼訓易務明之也，務盡明之也。存其言而不繹，繹其言而不盡，輒自為一說必有乖其是。當《彖》《象》《文言》皆切實訓詁，《繫辭》《說》《序卦》《雜卦》諸傳又綱明目張，一字一言不可增減移動。本平實者，求以險隙則已失；本精摯者，求以膚諺則莫循。大哉孔子學易，迄老留此篇簡，體天地萬物之撰，宣伏羲、文王、周公不傳之秘，垂告天下萬世，統此一易即統此一說。與之異同而不肆力，何敢已乎！夫易者所以明變化也，天地變化為萬物，作易象之，則六十二卦皆乾坤之變化也（故曰易綴辭焉）。《書》所以教學者，平時觀象玩辭，可以達天地萬物之理而概從道；臨事觀變玩占，可以決吉凶悔吝之幾而專所學。概從道者，一身備萬理，不可不反身求其誠也；專所學者，一事具一理，不可不隨遇守其道也。乾天也，故四德全；坤地也，故得其半；六十二卦人情物理也，故變而化之，歸於一正。占得乾，而不以天德自全，不占可也；占得坤，而不以地道自盡，不占可也；占得六十二卦，而不以人事之變化成素位之學術，不占可也。故易者道也，占者決也，決於從道者學也。易以道示，无非天地中正之則，故不可以貳；占以幾決，何啻大聖人起而教我，故不可以疑。使其尚有疑貳，必其蔽於物而移於習也，則亦以學勝之而已矣。老聃曰：「易以道陰陽」，程伊川曰：「易者變易以從道」，朱晦庵曰：「易為占也」，張橫渠曰：「易為君子謀，非為小人謀」，合四子之言，則大得爾。譚陰陽而无與於從道，於是易高遠而不切於人事之實；從道而无事於占，於是易泛廣而无補於臨事之惑。用之占而不以道占不以學占僉壬姦雄皆欲資其私智，於是易流為術數而君子亦可以不尚矣。沐不敏，學之者八年於茲，庶幾尊信孔子，乃始有舒厥心、集其說成稿。然日必有改，要求符節於孔子之意，不爽毫末，而猶未得也。敬俟高明，參商有得，則更註，非敢日遂已也。康熙十一年五月十九日甲子，蓍蔡後學張沐識於白龜圃。

◎摘錄《上經一．周易疏略小記》：

古易諸家述之甚詳，可從。茲仍今本，《彖》《象》《文言》俱繫卦爻之下者，先儒自費直、鄭康成輩所取。伊川本之為《易傳》，於義無裂，且便檢閱。

彖本孔子之釋卦也，象本孔子之釋爻也。先儒多以己說屬卦爻之下，而後復詮彖象之言，合則已復，不合則已棄。今一本孔子之義解易，彖象明而卦爻亦無他說矣，自不得不以卦彖爻象相屬。惟乾坤文繁，終有不便，仍從舊本。

《易疏》大義，一本孔訓。程朱及諸先儒說有足發明孔子之意者悉取入，悖者不錄。惜不便盡著姓氏，古今解易不下百數家，豈獨無通遵孔傳者？沐不及見矣。費直以《彖》《象》《文言》諸傳參卦爻，亦不得其書。聞見之狹，厥有遺憾。

善說易者無過於朱子。人於易多能信而朱子獨能疑。每玩《大全》，朱子往往曰「這解不得」，又謂易多難說，又謂「只得且依伊川說」，沐疑其所疑，求之終不得。繹諸孔訓，恍焉來告，敢曰獨信。

河圖孔子唯謂為大衍之用，並未及於畫卦。洛書則出沐之胸臆，然亦從孔子天生神物一節得之。

學易之法備載孔子《繫傳》首節，後學失此，猶閉門求入。沐於變化無方之道而斷然若有柄之可操、塗之可由者，恃此而已。他傳又從而言其詳，皆為佐證。要之，學者生孔子之後，皆无煩勞也。

六爻有定位，初民位，二賢位，三過中之位，四臣位，五君位，上君外之位。六位包盡天下之人而為之定其分，六十四卦包盡天下人所處之遇而為之盡其變。故孔子曰「卑高以陳，貴賤位焉」，又曰「列貴賤者存乎位」。又曰「初難知」，民故難知也；曰「二多譽」，明乎為賢也；曰「三多凶」，承上接下過中也；曰「四多懼」，近君也；曰「五多功」，君也；曰「上易知」，窮盡故易知也。此位若稍變通，即有疑義。先儒不甚拘，而近人且指二為臣位，失之遠矣，此重應輕比之誤。如師豐蹇一二卦稍異，隨卦稍詳耳。

學者每談易，多問卦變，此沒緊要處。六十二卦皆從乾坤變化來，此最要緊。故第一語曰：「天尊地卑，乾坤定矣」，又曰：「乾坤易之門」，乾坤易之縕，乾坤毀則無以見易，如此便了。

筮蓍占斷之法具見孔子《繫傳》。孔子於易已極繁言，豈獨於此要處反畧？有謂太卜所掌今已失傳，恐是過求於易，猶未離乎近今術數之意也。分卦揲扐之說既詳，至於斷吉凶則曰存乎辭，再於剛柔比應象形變化一節，及旨遠辭文、曲中肆隱之類，推而求之，嗚乎盡之，又焉有奇術哉？《左傳》載諸斷例，頗見此法。考《洪範》貞悔似可疑。儒者引據《左傳》貞風悔山，僅作體用，義殊鄙俚。沐直據孔傳解之曰：吉凶者，貞勝者也。又曰：震無咎者存乎悔，凡占有吉象，求其正固而守之，為貞吉；有凶象，求其不正，悔而改之，為悔貞。遷善悔改過，此所貴占也。蓋《周易》之前，辭義未具，直有如此占法。迄文周具辭，每卦每爻各有明斷，要無非貞悔之義而已矣。《左傳》本謂疊卦風得其正、山得其悔，非謂內卦貞外卦悔也。學者既失自反求正之實，僅求作事有應之跡，易遂全為命數，無與人事。此體貞用悔之論味於義理，前知何益？自孔子贊易，道極炳著，奈後世習氣已深，終信不及。談理者其於易，不占有之，占則終不離於流俗吉凶之說。吉凶者失得之象也，六十二卦皆乾坤之變通，六十二卦之吉凶皆元亨利貞之得失也，豈俗說之謂乎？

嘗考《周禮》太卜掌三兆、三易、三夢之法，兆、夢頗詳，於易但曰：其經卦皆八，其別皆六十有四，簭人掌三易以辨九簭之名：一曰筮更，二曰筮咸，三曰筮式，四曰筮目，五曰筮易，六曰筮比，七曰筮祠，八曰筮參，九曰筮環。雖無多義，不似闕落，要以易之占斷悉明於本冊矣。

學易无過。先玩辭時已學其无過於平日，動玩占時又即事以學其无過。如乾卦便要元要亨要利要貞，乾初爻便要作潛龍要勿用。卦卦爻爻具如此學，自可无過。若夫有疑而占得一卦一爻，則所命之辭即如天所命之，即如羲、文、周、孔起而教之。我生亦人耳，何幸得聞天訓？我生千百世後，何幸得聆聖人之誨？悖天不詳，違聖必咎。急切遵而行之，再无不驗。又非謂必吉无凶。陰陽之理合當如此。雖凶害，亦直自得，此所謂和順於道德而理於義，窮理盡性以至於命也。元亨利貞即仁禮義知，潛龍是隱遁脩此仁禮義知也。若世人占得乾卦，都置不論，直想大通；占得初爻以龍自認，而不知所以潛脩，不做功夫，直待效驗，有是理乎？似此學易自无用處，占亦无驗處。故自京房、陳摶、康節輩但借易卦陰陽另起世應、參甲旬、裝神將，方得響應耳。噫嘻，道已不同矣。

◎四庫提要：沐於《五經》、《四書》皆有《疏略》，其解《周易》，自謂悉本孔子十翼之義，所注多取舊文，融以己意，不復標古人名氏。書中力排京、房、陳、摶邵康節之學，而摶等所造河圖、洛書及伏羲、文王諸圖仍列於卷首。其洛書條下注曰：「聖人因之以明吉凶，著於易之首。」是竟以今本九圖為孔子所定也。又揲蓍求卦必自內而外由初而上，故古本相傳卦畫之下所注皆先下後上，沐獨用朱睦㮮之例，改為先上後下，於卦爻之始初終上、《繫辭》之小成大成俱無一可通。前有康熙庚申趙禦眾序，稱韋編以來易學久晦，得此書乃明。又有王渭序稱孔子之說有不可易則張先生之說亦不可易。沐自謂朱子所不能解者，繹諸孔訓，恍然來告，敢曰獨信，亦談何容易乎！

◎張沐（1630～1712），初名酉孫，字沖酉，後改名沐，字仲誠，號起庵，學者稱上蔡夫子。河南汝寧府上蔡縣人。與孫奇逢、顏元善，與孫奇逢、耿介、湯斌、竇克勤、張伯行、冉覲祖、李來章等並稱「中州八先生」。順治十二年（1655）拔貢入國子監，十四年（1657）舉人、十五年（1658）進士。康熙元年（1662）授直隸內黃知縣，後免歸。康熙十八年（1679），以魏象樞薦授資陽令，未幾以老病乞休，再歸上蔡。康熙二十三年（1684）後歷主汝寧天中書院、禹州鳳凰臺書院、上蔡縣塾、開封遊梁書院。又著有《溯流史學鈔》二十卷、《康熙河南通志》五十卷、《康熙開封府志》四十卷、《康熙上蔡縣志》十五卷、《道一錄》五卷、《圖書祕典》一卷、《學道六書》六卷、《為學次第書》六卷、《前川樓文集》二卷《詩集》一卷、《張仲誠遺書》十八種附一種。

張佩綸 易殷禮 不分卷 存

上海藏稿本

◎張佩綸（1848～1903），字幼樵，號蕢（簣）齋，又號繩庵。直隸豐潤（今河北豐潤）大齊坨村人。同治十年（1871）進士，歷任翰林院侍講、都察院左副都御史、總理衙門行走，屢呈奏議，自謂「往還五千里，咒罵十三家」。會辦福建海疆事宜，並兼署閩省船政大臣，遭劾謫戍，後寓居津門七年，再遭彈劾，始遁跡南京。光緒辛丑（1901）再奉旨入都協辦交涉事宜，後以四五品京堂補用，固辭，稱病不出。又著有《春秋左氏傳續紀》三卷、《穀梁起廢疾補箋》二卷、《論語漢說》、《淮南經說》、《莊子古義》十卷、《澗于文集》二卷、《澗于日記》、《管子學》二十四卷。

張聘夫 易抄 佚

◎道光《徽州府志》卷十五《藝文志·婺源》：張聘夫《易抄》。

◎張聘夫，安徽婺源（今屬江西）人。著有《易抄》。

張溥 新刻易經鄉嬛 四卷 首一卷 存

日本內閣藏明刻本（缺首卷）

◎明李光祚校。

◎張溥（1602～1641），字乾度，一字天如，號西銘。南直隸蘇州府太倉州（今屬江蘇）人。崇禎四年（1631）進士，選庶吉士。與同鄉張采共學齊名，時稱婁東二張。崇禎間創復社。著作宏豐。又著有《詩經注疏大全合纂》、《春秋三書》、《歷代史論》、《七錄齋集》等，輯有《漢魏六朝一百三家集》一百十八卷。

張溥 周易繫辭注疏大全合纂 四卷 存

崇禎七年（1634）李可衛吳門正雅堂刻本

◎卷目：卷一卷二繫辭上傳，卷三繫辭下傳，卷四說卦傳、序卦傳、雜卦傳。

張溥 易經注疏大全合纂 六十八卷 首一卷 存

山東藏崇禎七年（1634）李可衛吳門正雅堂刻本

山東藏臺北成文出版社 1976 年無求備齋易經集成影印崇禎七年（1634）吳門正雅堂刻本

張溥 硃訂瀛洲渡周易 八卷 存

日本尊經閣藏崇禎刻本

張圻 周易象理淺言 十卷 存

國圖、北大、山東藏乾隆三十三年（1768）永譽堂刻本

◎一名《象理淺言》。

◎張圻，字仕一。浙江湖州人。擅製硯，精篆刻，作品多巧思。又輯《學仕要箴》五卷。

張其淦 程子易傳摘鈔 一卷 未見

◎祁正《邵村易學跋》著錄。

◎張其淦（1859～1946），字汝襄，號豫泉。廣東東莞篁村人。光緒十八年（1892）進士。入翰林院庶吉士。後任山西黎城縣知縣。光緒二十六年（1900）任山西巡撫府文案，後涉保教不力遭革職。歸任石龍龍溪書院山長、明倫堂沙田局總辦。又官安徽提學使。辛亥後棄官隱滬。工書，善詩文。著有《邵村學易》二十卷、《程子易傳摘鈔》一卷、《春秋持平》十卷、《春秋教旨》二卷、《左傳禮說》十卷、《洪範徵》一卷、《孟子學說》、《邵村史論》、《兩漢史論》二卷、《張氏家傳》、《老子約》六卷、《讀老隨筆》十卷、《讀老小言》六卷、《莊子旨歸》十卷、《郭子翼莊偶釋》一卷、《讀列子隨筆》二卷、《松柏山房駢體文鈔》一卷、《夢痕仙館詩鈔》十卷、《吟芷居詩話》四卷、《寓園文鈔》二卷、《寓園漫鈔》、《五代詠史詩鈔》六卷、《讀五代人詩題詞》

一卷、《邵村詠史詩鈔》十八卷、《元代八百遺民詩詠》八卷、《明代千遺民詩詠》，輯有《東莞詩錄》六十五卷。

張其淦 邵村學易 二十卷 存

鈔本

國圖藏 1926 年鉛印本（附勘誤表）

新文豐叢書集成續編本

山東藏臺北成文出版社 1976 年無求備齋易經集成影印 1926 年鉛印本

臺灣文聽閣圖書有限公司 2009 年林慶彰主編民國時期經學叢書本

◎丙寅自題小象：天下雖亂，吾心太平。柔日剛日，讀史讀經。學孔子，學困知，勉行道。老子道，抱樸守貞，否極則泰，大有元亨。我欲乘槎浮海，以待天下之清。

◎自序：有上古之易，有中古之易，有下古之易。上古之易，伏羲、神農之所作也；中古之易，黃帝之所作也；下古之易，則文王之所作也。孔子曰：「易之興也，其於中古乎？」謂黃帝也。「作易者其有憂患乎？」謂文王也。於何徵之？亦於孔子之言徵之。《繫辭》言包羲氏之王天下，始畫八卦。包羲氏沒，神農氏作。「神農氏沒，黃帝、堯、舜氏作，通其變，使民不倦，神而化之，使民宜之。」易之興於中古者，謂是矣。劉牧謂河圖洛書皆出於伏羲之時，斯言或然。畫八卦成而易之理已具也，故曰：「河出圖，洛出書，聖人則之。」嗣是而後，神農氏作《連山》，黃帝作《歸藏》，《連山》《歸藏》雖不名易，而後人稱《連山》夏易、《歸藏》商易，或亦因《周易》而並稱之也。《繫辭》又曰「黃帝堯舜垂衣裳而天下治」，《論語》曰：「無為而治者，其舜也與？」無為之旨，即黃帝《歸藏》之要義也。黃帝調曆授時，作杵臼，作舟車弧矢，作衣冠宮室，作禮樂書契，百年功成，默契道要。乃作《歸藏》，以坤為首，以靜為道，以柔為用，以無為為治，蓋無為之道。黃帝上述羲農，下傳堯舜，其曰垂衣裳而治者，恭己正南面而已矣。夫何為哉？孔子祖述堯舜即祖述羲農、黃帝之道也。天不變道亦不變，而《易》為言道之書，至文王作《周易》以乾為首，猶之《連山》以艮為首，取義不同而為道未嘗不同。設使黃帝之言道也，與羲農堯舜異，孔子《繫辭》何以於包羲、神農之後，特合黃帝、堯、舜取諸乾坤言之？若統言諸聖人之作易，其淵源授受蓋如是其顯明也，故曰易之作興於中古也。迨文王囚於羑里之時，蒙大難以衍易，專明人事，以致其憂思天下後世之意，故曰作易者其有憂患乎？又曰：「易之興也，其當殷之末世、周之盛德耶？當文王與紂之事耶？」惟其切於人事，故即器以明道、即象以明理，而天尊地卑，燦然具存。其以乾為首也，明天道即明人事也。黃帝誨顓頊之言曰：「爰有大圜在上，大矩在下，汝能法之，為民父母。」《大戴記》曰：「黃帝、顓頊之道在丹書，武王所以端絻東面而受于師尚父也。」然則天尊地卑，乾坤定矣。黃帝嘗言之矣，其作《歸藏》也，以坤為首，蓋易之道則然。邵子言易有先天圖、後天圖，以文王之易為後天，則先天之義亦可識已。竊嘗論之，黃帝之言道，道立於未有天地之先也；文王之言道，道昭於已有天地之後也。天地本一物耳，近取諸身遠取諸物，以乾為首，則君臣上下之分明矣。周、孔繫辭，亦沿茲義。如帝乙歸妹、高宗伐鬼方、箕子明夷，非商事乎？密雲不雨、自我西郊、王用享于岐山，非周事乎？顏氏之子其殆庶幾，非當時之事乎？即事以明道，猶即器以明道也。雖然，豈有異道哉？文王、周公、孔子之道其即伏羲、神農、黃帝、堯舜之道也明矣。有老子者出，本《歸藏》首坤之義以明道，卑仁義禮智不言而獨言道德，其後莊周、列禦寇之徒，又放言高論以張之，遂為世儒詬病，一若黃老之道與堯、舜、周、孔異，遂析之為道家者流。然孔子與老子同時，相從問禮，未聞詆禮。即顏、曾、思、孟諸賢亦無有毀老子者，蓋亦知老子之所謂道，即羲農黃帝堯舜禹湯文武相傳之道也。文武即象器以明道，周公即人倫制作以明道，孔子即仁義禮智信以明道，老子即用柔致虛守靜以為道，其流不同而其源未嘗不同。桓譚言《連山》八萬言《歸藏》四千三百言，又曰《連山》藏於蘭臺、《歸藏》藏於太卜，似漢時猶傳其書，今不可得而見矣。而得見者，老子之五千言於《歸藏》首坤之義蓋有合焉。余喬寓滬渚，閉門思過，以《易》為寡過之書，法孔子之假年願學，慱稽舊說，遂有著述。頗採老子之義以補先儒之所未及。復以《周易》之言切於人事，又採諸儒之證史事、闡儒理者附錄於後以發明之。先天後天，皆可會其通也焉。當可謂王輔嗣蔽於虛無而易與人事疏，伊川專於治亂而易與天道遠。又謂近有伊川然後易與世故通，而王氏之說為可廢。余謂此非知言也。夫易之為道廣大悉備，諸家之說，見仁見智之不同耳。伊川之注注《周易》也，輔嗣之注不僅注《周易》也，余之所述亦輔嗣之意也。若同人、大有二卦，發前人所未發，他人見之必有大笑之者矣。老子曰：「不笑不足以為道」，而《禮運》之言大同，實與易義相表裏也。因不揣謬妄，仍著於篇。癸亥十月，張其淦自序於上海吟芷居。

◎跋：《邵村學易》二十卷，吾師豫泉夫子所著也。自辛亥國變，師遷居滬上，著述自娛。其於易也，潛心而探其奧，並萃諸家之說而會通之。茲書命名，蓋取孔子「假年學易」意也。攷《漢書・儒林傳》商瞿受易於孔子，其後魯橋臂子庸、江東馯臂子弓輾轉傳受。至漢興，田何本其師說，授丁寬、齊服生諸子。楊何得之，傳為京房、梁丘氏之易。寬又別授田王孫，傳為施讐之易。今其書多不得見矣。迨馬、鄭、荀、虞諸儒並於易有所發明，而盛行於世者莫如王輔嗣《易註》。晉顧夷著《難王弼易義》四十餘條，京口閔康之復申王難顧。其時去古未遠，門戶紛爭已齗齗若是。羲、文、周、孔之道，以解經者各執其說，而其義轉歧矣。後儒疑輔嗣者，因范甯著論醜詆，遂咸謂旨近黃老、蔽於虛無。吾觀孔子繫易，取象由羲農遞述黃帝堯舜，適周，問禮老聃，未嘗於黃老之學有所詆斥也。夫《易》之為書，變動不居，探賾索隱，而求之自有契於玄學。《繫辭》有言：「變而通之以盡利」，又曰：「化而裁之存乎變」，明乎六十四卦中千變萬化，其理幽遠，非言語所易形容。故善易者恆不輕與人言易，誠哉以為玄也。然易言曲而中、事肆而隱，察以歷代治亂興衰，又無有越其範圍者。由是而抉經之心推其變易者以驗陰陽消息之殊，即其不易者以斷古今成敗之跡，理與數合同而化，斯易之微言奧旨可識矣。師學宗孔子，而於老氏之學並得其深邃。以為《道德》五千言用柔，致虛守靜，即《歸藏》首坤之旨，故於詮釋文義時恆因剛柔相濟，取證乎老子之言，發前人所未發，間參以正人倫、端風俗之論，以挽末世澆風。至同人、大有二卦特本《禮運》大同之說發揮新義，視膠一是而泥於古者敻乎遠矣。自來言理學者，視黃老為異教，多鄙夷之不屑道，而師獨暢快言之。茲書之作，雖非有意申王，而其意有同於王者，毋亦以老子之言，實與易近耶？師平日博覽多識，於書無所不讀，而提要鉤元，凡有撰述，必能綜其大旨。其駢散文及詩皆為當世所推重。其著述已付活印者，《邵村學易》而外，有《左傳禮說》十卷、《洪範徵》一卷、《老子約》六卷、《讀老小言》六卷、《松柏山房駢體文鈔》一卷；已付梓者，有《東莞詩錄》六十五卷、《夢痕仙館詩鈔》十卷、《五代詠史詩鈔》六卷、《讀五代人詩題詞》一卷、《邵村詠史詩鈔》十八卷、《吟芷居詩話》四卷；已寫定，未付刊者，有《春秋持平》十卷、《春秋教旨》二卷、《兩漢史論》二卷、《莊子旨歸》十卷、《郭子翼莊偶釋》一卷、《讀老隨筆》十卷、《讀列子隨筆》二卷、《程子易傳摘鈔》一卷、《寓園文鈔》二卷；其在撰述中，尚未成書者為《孟子學說》《寓園漫鈔》，皆未定卷數。因附識於此，以見師之於學至老彌劬云爾。丙寅五月，受業祁正謹跋。

◎潘梓彝序〔註 61〕：《邵村學易》二十卷，吾師東莞張豫太史其淦所著也。太史為陳東塾先生之門人，經學大師。此書於民國十五年出版，用《老子》柔弱勝剛強哲學之理，發揮《周易》之奧旨。其註同人、大有二卦，尤有先見之明，發先賢所未發。蓋此二卦離下乾上、大有乾下離上，二卦此爻皆五剛一柔，皆以離之第二爻柔為主，同人六二之爻，中國閉關時代也；大有六五之爻，中國主地球之盟，大同世界之先兆也。非同不大，非大不同，故必合二卦言之，然後大同之世界成。此註闡發精微，直以《周易》為後來之讖語。孔子《周易繫辭傳》曰：「大有眾也，同人親也。」先言大而後言同，則大同之義亦可識矣。或者以後皆民主立憲而不言君主立憲，煌煌中國居地球之中，以柔勝剛，以大有之九五為地球盟主，其可斷言之也。乾卦周公爻辭曰：「用九，見羣龍無首，吉。」孔子曰：「乾元用九，天下治也。」此天下合地球而言之也。本年七月二十六日，美發書招日本無條件投降日中美英蘇，而日本八月中旬覆書曰中美英蘇，吾師躍然而起曰：「此即大同之先兆也。《老子》首言其學，謂柔弱可勝剛強，其語必不誣也。」《周易》在六經中為我國至可寶貴之書，天可與人語，人可與天通。凡屬學人，應肄業及之。而吾師張太史有先見之明，是此書亦不朽之著作也。己酉八月，門人潘梓彝識，冼恭甫鈔。

張其淦 邵村易說 一卷 存

稿本

續編清代稿鈔本影印本

張啟琮 易經義疏 佚

◎同治《新昌縣志》卷之十七《人物志》：著有《易經義疏》《登自軒集》。

◎光緒《江西通志》卷九十九《藝文略》一《國朝》：《易經義疏》，張啟琮撰（《新昌縣志》）。

◎張啟琮，字佑璜，號松泉。江西新昌（今宜豐）人。乾隆辛酉舉人，戊戌會試，欽賜都察院參政。耆老宿學，望冠當時。

〔註 61〕此序為鈔本僅有，他本無。

張啟鵬 周易通義 三卷 佚

◎郭嵩燾《郭嵩燾全集・集部三・文集》卷十五《誥封朝議大夫張府君墓誌銘》：所著《周易通義》三卷、《心言》三卷、《讀書記》八卷、《梅墅文鈔》二卷《詩鈔》十卷、《友石詞》三卷、《無垢靜室時藝》四卷續編一卷。

◎周按：元黃超然亦著有《周易通義》八卷，清蘇秉國亦著有《周易通義》二十二卷首一卷、邊廷英亦著有《周易通義》十六卷、莊忠棫亦著有《周易通義》十六卷存世。清方棻如亦著有《周易通義》十四卷。

◎張啟鵬，字幼溟，號庶泉，自號麗江居士。湖南長沙人。張百熙父。道光十五年（1835）舉人。少讀書駿博精敏，世其家學。尤喜深湛之思，一字未瑩、一義未融則鍥焉弗舍。縱觀周秦子書，揉而玩之，齊之以度數，通之以訓詁。咸豐初選授永明縣學訓導。遊裕泰制軍幕，軍政大計，多所規劃。以籌餉功開缺以同知用，旋辭退歷遊齊、魯、皖、豫、吳越、豫章之境，而居鄂尤久。主講安陸、洣江、澧陽、石鼓諸書院。著有《梅墅詩鈔》八卷、《心言約編》、《無垢靜室時藝》四卷。

張啟禹 易經便記 不分卷 存

福建師大藏乾隆刻本

◎乾隆《長沙府志》卷四十九《藝文》：張啟禹（寧鄉人），著《易經便記》《四書備旨訂訛》。

◎或題《易經雅記》。

◎張啟禹，字我咸。湖南寧鄉人。康熙四十四年（1705）舉人。官浙江永康知縣。嘗主修《南軒祠堂通志》。又著有《四書備旨訂訛》、《昭茲錄》。

張青崖 周易明辨錄 十八卷 未見

◎《重修清藝》著錄。

張仁浹 周易集解 五十四卷 存

福建藏清嘉興李英鈔本

◎張仁浹，字觀旂，號惕齋。浙江檇李（今桐鄉）人。張天植從孫。朱建子婿。以桐鄉籍中康熙五十九年（1720）舉人。五經皆有述作藏於家。與平湖陸奎勳齊名，文多短篇，卓然皆經術之言。

張仁浹 周易集解增釋 八十卷 存

復旦藏稿本

四庫存目叢書影印復旦藏稿本

◎周易集解增釋分卷：卷一凡例、引用先儒姓氏、程子序（二）、朱子序（一）。卷二歷代諸儒傳授、歷代易序不同。卷三朱子五贊、朱子筮儀（附朱子考變占注）、分宮卦象次序、上下經分卦、義例、卦主。卷四王氏畧例、先儒論易大旨。卷五啟蒙（本圖書）。卷六啟蒙（原卦畫）。卷七啟蒙（明蓍策）。卷八啟蒙（考變占）。卷九上經（乾坤）。卷十上經（屯蒙）。卷十一上經（需訟）。卷十二上經（師比）。卷十三上經（小畜履）。卷十四上經（泰否）。卷十五上經（同人大有）。卷十六上經（謙豫）。卷十七上經（隨蠱）。卷十八上經（臨觀）。卷十九上經（噬嗑賁）。卷二十上經（剝復）。卷二十一上經（無妄大畜）。卷二十二上經（頤大過）。卷二十三上經（坎離）。卷二十四下經（咸恒）。卷二十五下經（遁大壯）。卷二十六下經（晉明夷）。卷二十七下經（家人睽）。卷二十八下經（蹇解）。卷二十九下經（損益）。卷三十下經（夬姤）。卷三十一下經（萃升）。卷三十二下經（困井）。卷三十三下經（革鼎）。卷三十四下經（震艮）。卷三十五下經（漸歸妹）。卷三十六下經（豐旅）。卷三十七下經（巽兑）。卷三十八下經（渙節）。卷三十九下經（中孚小過）。卷四十下經（既濟未濟）。卷四十一彖上傳（乾至訟）。卷四十二彖上傳（師至大有）。卷四十三彖上傳（謙至賁）。卷四十四彖上傳（剝至離）。卷四十五彖下傳（咸至睽）。卷四十六彖下傳（蹇至升）。卷四十七彖下傳（困至歸妹）。卷四十八彖下傳（豐至未濟）。卷四十九象上傳（乾至需）。卷五十象上傳（訟至履）。卷五十一象上傳（泰至謙）。卷五十二象上傳（豫至觀）。卷五十三象上傳（噬嗑至無妄）。卷五十四象上傳（大畜至離）。卷五十五象下傳（咸至大壯）。卷五十六象下傳（晉至解）。卷五十七象下傳（損至升）。卷五十八象下傳（困至艮）。卷五十九彖下傳（漸至兑）。卷六十象下傳（渙至未濟）。卷六十一至卷六十六繫辭上傳。卷六十七至卷七十二繫辭下傳。卷七十三至七十五文言傳。卷七十六至七十八說卦傳。卷七十九序卦傳。卷八十雜卦傳。

◎周易集解增釋凡例：

一、《周易》為宇宙中第一部大書，不幸為漢儒所亂，歷千有餘年，至朱子始為訂正，而四聖相傳之次第始明。乃自朱子以後五百有餘歲，學者仍習漢儒所亂之本而不知其非。幸我聖祖仁皇帝心契羲、文，道傳周、孔，所欽定

《周易折中》已將二千年來訛謬之書而釐定之，海內咸知讀易之準。惟易之教潔靜精微，故《折中》所纂先儒之說，寧嚴毋寬，期不失潔靜精微之本旨，而初學之士讀之或未能領其曲折。此《集解增釋》一編，欲以輔翼《折中》，令學者易於習讀也。

一、解經至朱子，前無古後無今，學者但能深求《本義》之意，於易之道思過半矣。故此編所集諸儒之說，大約依《本義》而闡明推究之，其有與《本義》雖不甚合，而觀其象玩其辭，其理實有可通者，亦存之。

一、《程傳》一書，朱子以為說理甚足，但借經以自發心中之理，而非易之本義，以其空說理而不言象數也。然說經畢竟以理為本，故雖有不合朱子處，仍全存之。

一、是編所引諸儒之說，全錄者則曰某氏曰，節者則曰節某氏曰，其有前人所節而無原本可考者，雖明知為不全之文，亦但曰某氏曰而不用節字。又有向來有是說而未考其人，及向來有是說而浹稍節者，則但存其說而不冠以某氏曰。

一、邵子傳希夷之學而為象數之宗，後之言象數者悉本之。然後之學者，天資不能及邵子之明敏、功夫不能及邵子之專精，而欲步其後塵，則心思徒勞而不能領其要會也。即朱子之說象數亦宗邵子，要惟擇其顯者言之耳。然已有後學所不能到者，則寧闕之，蓋古人重闕疑之法，若必欲強以通之，則鑿矣。

一、宋元以前諸儒詳說文周之經，至於十翼則多畧。而明儒則《彖》《象》《大傳》雖詳說之，而於聖人釋爻之傳則仍畧也。故此編於釋爻聖傳務詳之。

一、河圖洛書及先天五圖後天二圖及卦變圖，時本俱列於簡首以便於披覽也，但其解備於《啟蒙》，故仍照朱子留於《啟蒙》中。

一、《周易》不但義理精微難解，即辭句亦易悞記，故此編於釋經處仍引聖傳在經後，於釋傳處又引聖經在傳前，欲學者便於觀玩。

一、《周易》之理廣大精微，雖先儒解之者數百家，尚有未盡之蘊。浹以管窺之見增釋之，又朱子經書傳註《周易本義》尤為潔靜精微，故不敢不釋，使學者一覽而知。

◎引用先儒姓氏〔註62〕：劉氏（名元琬，字石芝），汪氏（名士魁，字伯倫，

〔註62〕此處僅錄清代部分。

集《周易衷旨》四卷），**潘氏**（名元懋，字友碩，集《周易廣義》六卷），**潘氏**（名元復，字文來），**沈氏**（名廷勵，號克齋，著《周易實義》五卷），**張氏**（名尚乘，字爾超），**范氏**（名煒，字赤霞），**來氏**（名爾繩，字木臣，集《周易會解》四卷），**李氏**（名光地，字晉卿，號厚菴，又號榕村。安溪人。著《周易觀彖》十二卷），**納蘭氏**（名成德，字容若，合訂《大易集義粹言》八十卷），**朱氏**（名彝尊，字錫鬯，號竹垞，著《經義考》九經皆全，尚未刊竣，《大易經義考》凡七十一卷），**喬氏**（名萊，字子靜，別字石林，寶應人，著《易俟》十八卷），**孫氏**（名承澤，字退谷，著《孔易》七卷），**吳氏**（名元琬，字叔美，著《周易像象述》六卷），**德氏**（名沛，號濟齋，著《周易補註》十一卷），**張氏**（名蘭臯，字一是，著《周易析疑》十五卷圖說一卷，又補《讀易隨抄》），**蘊粹**（抄本，未詳姓氏〔註63〕，計三冊。姑附於末，不分卷，計三厚本）。

◎周易集解增釋序：易之義合日月以成文，蓋自有此書而天下之理无不明，猶日月經天而光无不照，其旨固難以言盡，而聖人則一言以蔽之曰廣大悉備。所云廣大悉備者，廣大中又悉備。自天地陰陽雷風水火以至人倫庶物，下及禽獸草木昆蟲，無一或遺也。夫理義之精會萃於九經四書，而九經四書之精，易悉有以統括之。事變之賾散見於史鑑百家，而史鑑百家之賾，易悉有以包舉之。故《易》者羣書之綱紀，讀讀書〔註64〕者必先讀易〔註65〕，然又必遍讀群書而後易之理始明。自漢漢魏以迄唐宋，解易者不知其凡幾，亡者多而存者少。其其幸而存者，尚以百計。然象占之義，前此未發，至朱子子而始發之。自朱子以後，解易者又不知凡幾，其存者亦亦以百計，而分卦之法亦尚未發，至豫章蕭氏始發之。則則是易之廣大悉備者，經百千人之心思闡發而終有餘餘蘊也。浹總角時受易於先考鄰范先生，先生為浹盡句解，然其時毫未有知，苦於嚼蠟。至弱冠之年，歲在戊寅，始取諸時講及前明《大全》閱之，似稍有得。遂手錄《大全》諸儒之說一遍，復又以管窺之見解之，及御纂《周易折中》出，伏而讀，渙然于心，於是益廣考眾儒之說以印之，不揣檮昧，乃又參酌諸儒之說以印之，然終未暢厥旨也。於是又裒集漢魏以至元明百餘家及本朝之書，斟酌其說之最醇者，方敢收錄。其先儒未發而以己

〔註63〕周按：原作「未知出自何人」，然未刪去而兩行。

〔註64〕周按：稿本多有重出，如「讀讀書」重一讀字，下「漢漢魏」、「其其幸」、「朱子子」、「亦亦以」、「則則是」「餘餘蘊」同，今一仍其舊。

〔註65〕周按：「讀書者必先讀易」原作「讀易者必先讀易」，而「書」字旁出。

意解之者復數百條，計八十卷，名之曰《周易集解增釋》，藏之書笥，至戊寅歲始知研說是書，迄今戊辰已經五十寒暑，而犬馬之齒已七十矣。然終不敢謂易之廣大悉備者無遺義也。苟好學深思之士從此書而悟焉，又必日生新得之義〔註 66〕、創獲之解。然則易之義終不可盡乎？要惟聖人所言廣大悉備，可以包六十四卦三百八十四爻之大旨矣。夫聖人立象以盡意、設卦以盡情偽、繫辭焉以盡其言，此上古之易，開自羲皇。中古之易，興於文周也。至孔聖作十翼以贊之，而廣大悉備者愈引學者於鞭辟近裏之境。其講易之家，或言象數或言義理，總就此廣大悉備者而發揮之，非有異也。時乾隆十三年歲次戊辰春仲，檇李張仁浹序於愓齋之南牖。

◎《浙江採集遺書總錄甲集》：是書體大而語詳，其中《集解》居十之七，自注疏以降，所集不下二百家。增釋居十之三，皆仁浹之說，而前人未發者。謂易理廣大悉備，故持論無所偏主，歸於義理精純，惟艱深險怪者概弗錄。諸錦曰：宋房審權之《義海》久亡，得此可以無恨。以意揣之，有過之無不及也。

◎《錢文端公年譜》卷之中：公薦張徵士（仁浹）經學。《嘉興府志》：「張（仁浹）字觀旂，性肫篤，務為義理根柢之學。」乾隆庚午詔舉經學，公以仁浹薦，年老未赴。著有《周易集解增釋》八十卷，精言奧論，往往闡前人所未發云。

◎四庫提要：是書前有乾隆戊辰自序，首八卷載諸儒傳授及王氏《略例》、朱子《啟蒙》，九卷以後始釋經文。其說惟以朱子《本義》為主，故《本義》與經文一例大書，而雜取前儒諸說合於《本義》者著於下，如程《傳》之類，與朱子異義者偶附一二，不以為例。蓋名為釋經，實則釋《本義》也。其首列引用姓氏，特升朱子於漢儒之前，題曰「先賢」，以示尊崇之義。然所列先賢三人，一曰卜子，實則張弧之易；一曰左氏，考丘明於易未有成書，亦不知其何以特列；至周、程、張、邵五子則雜於先儒之中，以時代為序。考邵子為《易外別傳》，張子於二程亦尚為友教，至於朱學本程，程學本周，源流燦然，抑周、程而獨尊朱，似非朱子所樂受。又謂張弧優於周、程，恐亦非周、程所甘矣。

◎《皇朝通志》卷九十七：《周易集解增釋》八十卷（張仁浹撰）。

◎《皇朝文獻通考》卷二百十二：《周易解增釋》八十卷，張仁浹撰。

〔註 66〕周按：「新得之義」原作「新義之義」，而「得」字旁出。

◎光緒《嘉興府志》卷五十二《列傳》：所輯《周易集解增釋》八十卷，精採漢後迄今約二百餘家，以己所釋附焉。精言奧義，往往闡前人所未發云。

◎光緒《嘉興府志》卷八十《經籍》一：張仁浹《周易集解增釋》八十卷。

張仁熙 周易淺說 佚

◎光緒《黃州府志》卷三十二《藝文志》：《周易淺說》，廣濟張仁熙撰（《縣志》）。

◎張仁熙（1608～1691），字表仁（長人），號藕灣。湖北廣濟（今武穴）人。明諸生。與同里劉醇驥相切磋，文震孟極賞之，由是知名。入清，山居謝客，不聞世事。宋犖守黃州，於雪堂築東齋，延之說詩。曾組織五經社，與從兄肆力於學，至老不息。工詩文，善書法。家多藏書。著有《周易淺說》、《藕灣詩集》二十九卷、《雪堂墨品》一卷、《日庵野錄》、《雨湖莊論別錄》、《草窗秘錄》。

張儒銘 易通 十卷 佚

◎孫葆田《山東通志》卷百二十七《藝文志》第十：是書見《縣志》。

◎張儒銘，字西屏。山東寧陽人。諸生。

張汝捷 易增注 六卷 存

清張振羽刻本

◎張青選序略謂：自秦漢以來，注易者不下數百家。專主理則人於隱晦，專主數則入於讖緯。今通行者晉王、宋程子、明來氏三家而已。是書特增補其義，故曰《增注》。年既髦，時有改定，無力付梓，手錄遺子孫。

◎《續修四庫提要》：雖所補不無繁而可刪、華而寡要，而能斟酌乎象數義理，折以大中，固非株守專門、斤斤一家之言者所可比論也。

◎張汝捷，湖南郴州桂陽人。

張汝緒 讀易存稿 四卷 存

北大藏道光二十五年（1845）陶瀛洲靜觀堂刻本

◎陶瀛洲述。

◎《畿輔通志》卷一百三十三《藝文》一：《讀易存稿》，國朝張汝緒撰。

◎張汝緒，河北南宮人。

張潤 馥園易說 佚

◎光緒《德平縣志》卷之六《選舉志》：字霖生，著有《馥園易說》。

◎孫葆田《山東通志》卷百二十七《藝文志》第十：是書見《縣志》。

◎葛周玉《般上舊聞·先輩著述》：未梓，不知存否。

◎張潤，字霖生。山東德平人。康熙丁酉舉人。

張森 讀易心得 二卷 佚

◎光緒《直隸和州志》卷二十二《人物志·儒林》：喜讀書作字，至老不輟。撰《讀易心得》二卷、《周禮會要》《儀禮會要》各一卷、《課兒草》一卷。

◎張森，字召棠，號笑山。直隸和州（今安徽和縣）西梁山鎮人。嘉慶庚辰進士，授吏部考功司主事兼驗封司行走，後擬陪員外郎，居官二十年，以清慎稱。

張莘田 困學齋學易 不分卷 存

山東省博物館藏清鈔本

◎孫葆田《山東通志》卷一百二十七《藝文志》第十：《困學齋學易》八冊，張莘田撰。是書見採訪冊。

◎張莘田，字畊夫。山東黃縣人。道光甲午解元。同治三年（1864）、光緒二年（1876）兩任滕縣教諭。有藻鑑，能甄別士類。

張慎 包蒙小傳 佚

◎民國《萊蕪縣志·藝文》：邃於易，所著《易說》千萬言。築屋南山深處，以著書自娛。所著凡數十餘種，亂後皆散佚，惟《易說》藏於家。

◎張慎，字銘三。山東萊蕪人。

張士賢 張立賢 易象參來 不分卷 存

山東藏光緒稿本

張世犖 周易原意 二卷 存

蘇州藏稿本

浙江藏清鈔本

◎張世犖，字玉春。浙江錢塘（今杭州）人。解元。又著有《頻迦偶吟》

六卷。

張綬佩 義里唾餘易編 十卷 存

山東、北師大、中科院藏乾隆三十八年（1773）魯甸官舍刻本

◎董錫賡《重修信陽縣志》卷廿六《人物志》：有《易經註》二卷已刻行世，今佚。

◎董錫賡《重修信陽縣志》卷廿八《藝文志》：《羲里唾餘易編》二卷，清進士張綬佩撰。編首有蒙古博明序。又綬佩自序曰：《唾餘編》之於易也，猶畫家之有寫意，顧於前儒之註與疏說概不引入，其故何也？蓋《唾餘編》不於諸家之言易者入門，兼不於易入門。原夫《中庸》性命承明之旨，而於天地山水乎求端得力，是非姑不深計，若已於斯道微有窺見，迺復搜覽儒先傳本，合不合殆不啻準諸規尺。因思潔淨精微，理本中正，而至一揆以因貳濟行之義，擇與執當必有所權衡，是其意趣已不相謀矣。況發天人之祕、冒天下之道，雖一爻一卦氣象萬千，更不許淺學臆測，參以孔子十翼，可得其大意者，幸什有一二焉。要其所得之一二，又非盡能言喻。爰撮其大要，略附以解，餘悉闕之。昔人云畫石三面，姑以為彷彿似之，而廬山真境或未嘗不存於此也。若夫圖之與易相須後先，河洛羲文法式各具，皆經之要領。前人述備，第以是編所主擇用，則於前聖轉師揆一之意，其同異微茫不能無辨。雖不似《中庸圖》盡出唾餘創見，而亦大半不合前人。噫，唾餘其亦妄人已，然既妄成之，則亦妄編次而存之。雖不敢謂於經傳有所裨益，而管蠡徵明，正自不甘擲棄云爾。

◎焦循《易廣記》卷三：《羲里唾〔註67〕餘易編》十卷，信陽張綬佩宴亭著。序於乾隆癸巳，則三十八年也。前有蒙古博明序云：「易先二用，用既顯，退乾坤正所以尊乾坤。蔡墨傳附會不經，其能變亂正義，人信之者，以其時屬春秋，不知浮夸之目。昌黎韓子已言之，玆編惟於用字求實際，故於義較嚴。」又云：「《本義》言有伏羲之易，有文王、周公之易，有孔子之易，要之，象由彖出，傳又由彖象出，孔子十翼之作乃所以為此。經傳注說者不詳，往往離傳求經，斯難免其遠而支也。」又云：「虞夏商周之書，在《周易》前，要其淵源自八卦來。《詩三百篇》罔非易象，特出之風雅而已。孔子作《春秋》，全用易例。二《論》皆發明易蘊。《中庸》專明性命之書，神乎易，用以善藏

〔註67〕本或作睡，下同。

之。《孟子》七篇，原於易者十九，韓子云：「孟子死，不得其傳也」，愚於易，正云爾矣。老、莊諸人，學邁後儒，但其端既異，不能相同。更當嚴以辨之。」綬佩自言丙戌春客陳郡別駕史稼軒所，陳郡故羲都，太皞陵在郡城西北隅，書作於是地，故名。

◎焦循《里堂道聽錄》卷十八《羲里唾餘易編》條：余見前人說易之書，心有所契合，錄為《易雜記》一書，別附鄙撰《易學三書》之後，乃大率皆世所共知耳。信陽張綬佩撰《羲里唾餘易編》十卷，屏棄一切，獨有心得，成於乾隆三十八年。其書隱晦，知之者鮮。特錄其大略於此：

象由彖出，傳又由彖、象出。孔子十翼之作，乃所為此經傳注，說者不詳，往往離傳求經，斯難免遠而支也。

孔子作《春秋》，全用易例。二《論》皆發明易蘊。《大學》知止，乃首用艮，雖兼庶人，實責重天子。若《中庸》則專明性命之書，神乎易，用以善藏之。《孟子》七篇，原於易者十九，韓子云：「孟子死，不得其傳焉」，愚於易，正云爾矣。

◎焦循《易廣記》卷三：《羲里睡餘易編》云：「帝震即甲乙其亞也，借商帝之名立象，與既濟稱高宗一例。後世或有摭拾帝乙致醮之辭，而不知其為謬附。滄曉胡先生諸人皆能見，惜未嘗明切言之。」又云：「箕子或曰紂叔父，或曰紂庶兄，以象論之，前人有以箕子為其子之說，頗得象大意。卦引人明其旨，原自有在也。」張氏此說極精，余向以帝乙之乙即先甲之次，以箕子即鼎中孚之其子。張氏竟先我而言之，亟錄於此。惜乎張此書太略，亦未能明切言之耳。

◎張綬佩，字宴亭。河南信陽東雙河響山人。乾隆二十六年（1761）進士。充八旗官學教習，授知雲南蒙自縣，署魯甸分府，所至有政聲。平生好易。又著有《中庸圖》二卷。

張壽頤 周易纂要 不分卷 存

山東省博物館、山東藏清鈔本

國圖藏清鈔本

◎孫葆田《山東通志》卷百二十七《藝文志》第十著錄二十卷：《州志》載是書，稱其解經不專倚注義，能引說而折其衷。

◎民國增修《膠志》卷四十二《人物志》：解經不專倚注義，能引說而折其衷。著有《周易纂要》二十卷、《尚書論文》四卷、《四書會解》三十卷。

◎張壽頤，字山雷。山東膠州人。嘉慶恩貢。又著有《尚書論文》四卷。

張恕 易學窮原 不分卷 存

湖南山東藏同治十二年（1873）補刻本（文國華參訂）

◎張恕（1767～1844），字可亭。甘肅成縣張旗寨人。嘉慶辛酉科貢生。官至欽點一等刑部主事。

張澍 說文引易考證 一卷 存

說文引經考證稿本

◎張之洞《書目答問》附錄《國朝著述諸家姓名略》列入經學家、史學家、金石學家，稱：才氣雙全，一時驚以為異人。

◎張澍（1776～1847），字百（伯）瀹，一字壽穀，又字時霖，號介侯，一號鳩民，又號介白。甘肅涼州府武威縣（今武威縣）吉府里人。張應舉子。少從劉作垣學。乾隆五十九年（1794）舉人。嘉慶四年（1799）進士。選翰林院庶吉士。與王引之、鮑桂星、陳壽祺、郝懿行、錢開仕、章煦、管世銘、錢儀吉交善。嘉慶六年（1801）散館，知貴州省玉屏縣。所著《姓氏五書》（《姓韻》、《遼金元史姓氏錄》、《西夏姓氏錄》一卷、《姓氏尋源》四十五卷、《姓氏辨誤》三十卷）為一時絕學。又著有《詩小序翼》、《說文引經考證》、《續黔書》八卷、《蜀典》十二卷、《大足縣志》八卷、《二酉堂文集》、《養素堂文集》三十五卷、《養素堂詩集》二十六卷、《諸葛故事》五卷、《涼州府志備考》、《五涼舊聞》、《續敦煌實錄》、《大足金石錄》、《鶉野詩徽》、《南徵記》等，又主修《屏山縣志》《滬溪縣志》，輯有《二酉堂叢書》《諸葛忠武侯文集》《帝王世紀輯本》。

張澍輯 子夏易傳 一卷 存

道光元年（1821）刻二酉堂叢書本

◎春秋卜商原撰。

◎輯錄子夏易傳序：粵自畫啟方牙、卦重炎帝，河圖之學，日月為昭。洎赤烏肇瑞，增目六爻，黑龍感精，贊之十翼。天地之房發，萬物之基堅，而後彈日鈞天，不得誕言。后羿取魚士澤，無復假託成湯矣。然施、孟、梁、田、費、焦、虞、鄭源流既異，門戶遂繁：趙賓荄茲，竟易箕子；郎覬分日，亦引中孚。豈非荒裔說京華，悵望嘻笑；雲礽續高祖，虛想于思者耶？夫絳衣簪筆而拜辰，《孝經》授之曾氏；赤氣覆麟而蒙耳，《春秋》傳於丘明，可知束修薦蹲龍，謦欬接金鐸，乃得提奧義，受微言，有造郄之真，無傳譌之弊。然則序《詩》闡論於四始，讀《書》與聞夫七觀，復㠯銀手如斷之才，獲研鐵鏑屢摧之旨，飛聲文學，亶其然乎？或者謂理欠淵懿，閒摭盲史之文；字多缺殘，又約王弼之注。不知九師最近，僅留蜚遯片詞；三墳無多，不過老生常語。況陳編既閱夫季代，精義定蝕於蠹魚。若其闇合丘明，兼通嗣輔，殆今之準古，亦後之襲寿。而程迴壁談，孫坦目論，將重華奏高密之韶樂，呂望竊田恒之齊疆矣。又或謂班固《藝文》十三家未列，《隋／唐志》後十一卷忽存，真面非必廬山，贋物將同岑鼎。不知漢武末季，《泰誓》傳諸女子；太康初載，《周書》發自襄王。既斷簡之可珍，亦晚出之有數。彼晁迂指為張弧之小疏，劉歆志為韓嬰之緒言，張蟠傳聞作於馯臂，荀勖簿錄著自丁寬，亦復未有明徵，聊騰臆說。而孫氏疑杜蕃陽之楮墨，汝楳斥鄧彭祖之篇章，徒㠯名字相犯，揣擬斯生。豈知平陵周公，何嘗纂修五禮？扶餘曾子，未得質問三季。爰子路之衣冠，不必佩豨；陳仲弓之父子，豈為犁牛哉？嘗案《家語》云：孔子讀易至損益喟然而嘆，子夏避席而問，知卜氏子好精義不讓商子木也。審矣！慨陋儒之妄議，啟世主之輕聽。忽發大疑，附會之說紛起，未能專業。正經之帖永停，詎高行之師有慚？翟白喪明，而後未育童烏；著錄雖盛，西河趨庭未預乎草。遂令中壘《略》內勵志其名，阮逸《錄》中徒存其目。同《武成》之難信，等《酒誥》之俄空。寧非後起者之責與？澍溺苦儒先，從事粹會，敢怯瑣煩，冀延絕學。尋遺珠於赤水，鑑遜離朱；問故劍於青丘，識昏薛燭。太圭雖斷，纂是弁瑀；靈藥即殘，煉從金母。詎偕敝帚，委乃煙埃？是用展甈敷言，省循立意，實孟、京之噫矢，亦馬王之濫觴。有愧郭京，無能舉正；所慚王勃，何知發揮。端門之血書靡存，恍如證己亥於晉史；韋編之餘訓尚在，猶勝詢未濟於漿家。

張遂辰 射易淡詠 二卷 存

湖北藏清刻本

◎射易淡詠卷上目錄：序卦：乾坤屯蒙需訟師比小畜履泰否同人大有謙豫隨蠱臨觀噬嗑賁剝復無妄大畜頤大過坎離。

◎陳愫《索射易書》（原缺第一葉）：每卦皆繫一詠，詠古而雋。九山謂當離之，第不可作者，似以詠說易，其彖爻諸解皆所以釋詠也。脫訓詁之桎梏，喚拘曲之寐夢，借虛出實，言少理多，正欲自為一書耳。二鎌勞書記即為弟繕寫一冊，托邵餐云來望切切云。欲言甚多，俟迨清茗把臂，當在十月之交也。弟陳愫頓首孝若老兄足下。

◎射易引：易曷射以易也？易者變化之名，應機不測，畫焉而曰卦也者，辭焉而曰繫也者，若懸景於中而見先之矣。時成者位，乃虛之曰周流、曰無常、曰不居，若是乎來往如寄，而非實歟？豫傳曰「知幾其神乎？神其知彰於微、知剛於柔」，蓋幾者將也，將者勢也，勢使者莫如射，尤莫如射飛馳，射而為中于未至爾。使語天而索之天、語地而索之地，猶之左布侯則侯、右布鵠則鵠不亦死於的，而非所以語變也。善畫者解衣盤礴，善書者不從門入，善易者不言易，直以淡然於出沒有無，故能妙中。不然不可度，而矧可射耶？今畫羲之畫、彖文之彖、贊孔之贊，寧復見易之一字書也？且義疏家必求諸是，必求諸盡。求諸盡，故不得盡矣；求諸是，失諸不見是矣。余少臥病江上，日取一卦反復，至仰老屋以老，覺風雷之畫洶洶欲動壁也。每野人道士過，偶弋一二語于輿象中，如商賜之說《詩》，未當以《詩》解《詩》，即學與禮託趣于往來間耳。眉山乃歎陋巷一編千古之爭端起焉。夫爭者變也，變即易道也。知適以變而自與淡會，君子無所爭也，則徒執射乎何居？顧反身正己之未能，滑稽放誕，終愧郭舍人、東方先生之覆而已。子思子曰：「夫婦之愚，可以與知焉」，可以與知者，不中不遠也，射可哉？射可哉？

◎又引：夫易難言也，善易者歸於不言，何哉？不言云者，去其難求諸易而可矣。何求諸？易道固四闢之戶牖也，釣可喻射，射可喻騎，一易而意已周，則莫顯乎象，乃卒曰嘿成。《繫傳》不云乎？象也者像也。如壁間淡影，豈能形模示人？惟後之心目無方，於意中見之，而淺深隨所得，故匕箸牀笫，莫不有易。使斷斷然某卦屬某義、某義畫某事，安見庖丁有養生、洴澼絖有分封、公孫劍器中有草書哉？即難言之，而以易解易，以象還象，已去躍領於引而不發者遠矣。因歎合不如離、審不如疏、索不如遇為漸近自然。此何晏所以妄訓易者。余是編仰射虛空，不尤誕乎？然觀開物成務，其《漢官儀》之綿蕞、宋畫院之粉本，亦無用之用，習於野者耳。以之消暇日、代晤言，或遠或近，譬勝壺劣矢，聊一笑相樂也。今易學彌盛，家有專師，人有精義，所謂八珍九醞非不足饜飫，有時淡悶夜起政少一橘皮湯虛口。靖節《飲酒詩》

云：「羲皇去我久，舉世少復真」，雖然，羲往矣，六十四心畫果遠乎哉？苟有會於不言言而通其意，又不在窮年盡氣於山陽伊水間，北牕下便是。羲皇以上，冷然而善，只待涼風適至爾。

◎淡詠小引：韻語曷引讀易哉？說者曰：易提唱則靈、義詁則鈍、圖象則得，且宣尼《小象》皆叶也，夫化工筆無不克諧，惟予小子即提唱，惡乎敢政未安于舊詁，故射之又歎之，歎之斯詠之矣。讀易少玩畫者，玩畫皆求諸錯互、實諸事理，盡死爾，安在所謂言不盡意者乎？必托比興、會繫表，感發詠歎，第可喻而不可解（傳所謂引伸觸類），庶得活象之寄焉。蓋畫者象也，象者興也，興者風也，風者神明之道也，知象以風，雖無文王，猶興詠六十四，倣太白古風云。發凡四詠：

讀書如射覆，誤思亦云適。風光偶相親，時或一二弋。況此絕韋編，辭文理何密。誰能信默成，不發看躍出？忘象匪獨難，意也復奚得？惟解不求深，斯為疑義析。因憶南山人，中虎夜來澤。明朝還視之，驚喜卻是石。

鬱鬱古皇畫，此豈人間書。通意不在學，一淡若有餘。問君何為爾，知出夫婦愚。燿燿雖腐草，微光與化俱。因之慕孤詣，卓犖破盈車。牝驪胡足辨，俯仰感居諸。誰矜夢吞象，陳氣今未除。且尋石上節，相共飲清虛。

大易包元化，渾渾莫能宣。羲出三尺木，文來與安絃。古心發古曲，相和寫其天。當時四海治，都由情慮捐。一從雅奏絕，江月墮空煙。會神稀妙耳，寂寞魯儒篇。陶生解意表，乃以無聲傳。庶令千載下，終知返自然。

萬有射始登，圓空一張氣。匪將剛大心，焉測形上義。象立嚮背生，時秉吉凶異。譬看九面衡，隨湘舟不繫。後儒襲師承，欲辨眾所棄。玩侮知莫辭，蕭寥或餘味。因嘉忠孝占，理實喜詞寓。遂謝草玄亭，白首沈冥肆。

◎射易一則：一部《易》，天命之書也，性學也，亦禮經也，修道之教也。曷言乎性學？《中庸》「天命之謂性也」，玩「之謂」二字，則性虛而命實。子輿氏曰：「性也有命焉，君子不謂性也」（不謂性，然後踐形；不謂命，然後盡倫），故不知命無以為君子也。君子畏天命也。人知率性者道，正以孩提知愛及長知敬（率即道），使視聽持行便謂率，則鮮不瀾倒（視聽有時為非禮，疾行先長為不弟），故不知禮無以立也。曷又曰長大人（哀公問孔子以禮。子曰：丘也小人，不足以知禮）？大人者，不失其赤子之心者也（禮至于合幽漠、通神明，不出乎孝弟）。匪秉立人之道，而可漫言率性乎（《傳》曰：「立人之道仁與義」，禮者仁義之實，大人者矩範所自出）？則道一爾，其修同也。無如後世言教者殊，特表示畏聖人之言，見言不本聖，即賢知之過，亦不免于侮。故不知言，無以知人也。必知言而教于是正，立禮而性于是存。由君子三畏，乃知《論語》之末簡為子思祖述之首章。大易盡于此，蓋天命，則也；天則，禮也。變通不測之易，無非行其典禮，不又命以禮實哉（命不可見，可見者禮）？然則何有乎天命，一禮而已矣。何言乎禮，一人情而已矣（《記》曰：禮非從天降也，非從地出也，人情而已矣）。非情匪禮也，然匪則匪情也（發乎情，止乎禮義）。卦變而六十四，爻變而三百八十四，皆用也，皆情也（六爻發揮，旁通情也。孟子言性善曰：乃若其情）。用之而無不準者，是所謂則也，故《文言》曰：「乾元用九，乃見天則」，唯用乃見也，猶所謂太極以易有也（《繫》「易有太極」四言成句，割去易有，烏言太極）。舍易有太極乎（陰陽變易曰易）？舍易有天則乎？故曰易無體也（易無體，藏諸用，運行不息，故天周皆南），明言極者則也（見王弇州序）、命也。易者，用也、禮也。命言之，性也。禮言之，率性也。一，則也（理即禮）。此之謂天命之書，此之謂修道之教（非窮理盡性以至於命，正夫子曰未知生）。

◎射易義例：易者象也，而見乎辭，則匪辭烏能得易之用哉？聖人舉而措之於民，喻夫得喪操舍治亂，為吉凶悔吝無咎之占，所謂知者觀其彖辭，則思過半矣。後世習於常言（如天澤之分、憧憧之擾）、拘於成訓（如二臣五君，陽善陰惡），無論象，一辭也而多失之，於是寄慨致思於賣漿箍桶者流，謂易誠絕學也。使即吉凶悔吝無咎占中，見為飛龍、為虎變、為金矢、為玉鉉、為苞桑叢棘、為左腹右肱、為笑言、為劓刖，無非陰陽進退出入之道，不難還羲皇無文之畫，通神明，類萬物，要不出此，然而待其人焉。余學易方外，因推一氣之變化於天地水火雷風山澤，乃知六十四不出一卦、六爻不出一意。小大之者，時也；吉凶之者，值也。同一陰陽，諸卦可以互證；行乎初上，六爻不得分截。且借《素問》《玄樞》家言，通其曲者、隱者，卦贅一韻（句中亦多拈詩句），俾言外之意庶閑詠而得。編以淡名，以略才德而後義理也（象明而後義理出）。然余所射，象也。象也者，意也。意未得，未有明乎辭者也。

◎乾隆《杭州府志》卷五十七《藝文》一：《射易淡詠》四卷（國朝錢塘張遂辰卿子撰）。

◎四庫提要：不著撰人名氏，卷端惟題「西農」二字。前有陳愫《索射易書》一篇稱其字曰孝若。考愫至國朝尚存，嘗與邱象隨等共注李賀《昌谷集》。

又書中稱張九山青衣得《射易》半部於虎邱僧舍，乃錄寄尹子求者。考明尹伸，字子求，宜賓人，萬曆戊戌進士，官至湖廣布政使，崇禎甲申張獻忠部賊陷敘州，伸殉節死。此書既云寄伸，則是時伸尚無恙，當為明末人作矣。其說易但解六十四卦，每卦但標「象」、「彖」及第幾爻字，不列經文，大抵皆借經發議。其言辨博自喜，而詞勝於理，又喜作似了非了語，類禪宗之機鋒，殊乏先儒明白淳實之意。每卦之末各繫以五言古詩一首以發明一卦之大義，蓋即所謂「淡詠」者，自古以來亦無此說經之體例也。

◎張遂辰（1589～1668），字卿子，號相期，自號西農老人。浙江杭州人。西泠十子之一。與陸圻交往甚密。醫術精湛，又著有《張卿子傷寒論》《張卿子經驗方》《雜證纂要》《簡驗良方集要》等。

張松齡 通志軒大易圖說 四卷 佚

◎光緒《增修諸城縣續志》五《藝文考》：張松齡《通志軒大易圖說》四卷、《論語說略》二冊。

◎孫葆田《山東通志》卷百二十七《藝文志》第十：是書見《採訪冊》。

◎張松齡，山東諸城人。

張泰來 讀易劄記 十卷 佚

◎《沔陽叢書・補希堂文集》附錄《湖北通志》卷一百五十二《人物志》三十《文學傳》：著有《七經纂要》及詩文集若干卷。

◎《沔陽叢書・補希堂文集》附錄《沔陽州志》卷九《人物志・儒林》：著有《七經纂要／知意／劄記／口義》、文集若干卷，總名曰《補希堂叢書》。

◎《沔陽叢書・補希堂文集》附錄盧靖同治五年（1866）《補希堂文集跋》：先生以博學稱，著述極富，《湖北通志・藝文志》《沔陽州志・藝文志》均列舉其目，所著有《周易口義》四卷、《讀易劄記》十卷、《易說纂要》十卷、《讀書劄記》十四卷、《書說纂要》十二卷、《詩經纂要》十二卷、《周官說纂要》十六卷、《考工說纂要》二卷、《儀禮說纂要》十二卷、《禮記纂要》廿卷、《春秋說纂要》廿卷、《大學知意錄》二卷、《中庸知意錄》四卷、《論語要解》四卷、《補希堂集》二十卷。

◎張泰來，字亨大，號陸泉。湖北沔陽人。乾隆中歲貢。諸生。文宗方苞，詩宗淵明、子美、昌黎、朱子。又著有《補希堂文集》二十卷、《補希堂詩集》、《選刊》四卷。

張泰來 易說纂要 十卷 佚

◎劉聲木《桐城文學撰述考》卷一「張泰來撰述」:《周易口義》四卷、《讀易劄記》十卷、《易說纂要》十卷、《讀書劄記》十四卷、《書說纂要》十二卷、《詩經纂要》十二卷、《周官說纂要》十六卷、《考工說纂要》二卷、《儀禮說纂要》十二卷、《禮記纂要》廿卷、《春秋說纂要》廿卷、《大學知意錄》二卷、《中庸知意錄》四卷、《論語要解》四卷。

張泰來 周易口義 四卷 佚

◎劉聲木《桐城文學撰述考》卷一「張泰來撰述」:《周易口義》四卷、《讀易劄記》十卷、《易說纂要》十卷、《讀書劄記》十四卷、《書說纂要》十二卷、《詩經纂要》十二卷、《周官說纂要》十六卷、《考工說纂要》二卷、《儀禮說纂要》十二卷、《禮記纂要》廿卷、《春秋說纂要》廿卷、《大學知意錄》二卷、《中庸知意錄》四卷、《論語要解》四卷。

張天榮 太極圖說 佚

◎光緒《江都縣續志·藝文考》第十上:張天榮《太極圖說》。

◎光緒《江都縣續志·列傳》第三:研精理學,嘗著《太極圖說》,貴筑周頊序之,以為能溯無極太極之真詮,析陰陽五行之奧旨云。

◎張天榮,字醒雲。江蘇江都(今揚州)人。增生。

張廷儀 周易注解 四卷 佚

◎光緒《湘潭縣志》卷十《藝文》:《周易注解》四卷(張廷儀撰。廷儀有傳)。

◎張廷儀,字筠湘(香)。湖南湘潭人。乾隆四十六年(1781)進士,曾任獲鹿知縣。又著有《禹貢山水考》、《耕餘偶語》(一卷)、《筠香草堂詩》三卷、《小紅山房詩稿》、《紅稻山莊諺語》一卷、《詩學緒餘》一卷。

張廷楨 周易六十四卦文稿 佚

◎民國《臨清縣志·人物志》:張協中,諸生,績學,著有《經史摘要》。子廷楨著有《周易六十四卦文稿》。

◎張廷楨,山東臨清人。張協中子。